东北财经大学公司财务研究中心学术丛书

主编◎汪 平

基于核心竞争力的
管理层业绩评价内部报告研究

Study on the Internal Reporting on
the Management Performance Assessment Based
on Core Competence

滕晓东 著

中国财经出版传媒集团

经济科学出版社

Economic Science Press

图书在版编目（CIP）数据

基于核心竞争力的管理层业绩评价内部报告研究/
滕晓东著 . —北京：经济科学出版社，2016.9
（山东财经大学公司财务研究中心学术丛书）
ISBN 978 - 7 - 5141 - 7262 - 1

Ⅰ. ①基… Ⅱ. ①滕… Ⅲ. ①公司 - 管理人员 -
干部考核 - 研究 Ⅳ. ①F272. 91

中国版本图书馆 CIP 数据核字（2016）第 221556 号

责任编辑：于海汛 李 林
责任校对：杨 海
版式设计：齐 杰
责任印制：李 鹏

基于核心竞争力的管理层业绩评价内部报告研究

滕晓东 著

经济科学出版社出版、发行 新华书店经销
社址：北京市海淀区阜成路甲 28 号 邮编：100142
总编部电话：010 - 88191217 发行部电话：010 - 88191522
网址：www. esp. com. cn
电子邮件：esp@ esp. com. cn
天猫网店：经济科学出版社旗舰店
网址：http://jjkxcbs. tmall. com
北京汉德鼎印刷有限公司印刷
三河市华玉装订厂装订
710×1000 16 开 15.25 印张 290000 字
2016 年 10 月第 1 版 2016 年 10 月第 1 次印刷
ISBN 978 - 7 - 5141 - 7262 - 1 定价：48.00 元
（图书出现印装问题，本社负责调换。电话：010 - 88191502）
（版权所有 侵权必究 举报电话：010 - 88191586
电子邮箱：dbts@ esp. com. cn）

总　　序

自从 1958 年莫迪格莱尼（Modigliani）教授与米勒（Miller）教授提出他们的资本结构无关理论以来，现代公司财务理论已经经历了半个多世纪的演变发展。如今，很多财务理论的应用范围已经突破了公司这一微观领域，在诸多方面体现了不可替代的作用。

半个多世纪以来，公司财务理论实际上是沿着两条路径发展的：

第一条路径，就是著名的 MM 理论的财务理论研究路径。MM 理论对于资本成本、企业价值、资本结构、投资决策等概念进行了科学的分析，并开创了"无套利证明"的分析方法，为后续财务理论乃至整个金融理论的发展奠定了扎实的基础。在 MM 理论的基础上，学者们对于各种财务决策（政策）比如投资决策、融资决策、股利政策等进行了深入、系统的分析，为公司财务行为的科学化与理性化提供了强大的理论支持。

这条路径也可以被视为金融学发展路径。现代金融学由资本市场理论、投资理论与公司财务理论三个部分组成。20 世纪 50 年代到 70 年代，是投资理论发展的黄金时期，各种资产定价模型的相继出现，将现代金融学推向了一个新的高度。资本成本是公司财务理论的核心概念，也是沟通资本市场理论、投资理论与公司财务理论之间关系的一个重要概念。资产定价理论与模型的发展极大地推动了公司资本成本理论的完善，同时，这也标志着公司财务理论日益趋向成熟。

第二条路径，主要是 20 世纪 90 年代以来，伴随着公司治理理论的发展，公司财务理论出现了新一轮的研究热潮。从历史上看，公司治理领域的研究与公司财务领域的研究在股东财富及其最大化这一点上早就实现了一致的共识，这是二者研究融合的基础。与上一路径不同的是，这一阶段的公司财务研究主要是基于股东利益保护的角度而展开的。代理成本、股权结构、控股股东、高管薪酬、股东利益等构成了新的历史条件之下公司财务理论发展的核心概念。新的研究视角将股权结构、控股股东等公司治理要素与公司财务领域的问题比如资本成本、投融资决策、股利政策等有机地结合在一起，为公司财务的研究带来新的气象，有助于各种复杂环境下财务政策以及财务行为的理性化。

文献的无障碍交流提高了学术研究的国际化。但是，不可否认的是，与国际先进水平相比较，我国公司财务理论的发展尚有极大的差距。从实践上看，国有经济以及国有企业构成了我国经济发展的主要特色，这与工业发达国家形成了鲜明的对比，也产生了许多新的、亟须解决的财务问题。无论是学术上还是实践上，都要求我们高质量地展开公司财务理论的研究。

山东财经大学公司财务研究中心致力于高品质的公司财务理论与财务政策的研究，尤其是关注我国现实经济环境中企业财务问题的分析与解决。我们将充分凝聚团队合作的力量，发挥团队研究的力量，为我国公司财务理论的发展做出努力。公司财务研究中心近期的研究重点主要包括：（1）资本成本理论与估算技术的研究；（2）中国上市公司、国有企业资本成本估算的研究；（3）资本成本在宏观经济比如政府规制中的作用的研究；（4）基于资本成本的公司财务理论结构的研究；（5）我国国有企业及其改革进程中的财务问题的研究等。

山东财经大学公司财务研究中心将不定期地出版高水平的学术著作，包括学术研究型专著、研究报告型著作、编译型论著以及硕博士研究生用教材等。

汪平博士

山东财经大学兼职教授

山东财经大学公司财务研究中心主任

首都经济贸易大学教授，博士生导师

2013 年 10 月 28 日

前　言

现行的以财务报告披露财务业绩为主体的单极业绩透明度机制难以揭示企业核心竞争力的非财务业绩动因，亟须以承载非财务业绩为主的内部报告体系来完善管理层业绩透明度机制，最终形成财务报告和内部报告统一的报告体系。金融危机凸显了现行以股东价值最大化为导向的管理层业绩评价机制的缺陷，业绩评价的扭曲又导致了与业绩无关的管理层薪酬激励乱象丛生，同时，董事会因为管理层的业绩信息缺乏透明度，使得对管理层的监督职能虚置。因此，董事会面临重构核心竞争力导向管理层业绩评价体系并把这一体系以业绩评价内部报告予以定向披露从而加强对管理层的监督和激励的双重需求。《OECD 公司治理原则》（2004）在关于公司治理的定义中明确指出，管理层的职责是尽可能帮助企业实现达成主要目标所需的具有竞争力的绩效，并把保持绩效的透明度作为公司治理的首要原则。这正是本书选题的初衷所在。但现实的情况不容乐观，尤其在金融危机中，华尔街濒临破产企业的高管们依旧拿着天价薪酬，这种无功受禄的畸形评价机制，使我们看到了管理层严重的败德和机会主义倾向，再加上绩效缺乏透明度，管理层处于与公司价值背离的失控状态。因此，从核心竞争力视角评价管理层的业绩，并使管理层业绩透明化，正是本书构建内部报告机制的动机所在。

本书构建的基于核心竞争力的管理层业绩评价内部报告机制，其鲜明的理论意义体现在以下两个方面：第一，通过构建内部报告体系，完善了公司信息披露机制，形成了财务报告与内部报告整合统一的信息披露框架，增加管理层与董事会之间内部透明度并降低代理成本的同时，或将为管理会计学科的发展提供路径选择。第二，本书主张的以公司核心竞争力为导向构建管理层业绩评价内部报告，摒弃了股东财富至上和利益相关者价值最大化等传统业绩评价观，着眼于公司可持续发展视角，以公司价值最大化为评价导向，拓展和提升了管理层业绩评价的视野，对管理层业绩评价理论具有学术创新意义。本书致力于构建管理层业绩评价的内部报告体系，在董事会和管理层之间搭建内部报告沟通平台，构造科学的基于利益相关者的业绩评价指标，并将业绩评价结果以内部报告的形式呈报董事会，增加管理层业绩的透明度，有利于董事会对管理层受托责任的履行情况进行监督，并严格按照业绩评价内部报告支付管理层报酬，将业绩和报酬严格匹配。

本书的研究目标体现两点：第一，通过构建内部报告体系增强企业内部信息透明度，降低信息不对称程度，监督管理层受托责任的履行，减少管理层偷懒和败德等无效率行为。本书研究的目标就是通过构建反映管理层受托责任履行的内部报告体系，最终形成外向决策有用观的财务报告和内向管理层受托责任观的内部报告共生的披露格局，最大程度降低信息不对称，从而为解决公司治理的核心机制——管理层业绩评价和激励难题提供一个新的路径选择。第二，构建企业核心竞争力导向的管理层业绩评价体系，主张企业的目标是企业价值最大化，而非股东价值最大化。企业的核心竞争力高于一切，这种竞争力的实现必须以一个高效的治理制度作为先决条件，为了保持企业的核心竞争力，我们需要为企业构建一个"真正的"治理制度，这种公司治理制度应当把它的重点放在业绩和竞争力上。对于股东利益与公司利益的不同，哈佛商学院教授米歇尔·波特在他的分析国家资本配置机制的综合论文《竞争力探微》中，得出一个结论说：应该创造一个新的能够把股东利益与公司本身的利益密切地联合起来的所有权结构。显而易见，他认为公司现在的所有权结构导致了股东利益和公司利益的割裂。笔者以为，无论是股东价值，还是其他利益攸关者价值的实现，一个基本前提就是公司必须能够存在并永续发展，公司在竞争中被淘汰或消亡了，那么包括股东在内的所有相关方的利益都无从谈起。

本书最后得出两点主要研究结论：第一，管理层业绩评价内部报告是对现行公司信息披露体系的补充和完善，可以弥补财务报告价值相关性日渐下降的披露体系缺陷，在监督管理层受托责任履行的同时提高公司报告体系决策价值相关性，最终形成财务报告与内部报告相互补充的公司报告体系。本研究是建议构建独立于财务报告的以披露关键业绩指标（KPI）为主体内容的内部报告体系，由于内部报告和财务报告的目标和服务对象不同，笔者不建议把财务报告和内部报告（财务和非财务信息）统一整合于一张公司报告上，更不赞成把非财务信息扩充进财务报告的改革路径，这样会使信息使用者陷入信息的海洋中无所适从，影响决策效率，过量的信息会产生"信息超载"的可能性，导致使用者无力处理但却需要理性地利用财务报告提供的所有信息（Harry I. Wolk, James L. Dodd and Michael G. Tearney, 2004）。第二，基于核心竞争力的非财务业绩评价指标将成为管理层业绩评价的主流，基于会计信息的传统财务业绩评价指标将退居其次，管理层业绩评价内部报告将兼顾披露核心竞争力的非财务业绩信息和表现结果指标的财务业绩信息。基于核心竞争力的非财务业绩评价是面向企业持续的价值创造，需要持续不断的战略性投入，需要在不能带来当期效益的企业文化、社会责任和企业声誉等核心竞争力潜力领域持续的投入。因此，管理层业绩评价体系必须由"关注现在"转向"平衡现在和未来"，相应地，必须使管理层薪酬结构中的一个重要部分来自评价企业长期价值创造的行为和业绩。

　　本书的研究贡献体现在以下三点：第一，通过构建核心竞争力导向的管理层业绩评价内部报告体系，弥补了现有财务报告缺乏相关性的缺陷，披露了企业的非财务业绩动因，杜绝数字游戏化的财务业绩，增强了管理层业绩透明度，为董事会监督和激励管理层提供了真正有意义的业绩评价指标。核心竞争力导向的管理层业绩评价内部报告为公司报告体系提供了一条改进财务报告的途径，一条披露公司核心竞争力业绩动因进而促进企业可持续发展的途径，一条向董事会进行公平和富有意义信息的披露途径。第二，本书系统阐述了社会责任、企业文化、企业声誉是企业核心竞争力的源泉动因，构建了三者的业绩评价内部报告，并进一步通过实证分析验证了三者与企业财务业绩的正相关关系，进而得出非财务业绩是内在动因，财务业绩是必然的外在表现的结论。第三，本书以核心竞争力为评判标准构建管理层业绩评价内部报告体系，运用关键成功因素法（CSFs）筛选出企业文化、社会责任和企业声誉作为企业核心竞争力的源泉动因，并以披露核心竞争力动因的非财务信息的叙述式内部报告为主导，为弥补财务报告的缺陷提供了一个更加灵活、更具可操作性、成本更低的新路径。由于企业文化、社会责任、企业声誉属于非财务信息，难以量化，因此对这些因素的披露以叙述式内部报告为主导，因此形成了别具特色的对传统财务报告的补充披露形式。本研究独辟蹊径，提出了基于核心竞争力的业绩评价内部报告模式，将孕育核心竞争力的关键成功要素企业文化、社会责任和企业声誉以更加灵活的内部报告形式予以呈现，创新了用非财务信息对财务报告缺陷进行补充披露的模式。以自愿披露的内部报告形式披露非财务信息，改革成本低，更具可操作性，并且可以保护企业的商业机密。

　　本书的最后，笔者提出了未来的研究展望领域，包括三方面：第一，非财务业绩评价的主流地位的确定和财务业绩评价的边缘化的趋势探讨。笔者相信，在未来的管理层业绩评价理论和实践中，具有核心竞争力特质的"非理性"业绩动因要素前置指标将成为关注的重点，滞后的财务业绩指标将被边缘化。第二，非财务业绩内部报告标准化。目前还缺乏一套被广泛接受的强制性标准，这是非财务绩效报告体系面临的一大挑战。社会责任、企业文化、企业声誉内部报告虽然属于自愿报告性质，且以叙述式报告为主，但是也需要一套统一的标准予以规制，以利于该报告的完整性、明晰性、可理解性和可比性，这也是业绩透明度实质提高的内在要求。第三，非财务业绩内部报告的鉴证。正如非财务信息可以像财务信息一样通过可扩展商业报告语言来表达，非财务信息同样也要经过诸多被称为"认证（Assurance）"或"证明（Attestation）"的环节。我们相信股东和其他利益相关者将越来越需要可以决定未来财务业绩的高质量非财务信息。因此，对非财务业绩内部报告的鉴证将是未来一个充满生机和活力的研究机会领域。

目　　录

第 一 章 导 论

一、研究的背景与动机

《OECD 公司治理原则》（2004）在关于公司治理的定义中明确指出，管理层的职责是尽可能帮助企业实现达成主要目标所需的具有竞争力的绩效，并把保持绩效的透明度作为公司治理的首要原则。这正是本书选题的初衷所在。但现实的情况不容乐观，尤其在金融危机中，华尔街濒临破产企业的高管们依旧拿着天价薪酬，这种无功受禄的畸形评价机制，使我们看到了管理层严重的败德和机会主义倾向，再加上绩效缺乏透明度，管理层处于与公司价值背离的失控状态。因此，从核心竞争力视角评价管理层的业绩，并使管理层业绩透明化，正是本书构建内部报告机制的动机所在。

（一）非财务业绩内部报告势在必行

现行的以财务报告披露财务业绩为主体的单极业绩透明度机制难以揭示形成企业核心竞争力的非财务业绩动因，亟须以承载非财务业绩为主的内部报告体系来完善管理层业绩透明度机制，最终形成财务报告和内部报告统一的报告体系。

伴随着近年的金融危机和当前的气候危机，通过改进公司报告体系来提高公司业绩透明度已成为一个迫在眉睫的议题。透明度（Transparency）可以这样定义：让信息使用者尽可能容易地理解一家公司过去的表现和未来的前景。其他对透明度的解释还包括及时获取信息（例如企业核心竞争力的信息）以及通过更严格的审计和报告更多的关键业绩指标来获取关于风险、消除欺诈等方面的更好的信息（Robert G. Eccles and Michael P. Krzus，2010）。显然，财务报告已经难以对具有核心竞争力特质的非财务业绩动因进行详尽披露，关键业绩透明度的改善必须引入内部报告体系进行补充。最佳的改进方式是将披露财务业绩的财务报告和企业主动发布披露非财务业绩的内部报告整合起来形成统一报告体系。本书试图构建的业绩评价内部报告将战略方面的非财务信息、公司的价值创造活动、商业环境以及关键绩效指标都包括进来，同时内部报告应体现一种前瞻性的倾向，以便向董事会呈现管理层对公司未来前景的看法。公司一般都不太愿意对外部提供那种列举竞争劣势或者法律风险的前瞻性的信息，因为这种信息的披露有可能产生使其在竞争中处于不利地位的潜在风险，但是这种决定企业竞争优势和可持续发展的核心竞争力指标又是必须向董事会披露并接受董事会监督，因此以内部报告这种透明度机制向董事会定向披露业绩驱动力因素就成为一种适宜的选择，最终将形成内部报告和外部报告整合的统一报告体系来披露管理层业绩。

（二）股东价值最大化导向悖论和核心竞争力导向评价管理层业绩

金融危机凸显了现行以股东价值最大化为导向的管理层业绩评价机制的缺陷，业绩评价的扭曲又导致了与业绩无关的管理层薪酬激励乱象丛生，同时，董事会因为管理层的业绩信息缺乏透明度，使得对管理层的监督职能虚置。因此，董事会面临重构以核心竞争力为导向的管理层业绩评价体系并把这一体系以业绩评价内部报告予以定向披露从而加强对管理层的监督和激励的双重需求。

一场"百年不遇"的正在对世界经济和全球金融体系产生深远影响的金融危机，随着雷曼兄弟的破产而迅速蔓延开来。这场起始于美国次贷、发端于华尔街的全球性金融危机，究竟会向什么方向发展，对实体经济和金融体系会产生什么样的重大影响，人们正在进行评估和密切关注。虽然金融危机给理论界和实务界带来很多值得反思的问题，现在看来仍然是扑朔迷离，难以梳理清楚，但是有一点我们看得很清楚，在金融危机的演变过程中暴露了美国以市场为中心的公司治理模式的严重缺陷，尤其是高管激励性薪酬已经到了和业绩脱钩、不受控制的荒谬地步。即使在危机来临之时，华尔街的高管们仍然获得了天价般的薪酬待遇。美联社 2008 年年底的调查发现，那些获得政府救助资金的银行，仍在向高管提供惊人的福利，包括让高管使用公司的私人飞机。美国汽车业三大巨头的 CEO 搭乘私人飞机前往华盛顿向政府讨要救助资金一事已经遭到议员猛批，成为美国公司高管薪酬和业绩脱钩在金融危机中的生动缩影。美国华尔街高管的过度激励和不合理激励制度下的业务员和经纪商的"个体理性"与"集体非理性"的冲突在金融危机的形成过程中起到了推波助澜的作用。这次"百年一遇"的金融危机更多地引发了人们对美国公司高管扭曲的激励机制是否也会促使金融机构管理层或交易员更加冒险的负面效应进行反思。

金融危机暴露了美国公司管理层激励机制的严重缺陷，其主要表现形式就是短期效应泛滥。美国的资本市场鼓励短期行为、美国的股东追求的是短期利润、就连号称绑定股东和管理层利益的长期激励形式的股票期权实质上也是短期激励机制。美国的市场就是以短期效应为标志，植根于此市场上的公司治理机制注定是短期行为泛滥，短效管理层的时代已经来临（Terrence E. Deal and Allan A. Kennedy，2009）。从市场到股东、激励机制、管理层整个体系追求的都是短期效应，严重损害了公司的可持续发展能力，微观基础丧失了可持续发展的机能，那么整个体系发生金融危机这样的灾难只是时间的问题了。现在该是对美国的公司治理体系和管理层激励机制进行重新审视的时候了。大乱之时必有大治，大治之后必有大制，这个大制就是一种新理论、新制度、新体系和新结构。

美国公司股权高度分散化，股东行为短期化，股东并不是企业的真正主人（所有者），美国公司面临所有者缺位的情况。在美国投资银行的股权结构中，虽然机构投资者股东占有多数，但股权却被众多的机构投资者所分散。以2000年9月12日总市值排名前5位的投资银行（摩根士丹利、高盛、美林、嘉信、雷曼兄弟）为例，这5家投资银行的机构投资者股东（加权）平均持股比重为49.3%；它们由数百个甚至上千个机构投资者拥有。如摩根士丹利添惠的机构投资者股东持股比重为54%，这部分股权分散在1822个机构投资者手中。在华尔街五大投资银行中，第一大股东持股比重超过5%的只有一家，其中高盛的第一大股东持股比重仅为1.72%。这种高度分散的股权结构，带来的一个后果就是以成百上千的机构投资者为代表的股东没有所有者的心态，不把自己当做是企业的主人，不关注企业的持续发展，他们把企业当做是可以随意甩卖的商品，机构投资者可以通过资产组合的多元化举措有效分散风险，并不专注于对某个公司的监督，他们只关注企业股票的短期市场表现，买进卖出被广泛使用，股票市场运行方式的这种短期效应转变，导致高层管理的工作议程受到短期思维方式的极力驱动，其影响是导致管理层对短期具体目标的高度敏感和关注。由于管理层报酬与股票密切联系在一起，因此，如果他们控制的股票没有良好的表现，那么管理层自己的报酬将受到极大的冲击。受股票市场的影响，为了维持并提升公司的股票价格，短效的思维方式成为管理规范。

由此可见，当前的管理层业绩评价和激励实践是失败的，企业的实际情况是管理层业绩和激励性薪酬脱钩、短期行为泛滥、董事会被管理层操控，管理层甚至自定薪酬；在理论界，学者们对管理层激励相关问题的探讨也是乏善可陈，隔靴搔痒。例如开出的股票期权药方和股东会、董事会、监事会、管理层制衡的治理机制，都是徒具形式，难以对管理层形成有效的激励和约束。管理层像美国狂野的西部，失控狂舞，那么管理层的"阿喀琉斯之踵"到底在哪里？本书从激励问题产生的根源——信息不对称着眼①，认为管理层业绩评价和激励乱象的解决之道在于增加内部透明度，"阳光是最好的杀毒剂，电灯是最好的警察"，财务报告受目标外向和披露边界的限制，难以承担增强内部透明度的功能，因此建立内部报告体系就是势在必行的路径选择。委托—代理框架下，当事人之间信息的分散化是导致激励问题的基本因素之一（Jean – Jacques Laffont，2002），信息既用于决策也用于激励方案的结构（威廉姆森，1985），所以信息是解决管理层业绩评价和激励效率的核心要素所在，基于此，本研究旨在构建内部报告体系，梳理管理层和董事会之间分散化的信息，增强二者之间的信息透明度，缓解信息不对称程度，促进管理层受托责任的履行，降低代理成本，最终实现企业价值的最大化，这也是本书的研究动机所在。

二、研究意义

美国南加州大学著名管理会计教授肯·麦钱特（Ken Merchant，2009）指出对于一个对业绩评价和激励报酬设计感兴趣的学者而言，这是一个激动人心的时代。因为这一领域的研究着实重要、有趣，而且到目前为止人们对此依然所知甚少。本书的选题具有丰富的理论意义和实践价值。

（一）理论意义

本书构建的基于核心竞争力的管理层业绩评价内部报告机制，其鲜明的理论意义体现在以下两个方面：

1. 通过构建内部报告体系，形成了财务报告与内部报告整合统一的信息披露框架，或将为管理会计学科的发展提供新的路径选择

当前的企业信息披露体系是以财务报告为主的单极格局，在 21 世纪的知识经济时代（或称后工业经济时代），以思维理念等主观因素为基础的智力资源，

---

① 让 – 雅克·拉丰（Jean – Jacques Laffont，2002）认为当关于代理人的信息不完备时，委托人将某项任务授权给具有和自己不同目标函数的代理人就会带来很多问题，而这也是激励问题的缘起。

包括知识、动力、信息、忠诚、关系和其他"软"要素有取代金钱和物质资产而成为商业驱动力的趋势（Peter F. Drucker, 1998）。然而财务报告受自身理论框架的制约难以反映包括智力资本在内的无形资源等核心竞争力源泉信息和保证企业可持续发展的社会责任信息。历史财务报表的价值相关性和信息内容正受到质疑，因为许多投资者和其他财务报告的使用者在作财务决策时并不使用这些报表。普华永道的主席丹尼斯·纳利（Dennis Nally）说，现行的财务报告制度有几个使机构投资者和散户投资者都感到迷惑的缺点，因此在未来将会限制其有用性和相关性（Hanford D. J., 2006）。纳利建议成立"国家公司报告委员会"，以改善公司报告和财务报告的有用性。改善型商业报告（EBR）注重目前和未来业绩的财务和非财务信息，它被建议用来作为改善财务报告质量、透明度和完整性的另一种方法（Anderson, Herring and Pawlicki, 2005）。几个专业组织通过协作成立了改善型商业报告协会（EBRC），这些专业组织包括美国注册会计师协会（AICPA）、商业圆桌会议、英国工业联合会（Confederation of British Industry）、国际商会（International Chamber of Commerce）、开放守法和道德小组（Open Company and Ethics Group），以及 XBRL 国际。EBRC 正在试图建立一个自愿的全球性 EBR 披露框架，为商业报告非财务部分的表述提供一个框架。这个框架将以行业为基础，整合商业报告的财务和非财务部分，包括业绩关键指标（KPI），以更好地反映公司的机会和风险、现代业务的复杂性，以及收益和现金流的质量。EBR 框架所提供的改善的透明度将确保公司治理过程的有效性。除财务信息以外，投资者和其他财务报告使用者还要求获得所有与关键业绩指标相关的更多前瞻性和非财务信息，包括经济、治理、社会、道德和环境事务信息。EBR 的非财务部分就是本书构建的业绩评价内部报告的主体内容，包括体现核心竞争力的关键业绩指标（企业文化、社会责任和企业声誉等）。伴随着以智力资本为业绩主要驱动力的新经济时代的到来，这些体现企业核心竞争力的非财务关键业绩指标难以在植根于传统工业经济时代的财务报告中反映，财务报告的相关性逐渐遗失，作用日渐式微，这就为内部报告体系的建立和发展提供了契机。

内部报告机制的发展和建立或将带动寂寂无闻的管理会计学科的蓬勃发展。现代会计分为对内报告的管理会计和对外报告的财务会计两个分支，但是管理会计的发展和被重视程度远远不及财务会计，因而管理会计理论研究的水平与发展速度相对于财务会计理论来说是较低的。管理会计理论和学科的发展滞后于同源的财务会计，原因是多方面的。但是"管理会计理论与实践脱节"是西方管理会计理论研究共同关注的问题。1987 年，卡普兰和约翰逊（Kaplan and Johnson）合作出版了轰动西方会计学界的专著《相关性消失：管理会计的兴衰》。他们认为近年来的管理会计实践一直没有多大变化。目前的管理会计体系是几十年前研究成果的产物，难以适应新的经济环境。这种早已过时的管理会计体系目前存在很大的危机，管理会计信息失去了决策的相关性。他们认为，现行的管理会计体系必须进行根本性的变革，才能适应当今科学技术与管理科学发展的新经济环境（Kaplan and Johnson，1987）。然而，20多年之后今天的知识经济时代，发生了戏剧性的变化，信息系统的发达和信息技术的高科技使得非财务指标评价、过程适时评价、无形业绩评价、顾客导向评价等评价方法成为可能和必要，而所有这些都是管理会计的研究范畴，是财务会计框架无法解决的。财务会计的相关性正在消失①，经济的发展迫切呼唤管理会计的回归。著名的管理会计学家、美国圣地亚哥州立大学的周（Cheer Chow）教授在1999年上海中国会计学博士生联谊会上曾说："中国目前最需要的其实是管理会计而非财务会计。"外部资本市场投资者信息需求的压力，使财务报告成为促进财务会计理论和学科迅猛发展的主线和推动力量；现在外部竞争压力②和内部代理问题迫切要求企业增加内部透明度，内部报告体系同样将成为一个管理会计理论和学科蓬勃发展的助推器。由于管理会计理论研究的不规范，导致管理会计学科体系不规范，表现在学科体系不完整、不清晰，内容纷杂，没有一个清晰的主线把管理会计的内容串起来，体系是残缺的（孟焰，2007）。管理会计可以被看作是使各种各样的组织结构内的沟通、激励和业绩评价最为便利的信息支持系统（Anthony A. Atkinson，1997），管理会计信息系统的披露载体就是内部报告，内部报告体系的构建，恰好可以弥补管理会计学科发展的瓶颈，内部报告将成为一个清晰的主线把管理会计纷繁复杂的内容串起来，形成一个有机系统的完整学科体系。笔者有理由相信，未来管理会计学科将在内部报告中轴线的牵引下呈现一派繁荣发展的景象。

2. 以公司核心竞争力为导向构建管理层业绩评价内部报告，着眼于公司可持续发展视角，拓展和提升了管理层业绩评价的视野，对管理层业绩评价理论具有学术创新意义

管理层业绩评价不能以股东价值最大化为标准，股东价值最大化是股东的目标，不是企业的目标，长久以来无论是学术界还是实务界都把股东的目标混淆为

---

① 21世纪的今天，智力资本等无形资源成为企业核心竞争力的源泉和业绩的主要驱动力，关注环境绩效的可持续发展成为未来的主流方向，而传统财务会计受自身理论框架的制约，仅仅关注股东财富最大化导向的财务业绩，忽视无形资源和社会责任等非财务绩效，披露的信息与信息使用者的决策越来越不相关。

② 孟焰（2007）认为在市场经济环境下，市场竞争的外部压力转化为企业的内部动力是管理会计产生、发展和备受重视的源泉。

企业的目标，在股权极度分散化的情况下，股东比管理层还急功近利，随着证券所有权的分散，管理和承担风险自然会成为相分离的功能，从有价证券角度来看市场在承担风险中的作用，我们就有可能得知风险承担者（分散的股东）最可能将其财产分散于许多企业，所以他们对直接控制任何个别企业的管理都不感兴趣，当公司业绩不佳，股价下跌，这些风险承担者（分散的投资者）最可能的选择就是"用脚投票"（Manne，1965，1967）。因此，必须廓清股东价值最大化和公司价值最大化的区别，二者是不一致的（Stephen A. Ross，2000），国内也有学者认为股东价值最大化和企业价值最大化是不同的（汤谷良、王化成，2000；周守华、杨慧敏，2000）。在所有权分散化的情境下，多元化投资分散的股东只能与企业共富贵，不能与企业共患难，股市上稍微有个风吹草动，他们就溜之大吉，而管理层由于人力资本"专用性"的锁定和职业经理人市场声誉的激励，不可能像股东那样把手上的股票卖了脱身，他们只能坚守企业，与困境作斗争，把更多的注意力集中到整个公司的业绩和创造经营绩效的核心竞争力的培育上，力争摆脱困境，使企业重上坦途持续经营下去。对管理层业绩评价只能以公司价值最大化为导向，而不能以股东价值最大化为导向，而核心竞争力正是塑造企业持续价值最大化的源泉动因。因此，有必要以内部报告为载体增强管理层在塑造核心竞争力方面的努力程度和经营水平的透明度。

同样，利益相关者价值最大化也不能作为管理层业绩评价的标准。迈克尔·詹森（Michael C. Jensen，2000）认为"利益相关者理论"的错误在于认为公司的管理层应该对所有利益相关者负责——不仅仅是对拥有剩余索取权的人，这相当于让组织外的人拥有公司的控制权，无异于让公司的控制者拿着外人的钱在公司内部运作，这无疑相当危险。利益相关者理论的不足之处在于其支持者们没有提供解决各方利益冲突的方法。具有讽刺意味的是，利益相关者理论导出的是一个与他们提出该理论的初衷完全相反的结果，即当管理层做决策时，实际上没有受到任何约束，故而只会依照他们自己的偏好。除此之外，利益相关者的边界难以确定，比如说自然环境和代际公平问题，利益相关者存在无法克服的集体行动困难，没有议价能力，难以对管理层形成有力的监督。如果以利益相关者价值最大化作为评价管理层的业绩标准，那么最后的结果就是管理层对谁的利益都不负责。由于利益相关者之间存在利益冲突，所以根本就不存在一个最大化的利益相关者利益，利益相关者利益最大化是一个伪命题，当然更不能作为评价管理层的业绩标准。

无论是维护股东利益，还是利益相关者的利益，一个基本前提就是公司必须能够持续经营，如果公司垮了，覆巢之下无完卵，无论谁的利益都无从谈起。董事会的终极责任就是支持和指导管理层工作，以引导公司远离失败，走向成功（Hans V. A. Johnsson and Per Erik Kihlstedt，2005），而公司取得成功，能够永续经营的关键就是具备核心竞争力。世界上不存在无法保持竞争力和实现盈利的"好"公司，公司生存在一个由市场决定人们买什么和付多少的世界上，如果无法为人们提供他们想要以他们愿意支付的价格去购买的产品，公司将没有理由生存下来（Robert Monks and Nell Minow，2006）。因此，以核心竞争力作为评价管理层业绩的标准无疑是抓到了问题的本源。21 世纪的管理会计应是为企业核心竞争力的诊断、分析、培植和提升提供相关信息支持的信息系统（胡玉明，2000），植根于管理会计的业绩评价内部报告亦是此题中应有之义。真实而又相关的内部报告使得高层团队有机会真正的衡量公司的核心竞争力所在，可以使董事会和管理层关注重要的事情和发展，提供准确的指导原则和持续的行为准则。而允许和鼓励不完整的、错误导向的或者差强人意的内部报告的管理方式会摧毁整个决策过程并带来灾难。内部报告有时也许比对外披露的财务报告更加详细，但是，真实和诚实对内部报告和财务报告来说同等重要（Hans V. A. Johnsson and Per E. Kihlstedt，2005）。管理层应当把核心竞争力的培植当作它们的首要和高于一切的目标，唯如此公司才能取得竞争优势，最终实现可持续发展。

（二）实践意义

CEO 被称为全世界风光无限的职业，他们年薪动辄数千万美元，奢华的办公室、专机接送、豪华游艇出游、离职还有"金色降落伞"保护；等等。这让人们难免心生质疑，他们凭什么拿这么多报酬？然而在金融危机的演变过程中，出现了让社会公众和国会议员对管理层报酬由质疑到愤怒的转变，美国三大企业高管坐着专机到华盛顿国会申请财政救援、把雷曼兄弟搞垮的董事长兼 CEO 理查德·富尔德到雷曼破产为止的 8 年时间内获得了 3.5 亿美元的薪酬、给前美林证券造成巨亏的 CEO 奥尼尔在离职后仍可获得高达 1.615 亿美元的股票赠与收益、在危机中陷入困境的"房利美"和"房地美"的两位总经理若是离职可以得到薪酬、退休金和辞退金等总额高达 2400 万美元，凡此种种，不胜枚举，管理层激励机制扭曲到难以复加的地步，高管们无功受禄坦然得近乎没有道德，投资圣手巴菲特愤怒地指出："美国公司高管的年薪与业绩常常严重脱节，而且到了荒谬的地步。"在金融危机企业陷入困境的情况下，难辞其咎的华尔街高管们的薪酬仍然像狂野的美国西部，肆无忌惮地脱离业绩单边疯长，愤怒的美国总统奥巴马急下"限薪令"，这让立法者和学术界及社会公众看到了企业管理层激励机制存在的严重缺陷，金融危机的产生机理见仁见智，管理层薪酬业绩脱钩无疑是不可忽略的诱因之一，这次"百年一遇"的金融危机更多地引发了人们对现行管理层激励机制负面效应的反思。

在危机的持续发酵过程中，我国监管层以美国为鉴，对企业管理层报酬和业绩脱轨倾向保持了高度警惕，防止企业管理层薪酬失控对加深危机起到推波助澜的反向效应，财政部于 2008 年 4 月发布了《关于国有金融机构 2008 年度高管人员薪酬分配有关问题的通知》，要求各国有金融机构 2008 年度高管人员薪酬（指税前薪酬，包括基本薪酬、绩效薪酬、社会保险、各项福利等）按不高于 2007 年度薪酬的 90% 确定。国资委于 2010 年 1 月 1 日起颁布施行了《中央企业负责人经营业绩考核暂行办法》，明确规定企业负责人的经营业绩，实行年度考核与任期考核相结合、结果考核与过程评价相统一、考核结果与奖惩相挂钩的考核制度。按照权责利相统一的要求，建立企业负责人经营业绩同激励约束机制相结合的考核制度，即业绩上、薪酬上，业绩下、薪酬下，并作为职务任免的重要依据。建立健全科学合理、可追溯的资产经营责任制。中国银监会 2010 年 3 月 1 日发布实施《商业银行稳健薪酬监管指引》，指引要求商业银行应建立科学的绩效考核指标体系，并层层分解落实到具体部门和岗位，作为绩效薪酬发放的依据。商业银行绩效考核指标应包括经济效益指标、风险成本控制指标和社会责任指标，薪酬水平与风险成本调整后的经营业绩相适应。商业银行主要负责人的绩效薪酬根据年度经营考核结果，在其基本薪酬的 3 倍以内确定。

从以上的时代背景和企业实践可以看出，管理层激励机制扭曲、薪酬和业绩脱轨从宏观上来看给全球经济带来了伤害，既是金融危机的诱因之一，又在危机的发酵过程中起到了推波助澜的负面效应，使投资者对 CEO 为代表的管理层产生了信任危机，这不利于危机的恢复和经济的企稳回升；从微观上来看，管理层薪酬和业绩脱钩，薪酬成了企业内部不透明的黑箱，管理层在企业陷入危机时仍能心安理得地拿到天价薪酬，这种无功受禄的取酬行为是对企业价值的巨大侵蚀，也是对传统商业道德观的巨大冲击。管理层犯了错不但不受惩罚，还能领到高额薪酬，损失却由不知情的广大投资者承担，这是一个极为恶劣的反面示范，此种缺乏效率、不理性也不道德的管理层激励机制任由发展不加遏制，或为下次危机埋下伏笔。

综上所述，构建报酬和业绩接轨的管理层激励机制是正在逐步走出危机的全球企业亟待破解的难题。基于这样的企业管理层激励实践需求背景，本书致力于构建管理层业绩评价和激励报酬信息的内部报告体系，在董事会和管理层之间搭建内部报告沟通平台，构造科学的基于利益相关者的业绩评价指标，并将业绩评价结果以内部报告的形式呈报董事会，增加管理层业绩的透明度，有利于董事会对管理层受托责任的履行情况进行监督，并严格按照业绩评价内部报告支付管理层报酬，将业绩和报酬严格匹配，对管理层论功行赏，同时将管理层报酬信息也以内部报告的形式向董事会披露，并选择性对外披露，这种曝光的压力可以约束管理层的机会主义行为和自由裁量权的滥用。本书的目标是对管理层的业绩进行全方位科学评价并以内部报告予以披露，坚持严格地按绩付酬原则，并将管理层获得的全部报酬同样以内部报告予以披露，于是形成了管理层业绩评价内部报告和管理层激励内部报告双内部报告体系，期望以这种披露机制增加管理层业绩和报酬的透明度，"阳光是最好的杀毒剂"，以此防范管理层的道德风险和机会主义行为。

笔者期待构建的管理层业绩评价和激励内部报告机制，会是一个多方利益相关者共赢机制，是一个透明、高效、道德、理性的机制，并能对后危机时代的企业管理层激励实践具有指导意义和投石问路的功效。

我们相信，提高管理层绩效报酬的敏感性和透明度，严格按照绩效对管理层支付报酬，必将显著提高公司的效率和持续竞争能力，我们期望管理层拿到与绩效挂钩的"最好"报酬，而不是攫取与绩效脱钩的违背道德和信托责任的"最高"报酬，虽然设计和管理这种报酬机制很复杂，但是，我们认为这是能够做到的并且将被做到的（Michael C. Jensen and Kevin J. Murphy, 1990），本书构建的内部报告机制的实践意义正在于此。

三、研究目标和研究内容

（一）研究目标

1. 通过构建内部报告体系增强企业内部信息透明度，降低信息不对称程度，监督管理层受托责任的履行，减少管理层偷懒和败德等无效率行为

由于人类有限理性等原因，我们处在一个信息不对称的世界里，由此带来了契约的不完备，同时由于管理层和董事会目标函数的不一致，进而就产生了签约后管理层的道德风险问题，公司治理机制的核心就是通过分权制衡，激励约束管理层能像所有者那样思考问题，减少管理层道德风险带来的偷懒等低效率或无效率行为。管理层的无效率行为被蒂本斯坦（Leibenstein, 1966）称为X——无效率，他强调企业管理层的无效率行为主要是由于内部信息问题所导致的，威廉姆森（Williamson，1975）也强调了信息不对称问题所带来的成本是导致无效率的一个重要因素。因此，管理层道德风险的根源在于信息不对称，直接的解决机制就是增强企业内部信息透明度，本研究的目的就是通过构建内部报告体系，增强企业内部信息透明度，对管理层业绩进行准确的评价，根据业绩评价的结果对管理层进行全面的激励，极大地调动管理层的积极性和潜力为组织的价值增值目标服务。

早在1914年，美国大法官布兰代斯（Brandeis）就提出："公开原则是医治社会和企业弊病的良药，犹如阳光是最好的消毒剂，电灯是最有效的警察。"因此，缓解管理层不可观测的偷懒行为和在职消费等"暗箱"行为的最好方法就是通过内部报告予以披露，最大限度地增加内部透明度。从当前仅仅依靠财务报告披露的机制安排来看，已经不能满足旨在提高管理层效率的内部透明度要求。财务报告的目标主要是面向资本市场为外部信息使用者提供决策有用的信息服务，而内部报告的目标主要是反映、监督管理层受托责任的履行，防止管理层偷懒和机会主义行为，提高内部效率。财务报告无法满足企业内部信息透明度的要求，因为财务报告的目标是外向的，而且其本身具有信息披露的边界，如果把内部信息透明度的要求强加给财务报告，势必造成财务报告"信息超载"，使信息使用者陷入芜杂的信息的海洋无所适从，更会使那些真正对决策有用的信息受到噪声污染，影响决策效率，最终使外部决策有用目标和内部受托责任履行目标都无法高效实现，这一切都与信息披露的良好愿望背道而驰。我国上市公司的信息披露越来越繁杂，普通投资者根本无法去有效使用。对信息事无巨细进行披露的做法影响了信息披露效率，应该借鉴外国先进制度做信息过滤分类，按照公正、有效、透明的要求进一步完善信息披露标准，进一步梳理和完善信息披露规范体系，提高信息披露的有用性和有效性，消除"信息噪声"，根据不同需求形成多样化报告披露体系。因此，本书研究的目标就是通过构建反映管理层受托责任履行的内部报告体系，最终形成外向决策有用观的财务报告和内向管理层受托责任观的内部报告共生的披露格局，最大程度降低信息不对称，从而为解决公司治理的核心机制——管理层业绩评价和激励难题提供一个新的路径选择。

2. 构建企业核心竞争力导向的管理层业绩评价体系，主张企业的目标是企业价值最大化，而非股东价值最大化

企业的核心竞争力高于一切，这种竞争力的实现必须以一个高效的治理制度作为先决条件，为了保持企业的核心竞争力，我们需要为企业构建一个"真正的"治理制度，这种公司治理制度应当把它的重点放在业绩和竞争力上。但是遗憾的是，现实的公司治理实践普遍存在的是带有"假治理"风格的机制。无论是过去还是现在的公司治理制度，都是不成功的制度。在这些制度中，我们看不到那些对公司作出长期承诺的信息对称的所有者，个体股东和某些机构股东看重价值的流动性，以及随时都可以兑现手里的股票利益的权力。在这些股东看来，股票和赛马场里的筹码没什么分别，他们没兴趣对公司进行长期的投资，股票所有权在他们手里纯粹是一种高效的赌博工具。我们同样也看不到那些具有长期绩效的目标和激励的管理层，我们看不到那些对自己的股东担负起合理责任的管理层。① 股权的分散化导致股东的投机化，进而又导致了管理层短期行为泛滥，由此形成了恶性循环。更为致命的是，一直以来理论界和实务界混淆了公司目标和股东目标两个概念，认为股东的目标就是公司的目标，因此得出了公司目标是股东价值（或财富）最大化的错误结论。投机性的股东追逐的是短期股东价值最大化，而公司的目标是公司长期价值最大化，二者是截然不同的。对于股东利益与公司利益的不同，哈佛商学院教授米歇尔·波特在他的分析国家资本配置机制的综合论文《竞争力探微》中，得出一个结论说：应该创造一个新的能够把股东利益与公司本身的利益密切地联合起来的所有权结构。② 显而易见，他认为公司现在的所有权结构导致了股东利益和公司利益的割裂。公司作为多个利益攸关方的契约联结，应该照顾所有攸关方的利益，而不能仅仅片面强调攸关方之一——股东的利益最大化。一个拥有较高的治理绩效的公司将可以让各种利益得到最大限度的联合，能够使那些利益交叠在一起但是又不完全一致的相关方之间充满信任，同时，又使企业作为一个整体拥有足够旺盛的生命力——核心竞争力。

综上所述，股东的目标和公司的目标进而二者的利益并不一致，现行的以股东价值（或财富）最大化为导向的管理层业绩评价体系限制了管理层对公司价值创造责任的承担，滋生的只是管理层泛滥的短期行为，而这往往又是以牺牲公司的长期价值为代价。说到管理层业绩评价，不能不提一下业绩评价的标准，毫无疑问，要想改进管理层的业绩，首先必须存在用来评估业绩的指标。传统的以股东价值最大化为导向的管理层业绩评价标准采用的是会计指标和市场指标，而这两类指标在管理层业绩评价实践中已经是弊端尽显。首先是会计指标（包括每股盈余、资产回报率以及已动用资本回报率等），它没有为管理层业绩的评估提供一个真正有益的可靠标准。因为会计指标是由传统的会计体系生成，而会计体系作为一种传统工具已经成为经济社会的一种象征和基础，但遗憾的是，它现在有些千

---

① Sykes, Allen, Corporate Governance, *an International Review*, October 1994（NO. 2. 4）Edition.

② Porter, Michael E., Capital Choices：Changing the Way American Invest in Industry, *Council on Competitiveness*, 1992, P. 92.

疮百孔、声名狼藉，因为这个体系给那些公司和其他相关人员提供了欺骗或者误导所有者、社会公众以及其他利益相关者的便利机会。传统会计体系是滋生各种或含蓄，或操纵甚至直接的欺骗行为的温床。许多日常发生的财务披露手段也许是不违反法律规定的，但是他们提供的是彻底的不相关信息，其结果只会误导受众。同时，可靠会计信息和欺诈会计信息之间的界限也越来越模糊，同时"创造性会计"① 问题也越来越严重。会计体系目前承担的在各种商务和经济决策中的角色是不能长久的，而且问题已经严重到接近智力、道德和管理灾难的程度。一个基本的原因就是现有的会计体系和21世纪的经济环境格格不入，就像在一个迅速变化的地形中使用旧版地图。其次是依赖于股票市场的市场指标，股票市场是最不可靠的标准，这个标准受到如此多的其他因素的影响，以至于我们在实践中根本不可能通过股票市场评估来区分哪些是反映管理层业绩的，哪些不是反映管理层业绩的，而是反映证券分析师的任意念头或经济和市场的短期或一般走势的。即便公司在目前拥有雄厚的市场价值实力，也不能保证公司在未来就不会走向衰亡，唯一能够保证公司不会衰亡的就是公司不可或缺的核心竞争力。也就是说，市场指标不是最重要的，它只是对今天的价值所做的一种不完全的评估。相反，拥有能够预测明天的价值和保证公司可持续发展的公司的核心竞争力才是一种更加重要的东西。

笔者以为，无论是股东价值，还是其他利益攸关者价值的实现，一个基本前提就是公司必须能够存在并永续发展，公司在竞争中被淘汰或消亡了，那么包括股东在内的所有相关方的利益都无从谈起。组成公司契约联结的所有利益攸关方可能存在内部的利益冲突，但是他们在一点上应该具有共识和共同的利益，那就是公司必须基业常青，否则皮之不存，毛将焉附？分"蛋糕"时可能会有利益冲突，但是前提是必须要有"蛋糕"。没有"蛋糕"，所有人的利益都无法实现。而保持公司可持续发展的不二法门就是培育公司的核心竞争力，核心竞争力是企业竞争优势的来源，进而促进企业的可持续发展。因此，本书的目标之一即是构建基于核心竞争力导向的管理层业绩评价体系，激励管理层为核心竞争力的塑造和培育有所作为，公司具备了核心竞争力，能够永续发展，那么股东价值和其他利益攸关者价值的实现就是自然而然的事情，这类似于亚当·斯密论述的"看不见的手"定律中的情形。核心竞争力是根本，包括股东在内的所有利益攸关方的利益实现是表象，管理层业绩评价的导向应该固本培元，而不应该舍本逐末，这正是本书力图达到的目标之一。

---

① 公司用来粉饰其报表愚弄报表使用者的方法有很多，我们把它们称之为"创造性会计"，其中都涉及了许多误导使用者或者使人产生曲解的技术方法，你总是能够或多或少地注意到，甚至这些方法已经成为公司的通用程序。

（二）研究内容

本书的研究内容主线为：研究缘起→文献回顾→理论基础→理论分析和机制安排→构建内部报告基本理论框架→内部报告体系构建→内部报告与企业绩效实证分析→研究结论与政策建议。

本书共分七章：

第一章：导论。主要介绍本书的研究缘起，包括研究的背景与动机、研究的理论意义与实践意义、研究的目标和内容、技术路线和研究方法。

第二章：文献回顾与述评。本部分围绕研究主题分三条线路进行文献回顾，首先是核心竞争力研究文献综述；其次是基于核心竞争力的管理层业绩评价文献综述，包括利益相关者价值最大化导向管理层业绩评价、平衡计分卡（BSC）视角述评、三重底线视角分析；最后是内部报告与管理层业绩评价文献综述。

第三章：基于核心竞争力的管理层业绩评价内部报告理论基础。围绕研究主题遴选出与之紧密相关的三个理论基础，分别是委托—代理理论、内部控制理论及信号传递和显示理论。同时坚持理论基础信息含量原则，对每一庞杂的理论基础筛选出与本书研究主题紧密相关的具有信息含量的具体细节内容，在委托—代理理论部分细分为董事会与管理层的利益冲突和博弈、信息不对称和管理层的道德风险、董事会与管理层之间的受托责任和信托责任；在内部控制理论部分细分为内部控制和业绩评价、内部控制和内部报告；在信号传递和显示理论部分细分为内部报告的信号传递和显示功能、董事会和管理层之间信号传递阻塞。

第四章：基于核心竞争力的管理层业绩评价内部报告基本理论构建。本章第一、二、三部分属于管理层业绩评价内部报告构建的理论分析部分，第一部分是基于核心竞争力导向评价管理层业绩的理论分析；第二部分是管理层业绩评价信息以内部报告披露的理论分析，包括政治维度理论分析和经济维度理论分析；第三部分是基于核心竞争力的管理层业绩评价内部报告构建的动因分析，包括公司治理视角的需求分析、内部控制视角的需求分析、技术可行性分析、财务报告自身无法突破的现实困境倒逼内部报告机制的构建。本章第四、五部分属于构建管理层业绩评价内部报告的机制安排，第四部分构建了管理层业绩评价内部报告机制，界定了管理层业绩评价内部报告披露主体——信息披露委员会、管理层业绩评价内部报告使用主体——薪酬委员会和核心竞争力委员会、管理层业绩评价内部报告监督主体——审计委员会。以后各节依次阐述了管理层业绩评价内部报告的内容、目标、原则、功能、特点等各组成要素。管理层业绩评价内部报告的披露内容，包括管理层显性业绩评价和管理层隐性业绩评价；管理层业绩评价内部报告的目标，包括建立新的透明度机制和建立新的问责制机制；管理层业绩评价内部报告的功能作用，包括两大功能，其一是董事会监督管理层机制，其二是保持公司核心竞争力和可持续发展机制；管理层业绩评价内部报告的披露原则，包括财务和非财务指标并重原则、成本与效益权衡原则、内部报告与财务报告协调原则、企业自愿披露原则；基于核心竞争力的管理层业绩评价内部报告的特点，包括非财务信息为主导的叙述式报告和主观业绩评价方法为主导的多维度业绩评价方法。

第五章：基于核心竞争力的管理层业绩评价内部报告体系构建。首先，对体系构建中涉及的基本概念进行了廓清，包括管理层、管理层业绩和企业业绩；其次，构建了核心竞争力导向的管理层业绩评价内部报告体系，该体系包括四大内部报告，包括具有竞争力的财务业绩评价内部报告、企业声誉评价内部报告、社会责任评价内部报告、企业文化评价内部报告；最后，进一步论证了管理层业绩评价内部报告的实现机制——基于 XBRL 的 IT 治理，介绍了 XBRL 及 XBRL 在中国的发展及以 XBRL 为导向的 IT 治理平台披露业绩评价内部报告的可行性分析和路径选择。最后一节是内部报告体系正确运行的防护机制，阐述了对管理层和董事会合谋的董事会治理机制，对管理层和董事会合谋的理论进行分析，然后提出了合谋的治理机制——董事会独立性，具体措施包括 CEO 和董事长"两职分离"及保证独立董事的独立性和在董事会中的绝对优势。

第六章：基于核心竞争力的管理层业绩评价内部报告与企业财务绩效实证分析。具体内容包括问卷设计与实施；研究假设与理论分析，包括具有竞争力的财务绩效指标理论分析和假设提出、社会责任与企业绩效理论分析和假设提出、企业文化与企业绩效理论分析与假设提出、企业声誉与企业绩效理论分析与假设提出；描述性统计；信度与效度分析；相关性分析；研究结论。

第七章：结论总结与研究展望。本章总结了本书的研究结论，明确了研究贡献，提出了实践启示与政策建议，并进一步指出了研究局限与未来的研究展望。

四、技术路线和研究方法

（一）技术路线

本书以写作背景和动机作为逻辑起点，由于本书选题在现有文献中鲜有阐述，因此在写作动机和背景部分笔者着重解题，分析了现有管理层业绩评价导向的弊端和现有管理层业绩披露报告的缺陷，进而引出了本书选题以核心竞争力作为评价管理层业绩的导向并以内部报告予以披露的必要性，由此自然引出了本书选题的意义。在解题的基础上，笔者对国内外与本书选题相关的文献进行了回顾和梳理，分两条线进行，一条是对管理层业绩评价的文献进行梳理；另一条是对管理层业绩评价进行披露和内部报告的线路进行文献回顾，着重找出管理层业绩评价披露和内部报告的关联。根据解题和文献梳理，笔者归纳出本书选题的理论基础包括委托—代理理论、内部控制理论及信号传递和显示理论，在这一部分，并不是简单的罗列，而是点出了该理论为什么成为本书选题的理论基础的缘由，并对该理论与本书选题的内在关联进行了剖析，夯牢理论基石。

立足解题和理论基础，下面一部分就到了本书的核心内容阐述，也就是基于核心竞争力的管理层业绩评价内部报告基本理论框架，在这一部分笔者殊为谨慎，按照理论框架构建的规范思路，首先对框架体系中的几个关键概念按照回顾文献的思路进行定义，包括核心竞争力、管理层、内部报告，接着对构建该框架体系进行深入的理论分析，着重阐述了体系构建的动因和必要性。然后逐次阐述了该体系中包含的基于核心竞争力管理层业绩评价内部报告的内容、原则、目标、特点、功能、机制，其中对可能导致该体系失效的管理层和董事会"合谋"问题进行了分析，并提出了解决机制。

基于核心竞争力的管理层业绩评价内部报告基本理论框架建立之后，下面的重心就是内部报告体系构建，在这一部分，笔者分三部分阐述，首先，阐述了内部报告体系构建的动因，包括治理动因、内部控制动因、技术动因。其次，在对主流业绩评价理论述评的基础上，归纳出基于核心竞争力的管理层业绩评价内部报告应该包括社会责任报告、企业声誉报告、企业文化报告。内部报告体系构建起来后，下面的关键问题就是能否在企业的实际运行中实施起来。笔者通过对现有文献的梳理，发现借助当前国际流行的信息披露技术工具XBRL完全可以实现内部报告的生成和披露，并不存在技术障碍，由此内部报告体系有了落地实施机制。

基于核心竞争力的管理层业绩评价内部报告体系构建之后，同时也不存在技术实施障碍，但还有一个深层次问题是，企业是否有实施该内部报告的主观意愿？企业作为以追求效益最大化为终极目标的经济实体，财务绩效是其决策实施的重要考量指标。因此，笔者运用问卷调查方法，对内部报告的实施和财务绩效的相关性进行了实证分析，通过信度和效度及相关性的分析，得出结论：内部报告和企业财务绩效存在正相关关系。因此，理性的企业有动机通过实施内部报告体系来提高其财务绩效。

在本书的最后部分，笔者归纳出了研究结论和研究不足，同时指出了本书的研究贡献和必要的政策建议，并进一步指明了未来的研究方向和空间。

（二）研究方法

1. 归纳、演绎、比较分析等规范研究方法

在文献回顾中，运用规范研究中的归纳法，对管理层业绩评价和内部报告的相关文献进行了梳理，并进行了述评，使读者能对本书之前的相关研究脉络有个清晰的了解；在内部报告框架体系构建中，运用了规范分析中的演绎和比较法，对框架体系的基本概念界定、原则、特点、功能、目标、内容、动因等基本理论展开翔实论述，有理有据，环环相扣，抽丝剥茧，在增加本书理论厚度的同时，也为后续的实证研究打下了坚实的理论铺垫。

2. 问卷调查

问卷调查是管理学定量研究中最为普及的方法，是最快速有效的收集数据的方式。本研究运用问卷调查取得了企业文化、社会责任、企业声誉内部报告与财务绩效的相关关系的一手资料，遵循问卷调查法的研究程序，按照问卷设计、问卷发放及回收、理论分析和假设提出、描述性统计、信度和效度分析、相关分析、研究结论的流程，进行了严谨而规范的实证分析，呈现了严谨而扎实的研究证据。

3. 案例研究与访谈

通过案例调查与访谈的研究方法对我国企业目前采用的管理层业绩评价内部报告情况进行一个总体的调查与分析。发现从核心竞争力视角构建业绩评价内部报告在我国的应用还不普遍，大部分企业还停留在以财务业绩为主的评价阶段，即使有些公司已经注意到核心竞争力的永续价值创造的能力，但是对于什么业绩会导致核心竞争力的产生比较模糊，因此并没有一个系统的披露，因此本书构建的内部报告体系可以给管理层指出一个基于持续价值创造的努力路径，杜绝传统财务业绩评价会计指标和市场指标的短期化和机会主义弊端。本书案例研究的意义在于检验构建的业绩评价内部报告体系在企业的实际应用效果，属于后续追踪研究，力求研究的完整性和指导实践的现实意义。

本书的技术路线如图1-1所示。

```
                              ┌──────────┐
                              │   导论    │
                              └──────────┘
   ┌──────────┐   ┌──────────┐   ┌──────────┐   ┌──────────┐
   │ 研究背景  │   │ 研究意义  │   │ 研究目标  │   │技术路线与 │
   │ 与动机    │   │          │   │ 与内容    │   │研究方法   │
   └──────────┘   └──────────┘   └──────────┘   └──────────┘

                          ┌──────────┐
                          │文献回顾   │
                          │与述评     │
                          └──────────┘
              ┌──────────┐              ┌──────────┐
              │管理层业绩 │              │内部报告与管│
              │评价       │              │理层业绩评价│
              └──────────┘              └──────────┘
   ┌──────────┐   ┌──────────┐   ┌──────────┐
   │股东价值最 │   │利益相关者价│   │管理层业绩与│
   │大化导向   │   │值最大化导向│   │薪酬的关系 │
   └──────────┘   └──────────┘   └──────────┘

              ┌────────────────────────┐
              │基于核心竞争力的管理层业  │
              │绩评价内部报告理论基础    │
              └────────────────────────┘
   ┌──────────┐   ┌──────────┐   ┌──────────┐
   │委托—代理  │   │内部控制   │   │信号传递和 │
   │理论       │   │理论       │   │显示理论   │
   └──────────┘   └──────────┘   └──────────┘

              ┌────────────────────────┐
              │基于核心竞争力的管理层业绩│
              │评价内部报告基本理论框架  │
              └────────────────────────┘
```

| 关键概念界定 | 内部报告理论分析 | 内部报告披露内容 | 内部报告机制安排 | "合谋"的治理 | 内部报告的目标 | 内部报告的功能 | 内部报告披露原则 | 内部报告的特点 |

```
              ┌────────────────────────┐
              │基于核心竞争力的管理层业  │
              │绩评价内部报告体系构建    │
              └────────────────────────┘
   ┌──────────┐   ┌──────────┐   ┌──────────┐
   │构建内部报告│   │内部报告   │   │内部报告   │
   │体系动因分析│   │体系构建   │   │实现机制   │
   └──────────┘   └──────────┘   └──────────┘
  ┌────┐┌────┐┌────┐  ┌──────────┐┌──────────┐  ┌──────┐┌──────┐
  │治理││控制││技术│  │主流理论  ││内部报告  │  │XBRL  ││路径选择│
  │动因││动因││动因│  │述评      ││体系构建  │  └──────┘└──────┘
  └────┘└────┘└────┘  └──────────┘└──────────┘

              ┌────────────────────────┐
              │基于核心竞争力的管理层业绩评价│
              │内部报告与企业财务绩效实证分析│
              └────────────────────────┘
```

| 理论分析与研究假设 | 问卷设计与实施 | 描述性统计 | 信度与效度分析 | 相关性分析及研究结论 |

```
              ┌────────────────────────┐
              │结论总结与研究展望        │
              └────────────────────────┘
   ┌──────────┐   ┌──────────┐   ┌──────────┐   ┌──────────┐
   │研究结论   │   │研究贡献   │   │实践启示与 │   │研究局限与 │
   │          │   │          │   │政策建议   │   │研究展望   │
   └──────────┘   └──────────┘   └──────────┘   └──────────┘
```

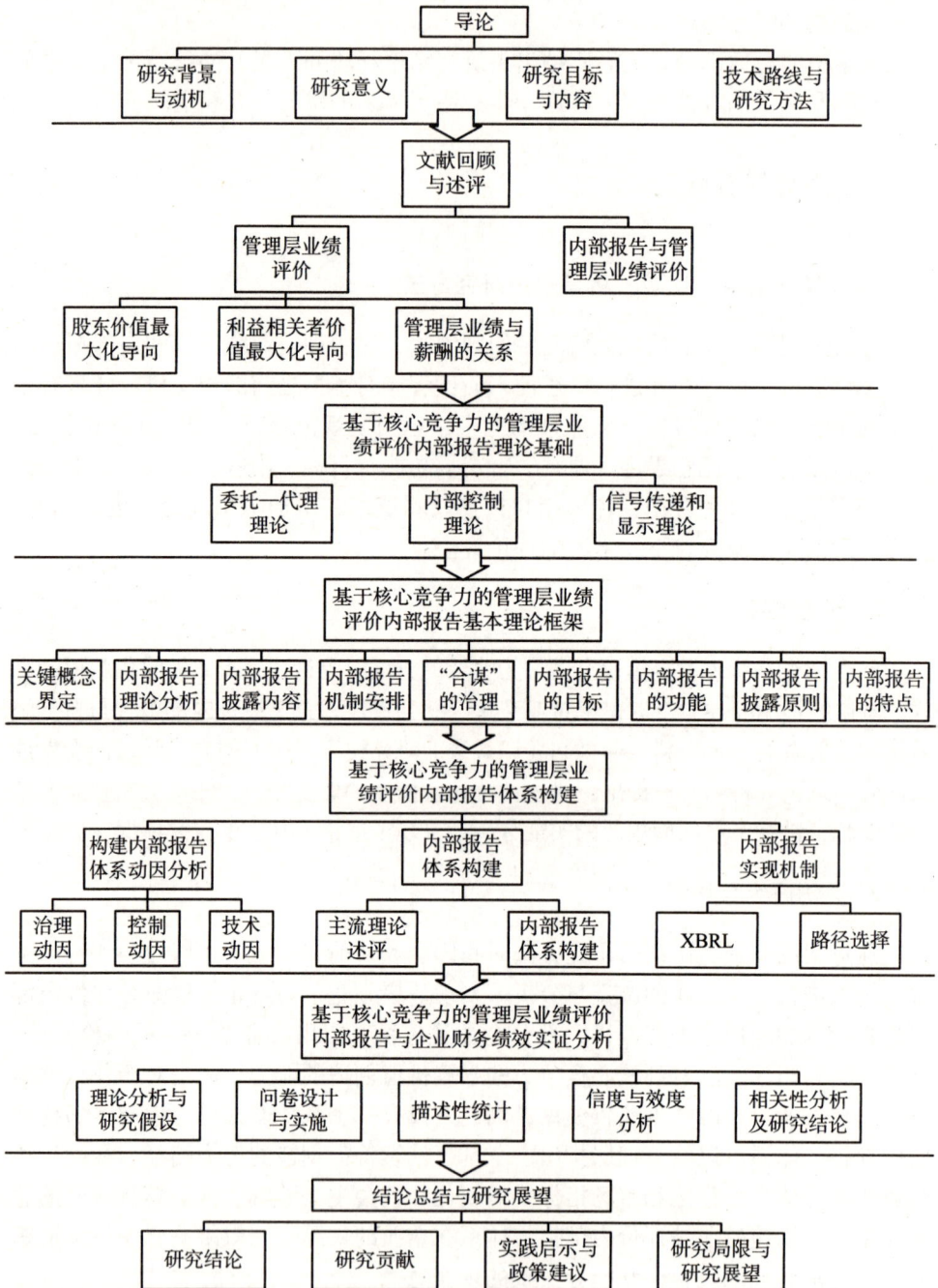

图1-1　技术路线

第二章 文献回顾与述评

一、核心竞争力文献回顾与述评

（一）核心竞争力文献回顾

1990 年罗哈德和哈默一起首先提出了"核心竞争力"概念，即"组织中的积累的学习能力，特别是如何协调不同生产技能和集成多种技术流派的学习能力"。事实上，就可以追溯的源头来说，这一观点的首创者是勒尼德（Learned）等人（1965 年）："其中心思想是独特竞争力——即每家公司自己都具有的对公司战略的开发至关重要的独特之处。安德鲁斯·克里斯坦森和勒尼德是核心竞争力概念的首创者，1990 年又得到了新发现（波特，1994）"。

企业核心竞争力理论将导致竞争优势的因素集中于无形的知识和能力上，更加强调组织性的因素。企业的核心竞争力指的是能够作为企业竞争优势来源的企业能力，凭借着竞争优势，企业就能够击败自己的竞争者。核心竞争力不仅能够使一家公司具备与众不同的竞争力，而且还可以反映公司独特的个性。企业的核心竞争力是在企业不断积累并学习如何利用各种不同的资源和能力的长期过程中形成的（C. Zott，2003）。作为采取行动的一种能力，企业的核心竞争力就像是"皇冠上的一颗宝石"，作为核心竞争力的企业活动是相对于竞争者企业更擅长的一些行动，凭借着这些行动，企业能够在很长的一段时期之内为自己的产品和服务增加独特的价值（Hafeez, Zhang and Malak，2002）。企业应当重视的四种核心竞争力分别是有价值的能力、稀有的能力、难以模仿的能力和不可替代的能力。进一步说，核心竞争力也是企业相对于竞争对手的竞争优势的来源。不能满足这四个可持续性竞争优势标准的能力就不能被视为核心竞争力。这就意味着，尽管每一种核心竞争力都是企业的一种能力，但并非每一种能力都能够成为企业的核心竞争力。另一方面，如果企业希望在长期之中维持一种竞争优势，企业的核心竞争力就必须是无法被竞争者模仿的，而且是无法替代的。只有当竞争者无法复制企业执行的战略所带来的收益，或者当竞争者缺少足够的资源来模仿企业的核心竞争力时，企业才能够获得持久性的竞争优势。在某一个具体的时间段内，企业可能会通过利用有价值的、稀有的但是又易于模仿的能力而获得自己的竞争优势（Hitt, Ireland and Hoskisson, 2009）。

对于核心竞争力，国内外学者从不同视角给出了不同的描述：

波特（1980）以企业竞争优势的差异作为企业异质性分析的核心，把结构—行为—绩效的分析范式与企业战略管理研究结合起来，提出决定特定市场结构特征和产业吸引力的五种基本竞争力：新竞争对手的进入、替代产品的威胁、客户讨价还价能力、供应商讨价还价能力和现有竞争对手之间的竞争。一个企业所具有的优势或劣势的显著程度最终取决于企业在相对成本和异质性方面的作为，这些优势源于企业具有比它的竞争对手更有效地处理五种竞争力的能力。

麦加恩和波特（McGahan and Porter, 1997）、斯潘诺斯和劳卡斯（Spanos and Lioukas, 2001）的研究显示，产业因素对企业获利能力的影响因子为19%，企业独特性因素则为32%，企业独特性因素影响企业在市场上的表现（如市场绩效），并进而影响企业的获利能力。由此可以看出，企业的异质性资产对于企业绩效来说是决定因素，企业超额利润来源于企业内部资源禀赋差异。企业的异质性就是企业的核心竞争力。

康纳（Conner, 1991）认为企业难以模仿的异质资源是经济租的来源，也是企业绩效和竞争优势的根本动力。为数不多的实证研究也证实了异质性资源对企业绩效的直接正效应（Miller, 1996; Pennings, 1998）。

张金昌（2006）认为，企业的竞争力虽然受到外部环境的制约，但主要是企业内部各环节的竞争力所决定的，核心能力的关键在于企业的总体创新能力。

安应民（2008）认为核心竞争力是一个比较难于理解、较为抽象的概念，从直观意义上讲，核心竞争力就是所有能力中最核心、最根本的部分，其作用可以通过向外辐射，作用于其他能力，影响其他能力的发挥和效果。核心竞争力理论认为，企业是一种或几种核心竞争力的组合。核心竞争力既是组合和利用企业内外部资源的独特方式，又是适应和创造有利于实现自身独特优势的内外部环境变化的能力。核心竞争力的观点更加强调资源和能力的互动作用，以及基于企业资源的独特组合和利用方式。核心竞争力隐藏于各战略业务单元和产品之中，不易察觉，但却是客观存在的。一种核心能力能衍生出几种产品和业务，跨越传统的市场界限和产品界限。因此，核心竞争力比产品更稳定，发展更缓慢，产品仅仅是核心竞争力的短期表现。企业之间竞争的实质是企业对环境中企业所需资源的争夺，为确保可持续发展，企业就必须有比其他竞争对手更强的长期性优化配置资源的能力，也就是必须要有很强的核心竞争力。

（二）核心竞争力文献述评

综上所述，笔者给出基于本研究的核心竞争力的内涵界定，核心竞争力是指能使企业保持长期竞争优势的驱动因素，是促进企业可持续发展的源泉动因，除了具有价值、稀缺、难以模仿、不可替代等传统特点之外，评价核心竞争力的指标（包括财务和非财务）必须不容易通过操纵、平滑或盈余管理等创造性会计手段来粉饰，核心竞争力指标接近于企业真实的经营状态，杜绝管理层的机会主义倾向和短期行为，基于核心竞争力的业绩评价指标将激励和约束管理层致力于企业的可持续价值创造，实现企业的永续发展和基业长青的战略目标。

需要指出的是，"核心竞争力"和"核心能力"两个术语经常在一些文献中交叉出现，二者皆来源于英文"Core Competence"，只是翻译稍有差别。在国外这两个术语也是代替使用，罗哈德和哈默尔把这些能给企业带来持续竞争优势的内部特性称为"核心竞争力"，而斯托克、埃文斯和舒尔曼（Stalk，Evans and Shullman）在一些非常相近的研究中称这些组织特性为"核心能力"①。尽管能力和竞争力之间的细微差别能够从理论上进行区分，在实践中这些差别可能会变得非常模糊，争论某项特定的企业属性到底是"能力"还是"竞争力"，似乎并没有多大的价值。鉴于这样的情况，本书后文中采用了如下惯例："能力"和"竞争力"两个术语是对等的，可以互换，本书采用的是"核心竞争力"术语。

二、管理层业绩评价文献回顾与述评

（一）管理层

"管理层"是本书必须要明确界定的一个概念，它实际上圈定了本书研究的空间范围。对于管理层的内涵和外延，不同的学者和业界人士给出了不同描述，诸如 CEO、高层管理团队（高管）、企业负责人等称谓。笔者将在梳理管理层相

① "The core competence of the organization," *Harvard Business Review*, May/June, pp. 79 – 93; Stalk, G. , P Evans, and L. Shulman. "Competing on capabilities: The new rules of corporate strategy," *Harvard Business Review*, March/April 1992, pp. 57 – 69.

关文献的基础上，给出本书研究范围的"管理层"的清晰界定。

彼特·德鲁克（Peter F. Drucker，1973）认为管理层是组织中从事工作指导、目标设定以及标准制定工作的一个机构。它担负着特殊的高层管理任务，需要有自己的组织及高层管理结构。在出现规模和复杂性，多样性和多元化，发展、变革及创新有关的情况时，还要面对结构与战略方面的特殊挑战。彼特·德鲁克进一步指出"管理层"不是"老板"的代名词，它需要有一种特殊的高层管理结构，并且为了保持高层管理团队沟通和信息交流的连贯性和系统性，管理层需要有自己的信息机构，成立类似"秘书处"的机构，保证信息披露和高层管理团队的沟通顺畅。

汉布瑞克和梅森（Hambrick and Mason，1984）、默里（Murray，1989）、格勒坎里兹和汉布瑞克（Geletkanycz and Hambrick，1997）、桑德斯和卡彭特（Sanders and Carpenter，1998）等认为高层管理团队包括董事会主席、副主席、首席执行官、首席营运官、总裁、资深副总裁和执行副总裁等。

弗雷德里克森（Fredrickson，1997）认为企业的高管层应该通过与企业的CEO商讨后加以确认，也就是被CEO所认可的，并且在关键经营决策中常规性发挥效用的经理人团队。

霍德尼斯、克罗兹纳和希恩（Holderness，Kroszner，and Sheehan，1999）认为管理层一般指的是公司董事会和高级管理人员组成的团队。

维贾伊·萨思（Vijay Sathe，2002）认为企业的管理层包括企业主管、事业部总经理和事业部高层管理团队的其他人员。企业主管包括首席执行官（CEO）、总裁和（或）首席运营官（COO）、负责主要业务部门的执行副总裁（EVP）、负责某一业务部门内部的一组业务分部门的集团副总裁（GVP）。事业部总经理（DGM）是某一业务部门的领导，向企业主管汇报，通常向集团副总裁（GVP）有时也直接向执行副总裁（EVP）汇报。事业部总经理可能拥有企业副总裁或部门总裁的头衔。在事业部总经理的领导下，事业部高层管理团队由各事业单位或职能部门的领导人组成，高层管理团队的成员也可称为部门副总裁。

瑞扎伊（Zabihollah Rezaee，2007）认为管理团队由CEO领导，CFO、主计长、司库、运营经理、总法律顾问支持，并受董事会指导，主要负责运营效率、内部控制有效性、会计信息系统的完善性、财务报告的可靠性和遵守所有适用的法律、规则、法规和准则。当公司的高级经理人员，特别是CEO和CFO，按照董事会确立的愿景建立起适当的目标，并将之用透明和吸引人的方式与股东沟通时，创造和增加股东价值的可持续业绩就能够达到。

吴德军（2009）认为公司董事长与总经理一样，均属于公司管理层的角色。

他给出的理由是公司董事长作为接受股东委托的一级代理人，本应负责对公司管理层的监督，但其所承担的会计责任和中国上市公司管理层产生的复杂原因使其直接参与了公司的经营管理，成为公司管理层的重要一员。

吴维库、刘军、张玲、富萍萍（2002，2003）、彭泗清（2004）、魏立群、王智慧（2002）、孙海法（2003）等认为企业的高管通常就是指公司高层经理的相关小群体，包括 CEO、总经理、副总经理以及直接向他们汇报工作的高级职能经理。这些人通常来自企业最高层，属于企业的战略制定与执行层，负责整个企业的组织与协调，对企业经营管理拥有很大的决策权与控制权。

李善民（2007）、贺家铁（2006）、黄之骏（2006）将管理层定义为参与公司决策过程的全部高级管理人员，包括董事、监事以及其他高级管理人员。

在法规方面，对高级管理层也有不同的表述，我国《公司法》（2006）对高级管理人员的外延界定是公司的经理、副经理、财务负责人，上市公司董事会秘书和公司章程规定的其他人员。《中央企业负责人经营业绩考核暂行办法》（2009）指出本办法考核的中央企业负责人是指经国务院授权由国务院国有资产监督管理委员会履行出资人职责的国家出资企业的下列人员：（1）国有独资企业的总经理（总裁）、副总经理（副总裁）、总会计师；（2）国有独资公司的董事长、副董事长、董事，列入国资委党委管理的总经理（总裁）、副总经理（副总裁）、总会计师；（3）国有资本控股公司国有股权代表出任的董事长、副董事长、董事，列入国资委党委管理的总经理（总裁）、副总经理（副总裁）、总会计师。《上市公司高级管理人员培训工作指引》指出上市公司高级管理人员包括：上市公司董事长、董事、监事、独立董事、总经理、财务总监、董事会秘书。《企业国有资产监督管理暂行条例》指出国有资产监督管理机构出资企业的企业负责人包括：（1）国有独资企业的总经理、副总经理、总会计师及其他企业负责人；（2）国有独资公司的董事长、副董事长、董事、总经理、副总经理、总会计师等。

综上可见，法规出于立法情境的需要、不同的学者出于不同研究目的的需要都对管理层给出了不同的界定。作为本书的研究对象，管理层是指处于二级代理人地位的经营者角色，受一级代理人董事会①委托，负责企业的日常生产经营决策，对董事会负有受托责任和信托责任，以企业价值最大化为目标的一个高级管理团队，包括 CEO（总经理）、副总经理、总会计师及其他纳入到高管的人员，管理层的核心代表就是 CEO（总经理）。

---

① 董事会是管理层的委托人，同时又是股东的代理人，本书称之为一级代理人。

（二）管理层业绩和企业业绩

早在 1911 年，哈佛大学商学院的肖（Shaw）、科普兰德（Copeland）、史密斯（Smith），以及勒尼德（Learned）就开始分析组织中总经理的角色。他们认为总经理是企业的核心竞争力，高素质的总经理是企业的优势，低素质的总经理是企业的劣势。总经理是组织中对分析企业环境、了解企业内部优势与劣势、选择企业价值最大化的战略负有重要责任的个人。企业管理层长期挖掘核心竞争力的实力，将能够帮助企业获得持续性竞争优势。菲利普·塞尔兹尼克（Phillip Selznick，1957）甚至认为高级管理层（他称之为制度性领导者）是企业竞争优势的唯一源泉。总经理的决策对企业业绩的影响很大，总经理的业绩是企业业绩的决定因素①。因此，好的企业业绩必定是好的管理层业绩导致的，好的管理层业绩也必然导致好的企业业绩。企业业绩和管理层业绩是等同的关系，因此，本书在评价管理层业绩的过程也是评价企业业绩的过程，由于管理层对企业业绩起着主导和支配性作用，所以对企业业绩的评价过程也是对管理层业绩的评价过程。所以本书后续对管理层业绩某些方面的评价不可避免地以对企业业绩的评价作为替代，这是必要且适当的。

从根本上讲，建立管理层业绩评价系统的目的之一是使董事会代表的所有者的利益和管理层的利益相一致，也就是监督管理层受托责任的履行；另一个目的是通过业绩评价指标的选择促使管理层培育企业的核心竞争力，从而使企业走上可持续发展基业常青之路。为了实现以上目的，作为评价主体和内部报告使用主体的董事会必须对以下几个问题有清楚的认识：（1）对于管理层的工作，衡量哪些业绩变量；（2）管理层的行为如何影响这些业绩变量；（3）业绩变量如何转化为管理层个人报酬。如果董事会对这个因果过程没有清楚地理解，业绩评价系统就会失去促进或影响决策制定行为的能力。显然，在选择业绩评价指标、设计业绩评价系统、分析结果和报告结果等方面，董事会处于这个过程的核心位置。业绩评价系统的结果被用于将业绩和管理层个人报酬联系起来，从而使报酬具备了激励功能。

应注意业绩评价系统的结果或者说业绩指标在这里所发挥的关键作用，因为它为个人动机和企业目标间建立了联系。这些结果或绩效指标必须具有这样的性质，

---

① Learned, E. P., C. R. Christensen, K. R. Andrews, and W. Guth (1969). *Business Policy*. Homewood, IL: Irwin.

即当个人追求这些结果时，他们推动了企业目标的实现。因此，这些绩效指标必须能够体现个人的工作如何为企业目标做出贡献。该项工作为业绩指标所忽略的地方，也将为个人所忽略或轻视。基于"衡量什么就完成什么"的考量，由于本书构建的管理层业绩评价内部报告是为了提高管理层的效率和塑造企业的核心竞争力，因此董事会设计的管理层业绩评价系统要向管理层发出关于其工作重点为打造企业核心竞争力的强有力信号。因而，作为管理层业绩评价系统的主要设计者的董事会必须清楚地明白企业的目标和战略，同时也应充分了解董事会自身在管理层业绩评价内部报告机制中的重要作用。管理层业绩评价系统的框架如图 2 - 1 所示。

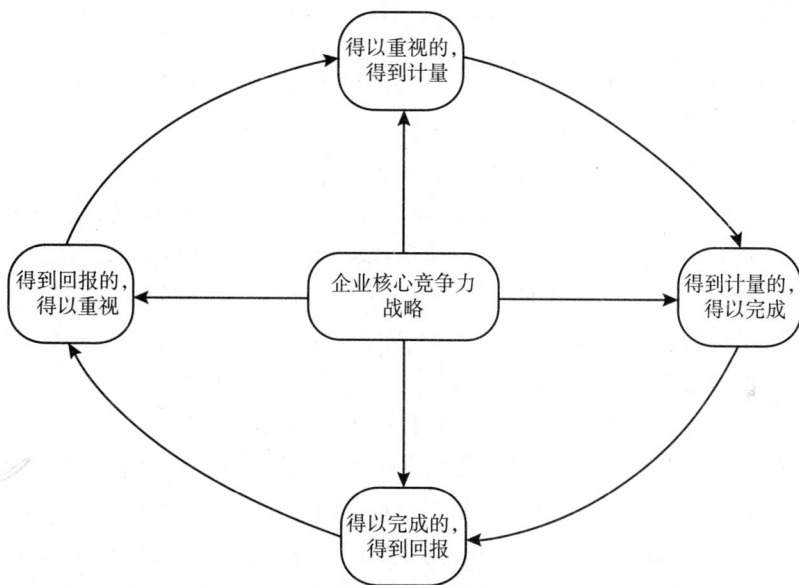

图 2 - 1　核心竞争力导向的管理层业绩评价系统导图

　　管理层业绩评价系统综合了财务信息和非财务信息，目标是监督管理层受托责任的履行和企业核心竞争力的培育，进而保持企业的可持续发展。在建立这个系统时，董事会要选择最能反映公司核心竞争力战略的指标，包括具有核心竞争力特质的企业文化和社会责任评价指标。这些指标可以被视作现在和未来的关键成功因素。如果他们有所提高，那么保证公司可持续发展的核心竞争力战略就付诸了实施。战略的成功取决于战略的合理性，管理层业绩评价系统只是提高组织成功实施战略的可能性的机制。图 2 - 1 显示了业绩评价系统的设计框架，核心竞争力战略定义了关键成功因素，如果评价这些因素，并给予奖励，就会激励管理层去实现它们。

综上所述，管理层业绩评价是企业核心竞争力的培育机制和管理层受托责任履行的监督机制，董事会通过设计促进核心竞争力培育的业绩评价指标，督促管理层勤勉尽责、高效地保持企业的可持续发展，杜绝短期行为和机会主义行为，重视企业文化和社会责任等具有核心竞争力特征的隐性业绩的评价，从而形成显性业绩（财务业绩）和隐性业绩（非财务业绩）相辅相成的管理层业绩评价体系。

（三）管理层业绩评价文献回顾

1. 股东价值最大化导向管理层业绩评价

艾尔弗雷德·拉帕波特（2002）认为由于资本市场的规模和效率远远超过其他要素市场，使股东价值成为评价企业绩效的最客观也最有效的尺度。股东价值的拥护者一直主张更加基于经营业绩的报酬方式。股东价值的领袖人物艾尔弗雷德·拉帕波特 1978 年在《哈佛商业评论》上发表了一篇文章，认为高层主管的薪水应该与经营业绩之间保持更密切的联系。当然，他对经营业绩的定义，是与股东价值密切相连的。他提倡基于股票市场的、长期的经理人报酬计划。到 20 世纪 80 年代中期，对于绝大多数高级经理人来说，股票期权已经成为奖励性报酬的优先选择方式。在薪酬激励和绩效关系的研究中，委托—代理理论的发展为管理层薪酬与公司绩效之间关系的研究提供了理论支持。委托—代理关系的实质是在信息的不对称性和契约的不完备情况下委托人不得不对代理人的行为后果承担风险。委托—代理理论的目的是分析非对称信息下的激励问题。最优激励机制实际上就是能使"剩余索取权"和"剩余控制权"最大对应匹配的机制。管理层由于其内部人的属性，具有信息优势而成为企业的"自然控制人"和"风险制造者"，为了使具有机会主义和偷懒倾向的管理层（代理人）同时成为"风险承担者"，像委托人那样思考问题，最优的安排一定是一个管理层与股东之间的剩余分享制（张维迎，1995），也就是说给予管理层和其控制权相匹配的剩余索取权。在委托—代理框架下，赋予管理层剩余索取权的机制就是按照其业绩来索取激励性薪酬，这里面暗含的一个前提就是薪酬激励和业绩具有相关性。

罗伯特·蒙克斯（Robert A. G. Monks，1989）认为能够使公司的管理层承担责任的唯一的可强制执行的手段就是股东价值最大化，为此需要为经济绩效确定唯一的标准，为确保这一标准的有效性，必须使管理层可以很容易就注意到这一标准。他认为与绩效无关的管理层薪酬是公司治理制度不合理的征兆，表明这个制度没有确保管理层履行自己对公司股东的责任。股东不会反对 CEO 大把大把地赚钱，股东反对的是 CEO 被支付高额报酬的同时却没有为股东赚取够多的钱，他们的关注是为了加强绩效和薪酬之间的联系。他进一步认为，股东和管理层在薪酬问题上存在一个内在的利益冲突。这种冲突的焦点，不是薪酬的数量，而是它的可变性。对股东来说，他们想让薪酬尽可能地随着绩效的变化而变化，而管理者则希望薪酬尽可能地保持稳定，甚至宁愿看到薪酬在回报的上限方面出现巨大的不确定性，也不愿看到它存在损失的可能性。

埃巴（2001）认为 EVA 是最具代表性的以股东价值为导向的管理层业绩评价模式，EVA 评价就是一种"诱使管理层去代表股东利益"的机制，这种机制"赋予管理层与股东一样的关于企业成功与失败的心态。由于像回报股东那样去回报管理层，EVA 激励计划使管理层像股东那样思维和行动。EVA 管理层激励体系是 EVA 管理模式的重要组成部分，EVA 把管理层利益与股东利益结合起来，提高管理层的积极性和士气，创造出一种使管理层持续努力、创造更多财富的文化氛围。换句话说，这种机制应当使管理层在他们直接从事的业务中，能够像所有者那样思考和行动。

EVA 是目前股东价值最大化导向管理层业绩评价最具代表性的模式。

经济增加值（EVA）最早是由美国思腾思特公司于 1992 年提出的，其核心思想是企业盈利只有在考虑全部资金成本（包括股权成本和债务成本）的基础上才能反映为股东创造的价值。经济增加值是真实反映企业价值创造，协调股东和管理层利益的业绩考核方法，是企业全面价值管理的基础和核心。EVA 被美国《财富》杂志称为"当前最热的评价指标"，其出现被认为是"现代公司管理的一场革命"（AL. 埃巴，2001）。正如彼得·德鲁克（Peter F. Drucker）在 1995 年《哈佛商业评论》上的文章所指出："EVA 的基础是我们长期以来熟知的、我们称之为利润的东西，也就是企业为股东剩下的金钱，通常根本不是利润。只要一家公司的利润低于资本成本，公司就处于亏损状态，尽管公司仍要缴纳所得税，好像公司真的盈利一样。相对于消耗的资源来说，企业对国民经济的贡献太小。在创造财富之前，企业一直在消耗财富。"EVA 计算公式如下：

$$EVA = NOPAT - TC_0 \times c \tag{2.1}$$

式（2.1）中，NOPAT 为税后净营业利润（Net Operating Profit After Tax）。TC_0 为期初投入资本，包括债务资本和权益资本两部分，c 是加权平均资本成本率。

此前已有的研究成果表明，经济增加值（EVA）对公司市场价值的解释力远远大于税后净营业利润对公司市场价值的解释力。基于经济增加值（EVA）的报酬计划可以避免管理层的利润操纵，因为利润操纵虽然可以改变各期利润的现值，但却不能改变各期经济增加值（EVA）的现值。根据 EVA 指标设计管理人员的薪酬制度，确实有助于管理层采取有利于公司价值最大化的行为，有利于提高公司的业绩水平。

EVA 本质上是一种扣除资本成本后净营业利润衡量指标（James Creelman & Naresh Makhijani，2004）。EVA 和传统财务指标的最大不同，是它考虑了投入资本的机会成本。机会成本的理念已广泛地被财务理论界所接受，但在业绩评价和考核中却长期得不到体现，EVA 填补了这一空白。EVA 管理模式的难点不仅在于怎么度量价值增值，还在于怎么将 EVA 应用于管理层的激励，也就是如何恰当地设计绩效度量指标与薪酬的挂钩机制，以使管理层的利益与股东的利益实现最大限度一致。这既是 EVA 管理模式的核心，也是价值创造过程的核心。

EVA 将引导管理层致力于价值创造，而不是进行操纵报表营造"虚假繁荣"的数字游戏。通过 EVA 这种业绩评价系统，既可以对会计准则进一步调整，以使税后营业净利润的定义建立在正确的经济基础之上，也可以约束管理层利用过多的非经营收入操纵利润，从而使管理层的盈余管理行为得到一定程度的遏制。另外，EVA 对所有资金的机会成本都进行扣除，这样可使股东和管理层明确错误的扩张和兼并是不经济的行为。

EVA 也存在着不足，它是基于净收益的多个因素调节，不但计算繁琐，而且也为管理层操纵利润提供了较大的空间。另外，EVA 强调了资本成本，但忽视了资本投资风险。杰弗里·拜塞朵瑞（Jeffrey M. Bacidore，1997）等4人发表的一篇名为《寻找最佳业绩评价指标》的文章，该文章认为 EVA 指标存在不合理之处，以 EVA 作为价值度量指标可能会造成股东价值的毁损。杰弗里·拜塞朵瑞等人认为 EVA 的缺陷在于计算时用了经济账面价值（Economic Book Value，EBV）。他们认为这样会存在两个问题：

第一，他们认为，一个有效的价值评价指标应该体现以下几个方面：利润、赚取利润所需要的资本、度量资本风险的资本成本。公司用于创造利润的资本既不是公司资产的账面价值（BV），也不是公司资产的经济账面价值（EBV），而是其市场价值（V）。这是因为：在任何一个会计年度的开始，投资者作为一个整体都可将公司按照当时的市场价值出售，然后将获得的收入投资到与公司风险水平相同的资产上，从而得到相当于公司加权平均资本成本的回报。如果一个公司真正为投资者创造了价值，那么公司的期间利润必须超过以期初成本的市场价值计算的资本成本，而不是仅仅超过以公司期初资产的经济账面价值为基础计算的资本成本。因为投资者投资到公司资本的实际价值（可变现价值）是当时的市场价值，而不是经济账面价值。

第二，杰弗里·拜塞朵瑞等人还认为，以 EBV 作为资本将造成 EVA 计算时无法解释的一个困惑，从概念上讲，计算 EVA 时无论用税后净营业利润 NOPAT 和加权资本成本 c 计算，还是用 NI（经过调整的权益净收入）和权益资本的资本成本 c^E 计算，结果应当一致。然而，当企业资产的市场价值与经济账面价值不等时，按上述两种方法计算出的结果却不一致。

此外，EVA 在协调股东和管理层利益方面存在两个问题：一是期间问题。即经理人的任期不可能和项目周期重合，因此，在新投资项目的选择上，经理人并非一定会选择 NPV 大于零的项目，因为 NPV 大于零的项目在经理人任期内 EVA 折现值却可能是负数；反之，经理人选择的任期内 EVA 都为正的投资项目其 NPV 未必一定大于零。经理人和股东分歧的根源在于看待收益的期间不同。股东可接受的投资项目应该是 NPV 大于零的项目，即项目生命周期内 RI 或 EVA 折现值大于零的项目。而经理人可接受的项目，是在其任期内能够带来薪酬现值净增长项目，即在其任期内 RI 或 EVA 折现值大于零的项目。二是风险态度偏差问题。一般认为，股东和经理人有着不同的风险收益曲线，根据投资组合理论，由于股东可以通过多元化投资降低"非系统风险"，股东主要关注主观上无法减轻的"系统性风险"。而经理人却是典型的无法将风险分散化的"投资者"，他的大部分收入和自身在人力资源市场的价值都由其供职的企业成败所决定，和股东相比，"非系统性风险"是经理人无法消除的。当股东和经理人面对同样的经济事项时（例如，投资项目的选择），经理人往往比股东更小心，经理人比股东更厌恶风险。由于管理层要同时承担"系统性风险"和"非系统性风险"，管理层和股东相比，需要有更高的回报来弥补风险。因此，对同一个风险项目，管理层要求的最低回报率高于股东的最低回报率。也即，计算管理层薪酬现值的折现率要高于股东权益资本的资本成本率。由于要比股东负担更大的风险，管理层在选择新投资项目时过分小心，往往拒绝一些收益虽不高，但尚在股东资本成本率以上，可以为股东带来价值增值的项目。在处理原有投资项目上又过于积极，会将一些还能给股东带来价值增值的项目处理掉。

2. 利益相关者价值最大化导向管理层业绩评价

在管理层和股东之间的委托—代理关系中，股东财富变化是衡量委托人目标的恰当指标，也是衡量管理层个人绩效的不完善指标（Michael C. Jensen and Kevin J. Murphy1990）。对风险厌恶的 CEO，最优报酬契约应该不仅仅建立在单一委托人目标（即股东财富最大化）的基础上，还应该建立在任何相关者变量的基础上——只要这些潜在的对激励报酬具有决定意义的变量能提供有关 CEO 的行动的有价值信息（Holmstrom，1979）。在为 CEO 提供激励上，如果其他变量比股东财富变化更重要，它们的重要性就应该体现在其与 CEO 报酬之间的强劲关系中（Michael C. Jensen and Kevin J. Murphy，1990）。不难看出，企业作为一个多方参与博弈的市场中的契约，股东利益只是参与博弈的其中一方利益，要使这个博弈能永续进行下去，作为管理层代表的 CEO 必须使参与博弈的利益相关者多方利益得到满足，达成多方利益相关者"共赢"格局。因此，在对管理层业绩进行评价时，需要从利益相关者的角度考虑，尽管这与主流的"资本强权观"强调的唯股东利益最大化的评价视角相冲突。

唐纳森和洛尔施（Donaldson and Lorsch，1983）提出高级管理层将本身看作是三类不同"顾客"的代表，既包括财务利害关系人也包括非财务利害关系人。这三类"顾客"包括投资者（比如公司的股东和债务持有者）、顾客和供应商、雇员。股东感兴趣的是使他们的利益最大化，然而管理层一般只把股东视为众多"顾客"中的一员。管理层在做决策时，倾向于权衡所有这三个群体的利益，而非仅仅使股东价值最大化。当然当决策并不影响公司顾客和员工的福利时，不会产生什么冲突，但是现实中很少是这种情况。管理层倾向于考虑公司所有利害关系人的利益，这在一定程度上是很自然的，因为管理层通常每天大多数时候在于顾客、供应商和雇员打交道，和他们建立私人关系。他们与股东交往的时间很少，尽管与机构性股东交往的时间肯定是不断在增多。他们进一步指出，很多因素影响着管理层按股东利益行事的程度，比如一个总裁在其职位的时间越长他或她对每天交往的人们的忠诚度越高，这就使得管理层更难做出以牺牲顾客和员工利益为代价而可能提高公司股价的强硬政策。管理层持有公司股份的比例也会决定管理层利益与股东利益的偏离程度。詹森和麦克林（Jensen and Meckling，1976）给出了为什么拥有更多股份的经理会更多地按股东利益行事的一个直观解释。由此可见，管理层作为利益相关者的代表，其利益可能以很多方式与股东利益相背离，背离的程度可能与经理工作时间长短和他们所持有股份数量相关。

希尔和琼斯（Hill and Jones，1992）认为企业是一个所有利益相关者显性或隐性契约的连接，市场过程就是这些契约关系运行的结果。管理层是包括股东在内的所有利益相关者的代理人，同时也是企业的代理人，因此形成了一系列的委托代理关系。由于市场不完备，机会主义行为将会产生，在委托人和代理人之间必然存在着代理成本的问题，利益相关者会产生效用损失。希尔和琼斯（1992）将效用损失定义为管理者以有利于利益相关者行动获得的效用和管理者以他们自己最大利益行动获得的效用的差额。为了减少效用损失，利益相关者会倾向于增加组织机构的复杂性以监控和执行隐性契约。增加组织机构复杂性的行为，如管理者的事前承诺、股票期权计划、要求公司公开年报、聘请中介机构出具分析报告、消费者报告等，可以有效地减少管理者的机会主义行为，但是增加机构复杂性的行为也将产生成本，利益相关者效益的均衡在于在某种机构复杂性下边际收益与边际成本相等，在该点之上，利益相关者采取行动是有益的，与此相反则是无益的。

托马斯·斯图亚特（Thomas Stewart，1993）分析了以利益相关者价值最大化作为评价管理层业绩的原因。他认为只有管理者才能充当那些通过竞争来影响各个公司的利益相关者（出资人、债权人、社区、员工以及顾客等）的调停人。因此，尽管扎在这些 CEO 脖子上的绳索可能比其他员工的短一点，但是他却是一条更有价值的狗。哈佛商学院的约翰·庞德进一步认为，未来的 CEO 与其说是君主，还不如说是政治家，他们要与公司的各种利益相关者就利益问题进行协商。和庞德一样，CEO 和董事的长期顾问米尔斯坦也建议 CEO 通过做出调整去适应一个具有更广的利益基础的公司治理结构。

凯（Kay，1996）认为一个涉及利益相关者群体的更为宽泛的公司治理定义逐渐发展起来。除了股东，企业还有许多其他利益相关者，包括雇员、顾客、供应商以及社区邻居等，他们的利益也必须得到重视，这样，公司治理就是指设计一系列制度，以使管理层将所有利益相关者的福利引入企业之中（Tirole，1999）。

路易吉·辛格尔（Luigi Zingales，1997）认为公司治理问题在现实中都是针对离散的股东之间难以达成集体行动、不同公司利益要求者利益难以协调的情况下产生的。公司治理结构的本质是对相关利益要求者事后就公司形成的租金进行分配的谈判机制和制度安排，具体表现为利益相关者对负责公司经营的管理层实施的激励和约束，以及不同股东之间或公司利益相关者之间利益冲突的协调。目前公认的解决上述对公司管理层激励和约束这一集体行动问题的治理机制包括五个方面：第一，将公司所有权和控制权部分集中到少数大股东，但是又会产生少数大股东和管理层合谋共同侵害小股东利益（这也是本书着力解决的问题），并在一定程度上降低证券市场流动性。如果为了保护小股东，对大股东进行干预和管制，则又会滋长管理层自由裁量权的滥用。第二，恶意接管和委托投票权竞争。第三，将控制权委托给董事会和集中到它身上。第四，通过激励契约实现管理层和投资者激励相容。第五，明确公司 CEO 受托人责任，并辅之以集团诉讼。除此之外，产品市场竞争也被认为是一种有效的约束管理层的方式。最后，他们指出仅维护股东利益的股东价值最大化也许不再是一个恰当的目标，因为这不会导致企业价值最大化。

弗罗曼（Frooman，1999）认为企业是一个主要利益相关者群体的系统，它确立并管理着与利益相关者的关系。利益相关者可以通过拒绝参与与公司生存发展以及赢利休戚相关的活动来抗议公司的行为（G. Donaldson and J. W. Lorsch，1983）。

如果公司业绩达到或超出他们的期望时，利益相关者会继续支持公司。最新研究表明，能够有效处理与利益相关者之间关系的公司，业绩比其他公司要好。因此，利益相关者关系也可以成为竞争优势来源（A. J. Hillman and G. D. Keim，2001）。

金·雷波特（King Report，2002）认为公司管理层应该对其他利益相关者群体履行问责制，而不仅仅是对股东。该报告明确地强调了在不损害其他利益相关者的前提下满足股东要求的需要。然而，这种偏向利益相关者的方式与更广泛的公司社会责任议程相比，可能被视为一种倒退的行为。

吉尔·所罗门和阿里斯·所罗门（Jill Solomon and Aris Solomon，2004）认为只有通过考虑利益相关者的利益，股东的利益才能够被满足，因为对所有的利益相关者负责的公司，从长期来看会更成功、更繁荣，因此，公司仅仅对股东负责的理论框架和那些支持利益相关者问责制的理论框架并不是矛盾的。他们进一步从利益相关者视角给出了公司治理的含义，认为从长远来说，公司通过对所有的利益相关者履行问责制和优化公司治理体系，能够最大化地创造价值。有重要的研究证据说明公司存在一种公司治理利益和一种同利益相关者问责制相关联的利益。实际上，我们从研究中发现，好的公司治理和公司社会责任同好的公司财务绩效显著相关的一个原因在于它们与管理质量的联系。更好的经理会导致更好的公司治理，并且关注公司的利益相关者。更好的经理也会运营更有效，得到更高的投资回报。英国一家大的投资机构的投资分析师，在对问卷的反馈中表达了这种观点，他说道："我认为一个对广泛的利益相关者履行问责制的组织，比起那些不这么做的组织，很可能会出现更高的管理技能。"

杨瑞龙、周业安（2004）认为企业中的物质资本和人力资本都是应该得到承认和保护的平等产权主体，在企业中不仅物质资本的投资者承担了投资风险，包括企业员工和经理在内的人力资本也为企业进行了专用性投资，面临被"敲竹杠"的风险和承担着企业经营风险的"下赌注者"，因此也应该参与企业管理并分享组织租金，也即是说，最优的企业治理结构应该是允许众多的企业利益相关者共同治理企业。

3. 平衡计分卡（BSC）业绩评价回顾

1992 年 2 月，罗伯特·卡普兰教授（Robert Kaplan）与大卫·诺顿博士在《哈佛商业评论》上联合发表了一篇题为《平衡计分卡：驱动绩效的评价体系》（*The Balanced Scorecard – Measures that Drive Performance*）的文章。这篇文章标志着平衡计分卡的诞生，在理论界和实务界引起了巨大反响。平衡计分卡也从一个简单的管理工具演变成一种创建战略中心型的成熟工具。平衡计分卡作为一种新的业绩评价方法来解决日益凸显的管理问题：在评估和管理组织绩效时，会计或财务指标越来越不能满足需求。当商业环境开始呈现知识经济时代的端倪时，诺顿和卡普兰率先提出，商界领导人需要的是一种可以对组织绩效拥有全局观念的新机制——一种可同时观察过去、现在与未来业绩的机制。因此，比起绝大多数组织制定决策时基于的财务衡量指标，平衡计分卡可提供更多的内容。总之，根据他们研究项目的成果，诺顿和卡普兰为知识经济时代引入了一种新的绩效考核框架——平衡计分卡。

（1）平衡计分卡分析。平衡计分卡的核心是将战略分解为财务、客户、内部流程、学习与成长四个层面的衡量指标，从而形成一个财务与非财务指标相结合的全面绩效衡量指标体系。财务指标是战略执行的有形成果，非财务指标是未来财务成果的驱动因素。这一阶段突破了传统单一财务指标评价企业绩效的局限，把非财务指标纳入企业经济绩效评价体系并将其与战略相联系。平衡计分卡哲学的核心假设是，战略的成功实施是三个非财务维度和财务维度各自内部及其相互之间因果关系作用的结果。这里的论据是，成功地实现学习和成长维度上的目标（Objectives）会创造内部流程维度上的成功，内部流程维度的成功则会带来客户维度上的成功，最终带来财务维度或股东维度上的成功。在世界范围内，越来越多的组织认为，制定、沟通、实施、监督、修改战略的最强大的工具就是平衡计分卡。全球500强企业中超过80%的企业采用了这一管理工具。平衡计分卡在北美、欧洲和澳大利亚非常受欢迎，在亚洲其重要性也与日俱增。不少亚洲公司已经成功地使用平衡计分卡推动组织变革。印度、新加坡、马来西亚、中国香港、韩国和日本都有不少成功案例。

从价值管理的观点来看，平衡计分卡的实质，是要在当期财务绩效与长期价值创造绩效之间求得一种平衡。平衡计分卡之所以要将无形资产和公司能力纳入到一个一体化的绩效度量体系中，正是因为其在价值创造中的关键作用，这一点已为信息时代的大量企业实践所证明。平衡计分卡抓住了关键的价值创造活动，这些活动是由拥有技能和受到激励的组织成员实施的。虽然从财务的观点来看，平衡计分卡保留了对短期绩效的度量，但它清楚地揭示了获取卓越的长期财务和竞争力绩效的价值驱动因素。[①]

国内许多企业也逐渐认识到平衡计分卡的优越性，纷纷在自己的企业内设计实施平衡计分卡。尽管平衡计分卡有诸多益处，但它的实施过程却并非简单。有些企业通过运用平衡计分卡，其管理取得了显著的效果，而有些企业不仅未能解

[①]　Kaplan, Robert S. and David P. Norton, *The Balanced Scorecard: Translating Strategy into Action*, Boston, Massachusetts: Harvard Business School Press, 1996.

决企业绩效考核的难题，反而使考核变得更加无序。我国平衡计分卡存在以下一些问题："重测评，轻战略"，把平衡计分卡的实施当成一种新的员工绩效测评工具；无法实现平衡计分卡与其他管理工具，如全面质量管理的整合；忽略了企业文化一定要支持组织变革等。

（2）平衡计分卡的缺陷。平衡计分卡的核心思想是通过财务、客户、内部经营过程、学习与成长四个方面指标之间相互驱动的因果关系实现绩效考核——绩效改进以及战略实施——战略修正的目标。一方面通过财务指标保持对组织短期业绩的关注；另一方面通过员工学习、信息技术的运用以及产品和服务的创新提高客户的满意度，共同驱动组织未来的财务绩效，展示组织的发展轨迹。从价值管理的观点来看，平衡计分卡的实质，是要在当期财务绩效与长期价值创造绩效之间求得一种平衡。平衡计分卡平衡了关于股东和客户的外部指标和关于关键业务流程、创新、学习与成长的内部指标；平衡了反映以往工作结果的指标和驱动未来业绩的指标；平衡了对客观的、容易量化的成果指标和对这些成果的主观的、带有一定判断性的业绩驱动因素指标。

"平衡计分卡"方法是试图超越财务数据进行公司评价和管理的众多成功努力之一。在这个模型中，引入了更加宽泛的绩效指标，包括财务指标和非财务指标，浓缩为5到10个"平衡计分卡"指标来进行评价和监督管理。平衡计分卡的作者以及其他实践建议和案例研究的提出者们就财务指标在所谓"信息时代"的角色和相关性问题进行了饶有兴趣的讨论。他们对开发全新评价方法的重要贡献之一就是在模型中引入了非财务指标，当然他们也非常慷慨地为财务数据和公司财务角度保留了一席之地。他们在模型中引入的非财务指标包括员工留任率指标（人工保持）、满意度、生产率、研发指标、客户关系指标、企业形象和声誉指标、客户满意和保持情况等。他们也讨论了一些比较难以衡量的领域，如员工成就感和发展等。平衡计分卡的提出和其后继者的努力成功地展示了替代传统会计的计量方法是有用的、必需的，也是可行的。

平衡计分卡在管理层业绩评价中的缺陷表现在如下几个方面：

首先，平衡计分卡四个方面的业绩评价是不充分的，并没有完全披露企业关键的业绩动因，缺失了作为企业核心竞争力要素的企业文化维度的评价。平衡计分卡虽然考虑了企业在财务、客户、内部业务流程、学习与成长四个维度的平衡发展，兼顾了当前利益和未来的战略发展，各项KPI指标的设定也是非常具体和量化的，但其核心还是考核绩效产出这个维度的系列财务指标，没有涉及文化认同这个维度。关注绩效产出，提高公司股价，促进股东财富最大化，这本身无可厚非，也是公司管理层受托责任所在。但是如果一味追求股东财富最大化，而忽略了对公司文化认同的评价机制，就可能使管理层成为绩效产出高、文化认同低的危险人物。文化认同低，说明管理层的行为不符合企业所提倡的职业素养，一个不能认同企业文化的人，所表现出的行为，一定会与企业所提倡的理念相冲突的。行为不匹配的背后，是对企业价值观的不认同，这样的管理层对企业的忠诚度一定不会高，一旦得势就会要么另立山头，要么向董事会漫天要价，以满足自己的私欲。将一个企业交给不认同企业文化和价值观、对企业忠诚度不高的人来管理，在资金、客户、技术和人力资源等方面，都是潜在的巨大风险。巴林银行、安然公司、房地美、中航油新加坡公司、三鹿集团等这些在市场经济浪潮中纷纷消逝的曾经的弄潮儿，根据业绩评价模型分析，这些公司的管理层都具有一个共同的特点：属于文化认同低、绩效产出高的危险人物。这些公司都采取了KPI 或 BSC 为绩效考核的工具，在公司内部完全推行的是以业绩论英雄的绩效考核机制，但是忽视了企业文化对考核和激励的潜在作用。要考虑企业的可持续发展，要做大做强做久，唯有文化才能传承，而这些绩效考核工具 KPI 和 BSC，都缺失文化认同的考核维度。由此带来的是整个企业在文化方面的迷失，只追逐眼前利益，而忽视了未来的可持续发展。企业如果是由这样一群高管带领下，就像是在崎岖的山路进行飙车，发生车祸是必然的。

其次，拥有平衡计分卡并不意味着它自己就能发挥功效。计分卡并不是组织即插即用的工具。它也不是一套能自动执行战略、修复受损组织、整顿不能发挥作用的组织文化的完美软件。尽管平衡计分卡能使优秀的管理团队转变为卓越的管理团队，但有一点必须强调的是，它并不能让差劲的管理团队转变为优秀的管理团队。在计分卡史上，几乎每个成功实施计分卡案例中，在位管理层的素质是取得成功的核心因素，其次构筑起持续实施平衡计分卡项目的能力也是实施成功的关键因素。

（四）管理层业绩与管理层薪酬的关系

股东价值的拥护者一直主张更加基于经营业绩的报酬方式。股东价值的领袖人物艾尔弗雷德·拉帕波特1978 年在《哈佛商业评论》上发表了一篇文章，认为高层主管的薪水应该与经营业绩之间保持更密切的联系。当然，他对经营业绩的定义，是与股东价值密切相连的。他提倡基于股票市场的、长期的经理人报酬计划。到 20 世纪 80 年代中期，对于绝大多数高级经理人来说，股票期权已经成为奖励性报酬的优先选择方式。在薪酬激励和绩效关系的研究中，委托—代理理论的发展为管理层薪酬与公司绩效之间关系的研究提供了理论支持。委托代理关系的实质是在信息的不对称性和契约的不完备情况下委托人不得不对代理人的行为后果承担风险。委托—代理理论的目的是分析非对称信息下的激励问题。最优激励机制实际上就是能使"剩余索取权"和"剩余控制权"最大对应匹配的机制。管理层由于其内部人的属性，具有信息优势而成为企业的"自然控制人"和"风险制造者"，为了使具有机会主义和偷懒倾向的管理层（代理人）同时成为"风险承担者"，像委托人那样思考问题，最优的安排一定是一个管理层与股东之间的剩余分享制（张维迎，1995），也就是说给予管理层和其控制权相匹配的剩余索取权。在委托—代理框架下，赋予管理层剩余索取权的机制就是按照其业绩来索取激励性薪酬，这里面暗含的一个前提就是薪酬激励和业绩具有相关性。但是，自从詹森和麦克林（1976）发表那篇关于代理理论的里程碑式的论文以来，关于管理层薪酬和绩效相关与否一直是学术界争议的论题，并出现了学术分野，有部分实证研究认为管理层的薪酬与公司业绩存在显著相关（Wilson et al.，1994），但也有部分研究发现管理层的薪酬与公司业绩没有联系或者只有微弱的联系（Balkin，1987）。

股东价值的领袖人物艾尔弗雷德·拉帕波特（1978）一直主张更加基于业绩的报酬方式，他认为高层主管的薪水应该与经营业绩之间保持更密切的联系，他对经营业绩的定义，是与股东价值密切相连的。他提倡基于股票市场的、长期的经理人报酬计划。到20世纪80年代中期，对于绝大多数高级经理人来说，股票期权已经成为奖励性报酬的优先选择方式。

法马（Fama，1980）认为在长期内，管理层的报酬与他们对股东财富的贡献直接相关，因此，他们有最大化企业价值（或企业未来利润流的贴现值）的完善激励。在他的正式模型中，管理层的当期工资等于所估计的历史边际生产率（对企业价值的贡献）的加权平均。当期报酬虽然没有反映当期业绩，但是，对历史业绩的无偏估计假设意味着终生报酬应该随当期效益的变化等比例变化。为说明报酬能准确反映历史业绩，法马假定经理间的竞争使报酬反映历史业绩所需的信息能被那些以一种有效方式决定或批准报酬的人获得。

迈克尔·詹森和凯文·墨菲（Michael C. Jensen and Kevin J. Murphy，1990）认为由于信息不对称和契约的不完全，股东无法完全观察到经理的行动和企业的投资机会，常常不知道CEO能够采取哪些行动或者在这些行动中有哪些行动能增加股东财富。代理理论认为，在这些情况下，就应该通过设计报酬激励机制，激励管理层选择和执行能够增加股东财富的行动。他们进一步认为，如果不考虑CEO风险厌恶程度的影响，将CEO的福利与股东财富挂钩的报酬政策，能使各种行动的私人成本与收益和社会成本与收益相一致，因此能激励CEO进行正确的行动。这可以看出用股东财富衡量的业绩必须与股东福利挂钩，才能促使 CEO 走在创造价值的正确道路上。

迈赫兰（Mehran，1995）利用 1979 ~ 1980 年随机抽样的 153 家制造业公司的数据，研究发现对 CEO 的激励报酬是 CEO 提高公司绩效的动力。他的实证研究还显示，公司绩效与 CEO 持股比例正相关，与 CEO 报酬中以股权为基础的报酬的比例正相关，表明报酬结构的重要性。他还发现，外部董事人数较多的公司，倾向于较多地使用以股权为基础的报酬激励措施。

周其仁（1996）认为管理层业绩应该和管理层薪酬挂钩，业绩是薪酬激励的依据。他认为管理层激励产生的根源在于作为人力资本的管理层的"不可压榨性"。市场里的企业是各种人力资本与其他非人力资本之间的一个市场合约，人力资本产权具有特殊性，一是人力资本天然只能属于个人，与其承载载体具有不可分离性；二是人力资本的运用只可"激励"而无法"压榨"。管理层作为人力资本的高端代表，其努力的供给，是由激励机制的安排和执行决定的。管理层才能属于个人，如果"激励"不足，管理层的才能就好像"天生匮乏"一样供给不足。如果管理层报酬和业绩脱钩，激励过度，将会侵蚀企业价值。如何动员企业里管理层为代表的人力资本，即发展次优的"激励性契约"[①]（Incentive Contracts），成为有效利用企业非人力资本的前提，也因此日益成为当代保持企业核心竞争力和生产力的中心问题。

霍尔和利伯曼（Hall and Liebman，1998）的研究发现，在 CEO 薪酬和公司业绩之间有相对较强的联系。

科尔·霍尔特豪森和拉克尔（Core，J.，R. Holthausen and Larcker，D.，1999）通过对公司治理结构、CEO 报酬及公司绩效关系的研究，发现治理结构不够有效的公司，CEO 报酬偏高。他们的实证研究显示，CEO 的报酬随着公司董事会规模的增大而增大，随着董事会中由 CEO 任命的外部董事所占百分比数量的增大而增大，随着董事会中灰色外部董事（Gray Outside Directors）、超过 69 岁的外部董事所占百分比的增大而增大，随着 CEO 所占公司股权比例的增大而减少。显示治理结构与 CEO 报酬有较大的相关性。

泽维尔·维维斯（Xavier Vives，2004）认为管理层激励是金钱上的，也可以是职业前途上的，但一定要以可观察到的绩效评价为基础。绩效评价可以是绝对的，也可以相对于市场或竞争对手来说。金钱激励（管理层的薪酬）可以以会计

---

①　由于企业是不完备契约，信息不对称和有限理性等因素的存在，所以不存在帕累托最优激励性契约，相对使代理成本最小或企业价值最大的次优契约是我们的理性选择。

数据为基础（达到了销售目标、成本削减目标或利润目标，就进行奖励），也可以以市场数据为基础（根据股票或股票期权的价格波动状况确定奖励幅度）。对管理层职业前途的奖励措施包括晋升、职位任期以及解雇威胁。除此之外，最优激励契约还应该考虑到管理层规避风险的态度，以及其决策对企业的影响等因素。

瑞扎伊（Zabihollah Rezaee，2007）指出正确地设计和实行公平的管理层薪酬计划（由基本工资、年度奖金和长期激励措施组成）能极大地影响管理职能的有效性以及员工的士气。薪酬委员会应当确定管理层是否有资格得到年度奖金和在长期激励计划下的福利。管理层的年度奖金应该建立在相关和客观的业绩标准之上，以促进公司的财务绩效和提高长期股东价值。

（五）文献述评

从世界范围来看，大部分企业都是从维护股东财富最大化角度来对管理层业绩评价情况进行披露（比如说 EVA），基于维护利益相关者视角构建管理层业绩评价内部报告体系还不常见（平衡计分卡虽然考虑了股东、顾客等利益相关者的诉求，但它的四个层面评价指标要求显然不够全面）。瑞扎伊（2009）提出了多重业绩报告的设想，他认为许多美国公司董事会因为仅仅关注财务事项和信息而忽略业务的其他方面而受到批评。2005 年对 1103 名董事的调查显示，大部分（89%）董事报告他们收到财务和业务的数据；只有 47% 的董事收到关于顾客满意度的信息，因此，他建议董事会应该考虑公司在所有方面的业绩，包括经济、企业道德、企业文化、公司治理、社会和环保责任等。显然这种多重业绩报告涵盖的利益相关者的范围要比平衡计分卡的四个层面要全面、允当①。

公司绩效除了受管理层影响外，还受许多因素影响，如中层部门经理和雇员的行动、产品市场供求关系和国家宏观政策等。尽管如此，根据企业绩效确定 CEO 等管理层的报酬，依然是正确的做法，因为企业绩效是包括股东在内的众多利益相关者共同的价值目标。至少到目前为止，无论是学术界，还是实务界，都没有找到比按照管理层的业绩支付其激励性报酬更好的机制来激励管理层，即使较早提出管理层报酬——绩效弱相关结论的迈克尔·詹森和凯文·墨菲（Michael C. Jensen and Kevin J. Murphy，1990），也承认这种弱相关是因为管理层的考核部分依靠观察结果（可计量的股东财富的变化），部分依靠观察投入（不可计

---

① 并不是业绩评价指标涵盖的利益相关者越多越好，但是至少决定企业核心竞争力和可持续发展的社会责任和企业文化指标应该包括在业绩评价内部报告中。

量的管理层的努力行为），基于董事会拥有关于管理层行为的相当好的信息假设，因此在业绩考核比重上，赋予管理层投入（努力行为）较高的权重，赋予产出（股东财富的变化）的权重自然就小。同时由于现实世界的信息不对称，董事会无法观察到管理层的全部努力行为，将报酬建立在所观察的管理层行动的基础上，无法激励管理层采取增加企业价值的行动。但是，在这些情况下，把报酬建立在可计量绩效（股东财富变化）基础上，能够产生正确的激励。因此，虽然我们知道可计量的绩效并不是支付管理层报酬的唯一影响因素，但是迄今为止我们并不能找出比业绩更好的依据来支付管理层报酬，因此，按业绩支付报酬无疑是我们在现实世界的次优选择。股票期权、限制性股票、年薪制等对管理层的激励机制安排都是按照管理层业绩和报酬相关这一思路来设计的。

然而，传统这种只以能计量的财务业绩作为激励性薪酬的衡量标准的业绩评价机制，存在的一个巨大缺陷是忽略了企业业绩的动因恰恰是那些不能计量的非财务因素。片面强调业绩的可计量性是有害的，业绩计量的相关性比可靠性更加重要（Hans V. A. Johnsson and Per Erik Kihlstedt，2005）。影响企业生存、获利和成长的业绩驱动力是企业的核心竞争力，核心竞争力的因子包括企业文化、企业声誉、社会责任，这些因素是很难被量化的，但不能因为这些核心竞争力因素难以量化就不予以披露，以业绩的可计量性作为进入报告体系的披露标准已经过时并且危害巨大。本研究旨在构建涵盖主要核心竞争力要素的业绩评价内部报告体系，用以披露企业业绩动因的非财务因素。内部报告体系不依赖于传统的公司会计对财务细节的计算分析，而是主要报告在公司及其关系网络中至关重要的非财务数据，既提出这些因素且帮助丛中得出结论。得出的结论不是以会计数据的形式体现，而是以它们对公司的意义的数据形式体现，重点是相关性而不是精确性。

关于管理层业绩评价与管理层报酬之间的关系问题，迈克尔·詹森和凯文·墨菲于1990年发表在《哈弗商业评论》那篇著名的论文《CEO激励：不在于给多少，而在于如何给》中有过精彩的阐述，他们认为CEO的报酬确实存在严重问题，但"过高的"报酬并不是其最大问题，紧紧盯住CEO得到多少报酬，使公众忽视了真正的问题——CEO以怎样的方式得到报酬。作者进一步指出，在大部分公众公司中，最高管理层的报酬实际上与绩效[①]无关。总体而言，美国企业界给他们最重要的领导人发报酬的方式，如同在给官僚发报酬。显而易见，只要管理层的报酬和绩效是相关的，那么管理层拿多高的报酬都是应得的，无可厚

---

① 在本书行文过程中，为了方便读者理解，需要指出的是，"业绩"和"绩效"指的是同一个意思，笔者经常将二者交叉互换，但意思不变。

非，但是现在的问题是，CEO 报酬每年的变化并不反映公司绩效的变化，也就是说业绩与报酬脱钩，管理层出于"无功受禄"状态，这才是公众、媒体和政治人物对管理层薪酬进行非议和质疑的原因所在。"给多少"是管理层激励性薪酬，"如何给"是管理层业绩评价，"如何给"（业绩评价）决定"给多少"（激励性报酬），现在的问题是：第一，"给多少"（激励性薪酬）有所披露，但是披露得不全面，隐性激励和在职消费等没有披露或模糊披露；第二，"如何给"（业绩评价）披露不明确、不客观或基本没有披露。"如何给"是"给多少"的决定机制，"如何给"（业绩评价）机制是否科学直接决定"给多少"（激励性薪酬机制）的效率和效果。当前公司治理实践中的管理层薪酬失控和无效很大原因是业绩评价机制不得要领，股东价值最大化导向的业绩评价机制导致管理层短期行为泛滥，而利益相关者价值最大化由于不同利益主体之前潜在的利益冲突和利益相关者集体行动的困难，无法落地实行，或者利益相关者价值最大化根本就是一个伪命题。通过对实践的反思和理论的梳理，笔者提出了以核心竞争力为导向构建管理层业绩评价机制，同时构建业绩评价内部报告体系，把决定企业生存、获利、发展的源泉非财务要素以内部报告为载体向董事会充分披露，作为监督管理层业绩和管理层薪酬激励的科学标准。

三、三重底线业绩报告文献回顾和述评

（一）三重底线业绩报告回顾

三重底线报告由埃尔金顿（Elkington，1997）定义为提供主体经济、环境与社会绩效信息的报告。大型跨国企业壳牌公司肩负起了普及这个概念的责任，因为它是在 20 世纪 90 年代第一个提出并发布"三重底线报告"的组织。报告的概念所针对的经济、环境与社会绩效这三个要素（或者是"底线"）直接与可持续发展的概念和目标联系在一起——这也是自 20 世纪 90 年代初以来在许多国家和大型企业的议程中逐渐显现出来的东西。可持续发展有不同的定义，但其中被最经常引用的是"既满足当代人的需求，又不危害后代人满足其需求的发展"（世界环境与发展委员会，1987）。人们经常认为，如果通过恰当的应用，三重底线报告提供的信息可以使报告的读者能够评价组织或社会运作的可持续性如何。通常的观点是具有可持续性（长期的观点）的组织（或社会）必须在财务上是安

全的（由获利能力这类衡量标准证明）；必须将负面的环境影响最小化（理想状态是完全消除）；必须表现得与社会期望一致，否则会失去"经营的社会许可"。三重底线报告的这三个因素很明显高度相关（Craig Deegan，2009）。在较长的时期内，关于平衡经济、社会和环境可持续性的论证颇为直截了当。论证的过程是：经济（包括经营活动）和所有社会系统共同在自然环境中运作。如果企业（和其他人类）活动引起生物圈的毁灭，那么就不会有人类进行经营活动、购买经营产品或运营社会系统。在一个极端的假设中，环境毁灭导致人类的灭亡，也就不会再有利润或社会系统。因此，在较长的时期内，环境可持续性对社会和经济可持续性都是必不可少的，所以关注环境方面的"底线"绩效（或最小化的影响）对保证一个可持续的社会和经济底线都是必要的。这些论证的意义与世代间要求可持续性的意义相似——在一个可持续的社会和生态系统中，当企业只局限于关注短期利润最大化时，有可能造成社会系统的毁损，因此牺牲一些短期的经济利益来确保长期可持续的经济利益是必要的。

从世界范围来看，大部分企业都是从维护股东财富最大化角度来对管理层业绩评价情况进行披露（比如说 EVA），基于维护利益相关者视角构建管理层业绩评价内部报告体系还不常见（平衡计分卡虽然考虑了股东、顾客等利益相关者的诉求，但它的四个层面评价指标要求显然不够全面）。瑞扎伊（2009）提出了多重业绩报告的设想，他认为许多美国公司董事会因为仅仅关注财务事项和信息而忽略业务的其他方面而受到批评。2005 年对 1103 名董事的调查显示，大部分（89%）董事报告他们收到财务和业务的数据；只有 47% 的董事收到关于顾客满意度的信息，因此，他建议董事会应该考虑公司在所有方面的业绩，包括经济、企业道德、企业文化、公司治理、社会和环保责任等。显然这种多重业绩报告涵盖的利益相关者的范围要比平衡计分卡的四个层面要全面、允当[1]。

负责任的投资，通常也被称为社会责任投资（SRI），关注公司在经济、道德、环境、公司治理和社会活动等方面的多重底线（MBL）业绩。全球报告计划（Global Reporting Initiative，GRI）正计划发布其第 3 版（G3）的非财务报告指南，它提供了一个报告经济、环境和社会业绩的框架。目前，全球大约有 750 家公司在使用 GRI 指南，而且据预计，大约 5000 家公司将开始使用它们（Zabihollah Rezaee，2009）。《华尔街日报》上一篇由前副总统阿尔戈尔和大卫·布拉德（Al Gore and David Blood）撰写的文章，强调了公司 MBL 业绩可持续性报告的重

---

[1]　并不是业绩评价指标涵盖的利益相关者越多越好，但是至少决定企业核心竞争力和可持续发展的社会责任和企业文化指标应该包括在业绩评价内部报告中。

要性。这篇文章说:"资本主义和可持续性是深深地且不断地互相联系着的。毕竟,我们的经济活动是基于对自然和人力资源的使用。直到我们对所有部门投资决策的外部成本进行全部'定价',我们才会有持续的经济和社会……随着时间的推移,通过从战略高度管理其经济、社会、环境和道德业绩,从而最大化其财务业绩的公司,将会最好地服务于股东的利益。"① 国际上对 MBL 业绩报告的兴趣不断增加,包括环境、社会和治理(ESG)问题。

(二)三重底线业绩报告述评

多重底线业绩报告体现了社会责任的浓重色彩,扩展了传统的公司财务报告框架,将财务、环境与社会产出考虑在内。采用的观点是组织(或社会)若想具有可持续性(长期的观点),就必须在财务上是安全的(由获利能力这样的衡量标准证明);必须将负面的环境影响最小化(理想状态是完全消除);必须与社会期望表现一致。三重底线报告因此提供了对于组织应该如何报告其社会、环境和经济影响(或绩效)问题的更全面的答案。从会计和财务的观点,三重底线(Triple Bottom Line)的新想法是由埃尔金顿(Elkington,1998)提出的,他指出财务报告要包含 SEE(Social,Ethical,Environment)影响。一个更受青睐的直观而又实际的定义指出可持续性是经济、社会和环境三个维度上的价值创造(Wheeler *et al.*,2002)。因此,多重底线强调的是企业的社会责任和可持续性发展。全球报告倡议组织已经制定了可持续性报告指南,它的建议是,可持续性报告要以经济、环境和社会绩效为中心,即所谓的"三重底线"。三重底线拓宽了组织这种评估绩效的方式,从局限于关注单一财务利润底线拓宽至评估经济、社会和环境绩效的三重"底线"。但是从目前的文献来看,虽然有很多关于三重底线报告的讨论,却几乎没有实施该报告模型的具体建议,尚没有构建经济、社会、环境三方面的具体绩效指标,而且在经济、社会和环境绩效最大化之间如何权衡也是三重底线的待解之谜,因此缺乏实务操作性。

布朗、迪拉德和马歇尔(Brown,Dillard and Marshall,2005)的研究表明,虽然有很多关于三重底线报告的讨论,却几乎没有实施该报告模型的具体建议。他们强调了在实务中完善三重底线报告的一些问题。

第一,在社会和环境影响的问题上,使用"底线"的隐喻有利于吸引经理

---

① Gore, A., and D. Blood. For people and planet: When will companies start accounting for environmental costs? *Wall Street Journal*, March 28. 2006.

们的注意，这个隐喻受到严格限制，因为底线这个词传达了某种事物可以被单一数字计量的印象。在统一的度量单位下，经济利润的数据是一段时期内所有收入和费用数据的总和。布朗、迪拉德和马歇尔（2005）声称：在实际中，将所有的环境影响，或者所有的社会影响都用一种度量单位来衡量是极其困难的也是难于实现的。的确，大部分宣称基于三重底线法的报告倾向于运用叙述性的报告和许多不同的度量体系来报告社会和环境的影响。如果社会和环境因素都不能用一种度量单位来衡量，那么就不可能使这些因素保持平衡。在经济、社会和环境绩效最大化的权衡似乎是三重底线的一个关键因素。

第二，管理层通常将经济底线理解成应该被最大化的度量体系。布朗、迪拉德和马歇尔（2005）认为很难将这一最大化目标应用于自然。尽管可以将诸如生物多样性这样的因素最大化，但人们普遍理解不了这样做的意义以及应该如何计量生物的多样性。甚至更困难的是确定哪种社会度量体系应该被最大化。因此，在实务中不可能将社会和环境的理念与更常见的经济底线等同。因此，尝试以普通的方式报告或操控三重底线是不合适的。

第三，如果不可能采用平等对待每种底线的度量体系，那么三条单独的底线给人留下的印象是经济、社会和环境互不相关。这是对概念的根本误解，并且会极大地损害社会和环境的可持续性。布朗、迪拉德和马歇尔（2005）认为由于三重底线概念中的这些问题，三重底线的操控和报告可能会使企业只关注经济底线而损害社会和环境的可持续性。

因此，目前三重底线报告程序在详细指导组织如何编制社会责任报告来为利益相关者提供具体的信息需求方面，似乎帮助不大，或许需要一个社会责任报告的概念框架来提供更有用的指南。

四、管理层业绩评价内部报告文献回顾和评述

（一）内部报告与管理层业绩评价国外文献回顾

美国审计师责任委员会（Cohen 委员会，1978）基于越来越多的管理层越来越重视利用财务和非财务信息来控制各自主体的活动，而内部控制是保证信息可靠性不可或缺的手段，因此建议管理层披露一份公司内部控制体系的管理层报告，Cohen 委员会的报告于 1978 年发布之后，财务经理协会（FEI）发给其成员

一封信，认可了 Cohen 委员会关于管理层报告的建议，并提供了帮助实施该建议的指南。在公司给股东的年度报告中，这种管理层报告出现的频率越来越高。这种管理层报告具有解释管理层对财务报告内部控制的受托责任的内部报告的性质，SOX 之后，这也将是评价管理层业绩的重要指标之一。

阿格赫恩（Aghion，1997）意识到那些拥有信息和知识优势的代理人掌握着实际运作企业资源的"实际控制权"，并且"实际控制权"的配置也应该与信息和知识的分布相对称，虽然这种权力的范围和空间会受到投资人的"正式控制权"的约束。董事会的核心任务就是激励和监督管理层，董事会要想做出正确的激励政策，必须有足够的信息支持，内部报告就是向董事会传递管理层业绩和报酬信息的最优机制。同时，通过内部报告使董事会掌握了足够的决策信息，也可以遏制管理层利用信息优势的"内部人控制"的局面的出现。

基廷（Keating，1997）的研究表明，公司绩效的测量方法已被用于衡量管理层的绩效，而且薪酬合同更显著地依赖所披露的会计信息，而不是股价。可见，会计信息是评价管理层的依据，如果披露的会计信息被用于制定管理层的薪酬合同，那么它可以作为一种控制公司管理层的方法，从而减少代理问题。管理层业绩评价内部报告就是监督管理层受托责任履行的控制机制。

霍兰（Holland，1998）对公司和机构投资者的一系列广泛的调查访问显示，机构投资者认为财务报告信息的公开披露是不充分的，因此，机构投资者已经转向许多财务报告领域的非公开披露渠道。这导致了在机构投资者和他们所投资公司之间的参与的复杂体系的发展，这个体系涵盖了财务报告和公司战略的许多领域。内部报告无疑是对公司报告体系的必要补充，它弥补了财务报告信息不充分的困境，从而使公司报告体系更具相关性。

梯若尔（Tirole，1999）认为更充分的信息可以降低激励成本（为使管理层努力工作而必须支付的补偿），从而降低代理成本。内部报告本质上是一种信息披露的形式，通过内部报告的披露，增加管理层业绩和激励性报酬的透明度，一是使管理层业绩和报酬匹配，让众多的利益相关者通过看业绩内部报告觉得管理层为公司价值的增加和核心竞争力的提高是做出了贡献的；二是通过看激励内部报告，和业绩评价内部报告披露的管理层业绩贡献的比较，觉得给管理层的报酬是"物有所值"的，当然如果业绩和报酬不匹配，通过内部报告的披露，也会对管理层造成很大的外部压力，这种压力将会在职业经理人市场形成对管理层的声誉激励。在股权分散的所有权机构下，管理层业绩和报酬的极端不匹配，将会使分散的股东对管理层失去信心而"用脚投票"，抛弃管理层，从而形成最后的接管激励。

希利和帕利普（Healy and Palepu，2001）认为会计信息用于控制管理层的一种方式是通过薪酬，正如委托—代理模式指出的，公司绩效和管理者薪酬之间存在着直接的联系。减少代理问题的一种方法是在公司管理层和资金提供者之间签订明确（和隐含）的契约。这些契约要求管理层披露相关的信息，使股东能够监管管理层对契约的履行，从而评估管理层利用公司资源为股东利益服务的程度。

布什曼和史密斯（Bushman and Smith，2001）明确地区分公司信息披露和财务会计信息，财务会计信息只代表了公司信息披露的一个方面。显而易见，管理会计信息是公司信息披露的另一个方面。财务报告是财务会计信息的载体，内部报告是管理会计信息的载体。他们描述了财务会计信息在公司治理中的作用，认为在控制机制中使用面向外部报告的财务会计信息会促进有效的公司治理。他们认为财务会计信息是一种控制机制，可以帮助外部投资者约束自己所投资公司的管理层，激励他们为股东的利益服务。然而，在现实中财务会计信息常常被管理层扭曲。在这种情形下，财务会计信息加剧了而不是缓解了代理问题，因为蓄意加工的会计信息掩盖了公司的真实情况。不过，"诚实"的信息披露将会形成更加透明的组织，从而降低代理成本。他们进一步指出委托—代理模式意味着董事会应该制定一份薪酬合同，该合同建立在会计报告披露的绩效的基础上，目的是协调管理层和股东的利益。管理层业绩评价内部报告正是架设于管理层和董事会之间的控制和协调机制。

约翰·克里斯滕森和约珥·多米斯基（John Christensen and Joel Demski，2003）认为管理会计在管理层服务契约中发挥了重要作用。在企业与管理层的双方契约模型中，企业根据业绩对管理层进行支付，以购买管理者的服务。由于管理契约的不完备，管理层存在道德风险行为，因此管理会计是报告管理者如何使用其受托资源的信息。毕竟，董事会和管理层如果不存在利益冲突，就不会存在对管理层受托责任进行考评的需求。他们进一步阐述了管理层有动机自我披露内部报告的可能性，由于管理层的私有信息为私人信息，这就意味着管理层的私有信息并不能直接用于契约目的。自然，如果这些信息是公开的话，对契约目的是有用的。为此，若期待私有信息对于契约目的能够发挥作用的话，有两种可能的途径：一是将此信息来源转化成公开的信息来源，内部报告就是适宜的披露载体；二是可能的途径是管理层对私有信息进行自我报告，内部报告同样是自我报告的适宜选择。

《企业风险管理——整合框架》（COSO，2004）指出在企业风险管理框架中，企业报告包含主体所编制的所有报告，既包括内部报告，也包括外部报告

（财务报告）。内部报告是管理当局内部使用的报告，包括市场营销计划的成果、逐日销售快报、业绩评价报告、生产质量和员工与客户满意度结果；财务报告是那些发布给外部方面的报告，包括监管申报材料和给其他利益相关者的报告，例如财务报表与附注披露、管理当局的讨论与分析（MD&A）以及向监管机构提交的报告。并且企业报告范围从财务报表拓展为不仅包含更加广泛的财务信息，而且还包含非财务信息。

比利时 Cardon 委员会（2005）建议企业应该建立内部报告机制，内部报告机制是公司治理机制的重要组成部分，内部报告是高级管理层和董事会之间建立有效互动的信息沟通机制，有利于明确界定管理层和董事会之间的相互职责。内部报告包括审计委员会在内部向董事会的报告、内部审计师向审计委员会的报告、薪酬委员会向董事会的报告、提名委员会向董事会的报告等。

约翰·克里斯滕森和约珥·多米斯基（2006）从现行会计信息系统信息供给不足的角度，说明了建立内部报告机制的必要性。他们认为不要落入会计只是唯一信息来源的圈套。将会计视为唯一或者主要的信息来源是十分天真的。有两种形式的忠告：一个忠告是当会计系统没有对某些事项予以确认时，并不能认为外部观察者对该事项毫不知情。订单簿就是一个现成例子。另一个例子是新启动项目，尽管尚未有盈余但它具有重要的期权价值。期权价值是在各种信息源的基础上进行评估的，与会计系统能够报告的相距甚远。第二个忠告是多种信息来源并不是简单地"相加"。它们并不是以简单明了的方式组合在一起。因此，要理解传递某些含有特定信息事项的重要性，不仅取决于其他人是否已经了解该事项，从更宽的角度而言，还取决于他们从其他来源获得了什么信息。在现行会计信息系统存在缺陷的情况下，企业外部报告一般受到报告准则、审计和执行的制约而不能供给非财务信息（如市场份额、顾客满意度等），因此要注意发挥管理会计系统的比较优势，尽管我们还没有发现更好的内部实时报告机制能够突出企业各种资源的时间期权价值。董事会中的薪酬委员会可能会很好地使用各种信息来源以复杂的方式来评价管理层，管理层业绩评价内部报告就是向董事会传递信息的透明度机制。

国际会计准则理事会（IASB，2006）发布了对于在年度报告中提供财务和非财务信息的管理层评论（MC）的讨论稿。MC 的重点是包括关键财务和非财务业绩指标的公司报告，以协助全球资本市场的参与者做出正确的经济和投资决策。MC 的建立需要所有全球证券监管机构（SEC，IOSCO）、准则制定者（FASB，IASB）、分析师、投资者和管理层的参与。建立 MC 的准则将促进公司报告的一致性，提高业务报告的透明度，加强公司治理，鼓励披露良好的实务，提高年度公司报告的质量。显然，IASB 定位的公司报告已经把管理层业绩评价内部报告包括在内了。

阿可斯特（Akst，D.，2006）发表在《纽约时报》（*New York Times*）的一篇文章指出，美世咨询（Mercer Human Resource Consulting）的一项研究表明越来越多的公司在它们授予 CEO 的股票期权和限制性股票上附加了业绩指标。这项研究表明，额外的披露和将经理人员薪酬与业绩挂钩都不能解决问题；额外披露可能导致经理人员及其顾问想方设法为增加薪酬找理由，而业绩评价可能鼓励经理人员进行盈余管理、注重短期业绩、损害可持续的业绩。

《内部控制体系监督指南》（COSO，2009）从监督内部控制的角度，明确提出了内部报告的概念，认为潜在风险的重要性和执行监督的目的往往是确定内部报告内容和报告对象时的主要考虑因素。内部控制的评价者应了解应向谁汇报监督结果以及应汇报什么内容。根据组织的规模和复杂性，汇报的方式可以是正式的，也可以是非正式的。

罗伯特·艾克尔斯和迈克尔·克鲁斯（Robert Eccles and Michael Krzus，2010）从可持续发展的视角提出了将披露财务信息的财务报告与披露非财务信息的内部报告整合成统一报告体系的构想。他们认为内部报告和财务报告整合的统一报告亟待推行的原因之一是，它可以把财务和非财务业绩的关系以及股东财务业绩对其他利益相关者施加外部影响的程度更加清晰地为公司及其众多利益相关者呈现出来。于是，公司的业绩及其完成过程——包括其社会成本和收益都变得更加透明。这将改变人们的行为方式，而如同提供公司在财务、环境、社会和公司治理方面取得的业绩一样，整合报告体系的这一功能也非常重要。他们进一步指出，非财务业绩报告体系面临的一大挑战是目前还缺乏被广泛接受的强制性标准。

（二）内部报告与管理层业绩信息披露国内文献回顾

胡棋智、绍兴全（2009）回顾了金融危机中美国华尔街投行公司治理现状，指出美国投资银行不设监事会，完善的信息披露制度是对管理层监督约束的重要机制之一。美国的证券立法对包括投资银行在内的上市公司信息披露做了较详细的规定，公司必须披露董事和主要执行官员的资历、信誉和报酬。健全的信息披露制度是对管理层的一种制衡约束手段，也是对公司进行市场监督的基础，它使管理层的管理策略、经营行为及经营成果始终受到市场的评判，是对内部人控制很好的外部市场制约。面向董事会的管理层业绩评价和激励内部报告是对外部报告的有力补充，有利于降低信息不对称程度，加强董事会对管理层的监控，提高管理层的效率。

张先治（2010）是国内第一个主张构建内部报告理论框架和系统框架的学者，他认为内部报告和财务报告共同构成会计报告体系。当前人们过多地关注外部投资者的信息需求，而忽略了内部各主体的信息需求，主要服务于内部管理当局的内部报告问题成为会计相关性理论研究和会计信息需求实践中亟待解决的问题。内部报告为企业管理当局的内部决策、控制和评价提供需要的各种信息，使企业战略决策、经营决策和内部控制更具科学性和操作性，从而提高公司业绩，保证企业价值增值目标的实现。他认为企业内部报告的本质是为企业内部管理当局提供其经营决策和内部控制的依据。基于相关性的内部报告理论与体系构建，将有助于提高会计信息的相关性，满足企业内部决策、控制、评价、监督等各项管理职能对内部报告的信息需求。在构建内部报告整体框架和分类体系中，要解决的关键问题是从何种角度出发，建立满足各类内部报告信息需求者要求的内部报告框架体系，特别是协调对外会计报告可靠性目标与对内经营管理有效性目标的关系，以及战略目标、经营目标和作业目标的关系。

马永斌（2010）认为财务报表披露是一种定期披露，但是常常存在信息披露滞后、内幕交易泛滥的局面。为了及时披露公司发生的重大信息，有利于公司投资者做出适时和适当的投资判断，包括临时报告信息披露在内的多层次信息披露制度就产生了。投资者做出有效的决策，除了需要财务报告披露的财务信息之外，还需要会计数字背后有信息含量的其他非数字信息。为了提高企业在资本市场上的竞争力和良好形象，企业也乐意提供除了财务报告以外有关非财务数字信息。多层次信息披露的目的就是弥补定期财务报告的不及时，避免投资者获取信息资料的不平等，有效防止不公平交易的发生，维护证券市场的公平、公正、公开原则。

《企业内部控制配套指引》（2010）给出了内部报告的内涵，是指由企业内部编制，并在企业内部传递，为董事会、管理层和其他员工所使用，主要目的在于满足他们控制战略实施，实现战略目标的信息报告，包括凭证、账簿、报表、表格、图形和文字说明等多种形式。

《企业内部控制应用指引第 17 号——内部信息传递》（2010）所称内部信息传递是指企业内部各管理层级之间通过内部报告形式传递生产经营管理信息的过程。企业应当根据发展战略、风险控制和业绩考核要求，科学规范不同级次内部报告的指标体系，采用经营快报等多种形式，全面反映与企业生产经营管理相关的各种内外部信息。内部报告指标体系的设计应当与全面预算管理相结合，并随着环境和业务的变化不断进行修订和完善。设计内部报告指标体系时，应当关注企业成本费用预算的执行情况。企业各级管理人员应当充分利用内部报告管理和指导企业的生产经营活动，严格绩效考核和责任追究，确保企业实现发展目标。

（三）文献述评

从以上文献回顾可以看出，国内外学者有一点已经达成共识，那就是在新经济时代财务报告披露的信息已经严重不充分，尤其是对于作为业绩动因的非财务信息的披露不足，以致影响了财务报告的决策相关性。但是对于如何弥补财务报告的不足，却是众说纷纭，莫衷一是。尽管许多学者建议用内部报告来披露非财务信息，但是却没有提出一个内部报告的理论框架和体系框架，而且割裂了财务报告与内部报告的有机联系，忽视了财务会计和管理会计的同源性和共同具备的会计相关性本质。

现有的披露财务业绩的财务报告体系植根于传统的工业经济时代，工业经济时代将会计视为提供方用于控制资源使用以及跟踪组织业绩的"硬"数据。缺少这一类"硬"证据会使得构建以及保持有效的激励机制变得十分困难（John A. Christensen and Joel S. Demski，2003）。然而，新经济时代的到来，经济整体和大多数企业已经进入到财富创造的一个崭新时代。价值创造不再主要依赖于实物资产，基于核心竞争力理念的绩效因素在价值创造中发挥了非常重要的作用，而这些基于核心竞争力理念的因素是不会在会计核算和财务报告中体现的。因此，成功的企业经营者必须发展新的报告体系，以更好地明确、计量以及披露这些新的价值驱动因素。不管是为了给公司管理和治理服务，还是为外部利益相关者提供信息，一个充分的分析和报告系统都应该能够提供21世纪公司成败的有效指标，能够回答为什么一些公司繁荣一些公司失败，新的报告系统必须在论证公司成败的关键线索方面比会计体系更加有效。本书主张的基于核心竞争力的管理层业绩评价内部报告体系就是一个反映公司业绩的本源，能够识别、界定那些存在于公司内部以及外围环境中对公司核心竞争力产生重大影响的因素或者力量，内部报告体系更加重视相关性而非准确性，它能帮助董事会和管理层关注于公司成败的关键因素，同时帮助利益相关方了解显示公司发展进程的一些关键指标的发展变化。

值得注意的是，尽管国内外学者提出了类似于内部报告的不同表述，但是缺乏一个统一的框架将分散的内部报告相互联系起来，揭示内部报告在管理层业绩评价和董事会监督管理层中的重要作用以及与企业价值创造的因果关系。虽然学者们意识到披露非财务信息的重要性，但是对于披露什么样的非财务信息却是见仁见智。本研究主张内部报告以核心竞争力为导向披露非财务信息，包括企业文化、企业声誉和社会责任等，而且内部报告的使用者是董事会，是处于战略层面的内部报告体系，是用来监督管理层受托责任履行的透明度工具，激励管理层培育企业的核心竞争力，最终实现企业可持续发展的终极目标。

本书研究所指的内部报告是管理层和董事会之间的信息传递载体和内部沟通机制，在委托—代理框架下，它是管理层为了解脱对董事会的受托责任和信托责任，主动自愿地向董事会披露自身的不可观察的努力行为和所取得的有利于增强企业核心竞争力的显性、隐性业绩的管理层自我报告，它是一个对公司财务与非财务方面的成功与失败进行持续报告的报告体系，该体系是将企业的财务、社会责任、企业文化、企业声誉进一步整合的管理层业绩报告体系。企业内部最为关键的沟通渠道位于高层管理当局和董事会之间，管理层与董事会及其委员会之间的沟通至关重要。管理层必须让董事会了解最新的业绩、发展、风险、主要行动以及其他任何相关的事项或情形。与董事会的沟通越好，董事会就能越有效地行使监督职责，在重大事项上起到尽责的董事会的作用，并提供建议和忠告。反过来也一样，董事会也应该与管理层沟通所需的信息，并提供指导和反馈（COSO，2004），内部报告正是这种管理层和董事会之间的内部沟通机制，内部报告增强了管理层和董事会之间的透明度，既有利于董事会对管理层的业绩评价和监督，又有利于管理层受托责任的解除。

第三章 基于核心竞争力的管理层业绩评价内部报告理论基础

一、委托—代理理论

（一）委托—代理理论回顾

委托—代理理论之所以成为本研究的理论基础，是因为它解释了为什么需要对管理层的业绩进行评价的问题。在所有权分散的条件下经理实际上已经掌握了企业的控制权，"经理革命"造成了所有权与控制权分离（伯利和米恩斯，1932），在两权分离的情境下，由于代理人管理层和作为委托人代表的董事会目标函数不一致和信息的不对称，管理层会产生损害委托人董事会利益的偷懒和机会主义行为，因此委托人董事会需要对管理层的业绩进行评价，以此监督管理层的道德风险行为，进而依据业绩评价结果支付管理层激励性薪酬，最大限度地诱导管理层能像所有者那样思考问题，最终为企业创造价值。

对委托—代理关系的论述，可以追溯到亚当·斯密。斯密（1776）在关于雇工工资确定的讨论中已经意识到了雇主与雇工的契约关系的本质，他提到了这两个当事人之间的利益冲突，并且已经认识到了他们之间谈判的权力并不是平等的，通常雇主拥有所有的谈判权力，用现代激励理论的术语来说，雇主是委托人，雇工则是代理人。斯密（1880）进一步论述委托—代理关系，"在钱财的处理上，股份公司的董事为他人尽力，而私人合伙公司的伙员，则纯是为自己打算。所以，要想股份公司董事们监视钱财用途，像私人合伙公司的伙员那样用意周到，那是很难做到的。这样，疏忽和浪费，常为股份公司业务经营上多少难免的弊窦"。斯密的论述道出了委托人和代理人的目标函数不一致和可能产生的败德行为。这同样适用于说明公司中董事会和管理层之间存在的"代理问题"——两者之间的目标函数不一致，代理人管理层会利用信息优势在追求自身利益（包括在职消费和多享受闲暇等）的同时侵害委托人董事会的利益。"代理问题"的解决实质上就是降低由企业家职能分解引致的代理成本。将剩余索取权和剩余控制权在委托人和代理人之间进行适当的分配，设计出剩余索取权与剩余控制权相对应或匹配的激励契约，如何设计这些激励契约就是委托—代理理论的主题，也被称为道德风险模型，至今仍被作为针对"代理问题"的有效的治理机制（段文斌，董林辉，2003）。但是，保证这种精心设计的解决代理问题的激励机制发挥预期作用的前提是必须对管理层进行科学、准确的业绩评价，业绩评价的结果是对管理层进行显性或隐性激励的依据。

迈克尔·詹森和威廉·麦克林（Michael C. Jensen and William H. Meckling, 1976）、罗伯特·卡普兰和安东尼·阿特金森（Robert S. Kaplan and Anthony A. Atkinson, 1998）、罗伯特·安东尼和维贾伊·戈文达拉扬（Robert N. Anthony and Vijay Govindarajan, 2005）对委托—代理理论分别进行了系统阐述。他们把委托—代理关系定义为一种契约，在这种契约下，一人或多人（委托人）雇用他人（代理人）按照自己的利益办事——其中包括下放决策权给代理人。思朋斯和泽克豪泽（Spence and Zeckhauser, 1971）及罗丝（Ross, 1973）最先分析了如何设计代理人的薪酬体系以让他们更好地按照委托人的利益行事。从本书的目的出发，企业有两种委托人—代理人关系。第一，股东或董事会作为委托人，他们雇用首席执行官（或更广泛些、高级管理团体）作为其代理人，为股东的利益管理公司。第二，公司高级管理层作为委托人，雇用部门经理作为代理人，管理公司的分权化经营单位。管理层工作的目的是使自己因参与公司经营管理而获得的补偿最大化。但他们在把时间、知识和精力投入公司时也发生个人成本。因此，代理人理论假定代理人寻找收益与努力成本间的平衡点。同时，代理理论假设代理人没有道德负担。因此，只要有机会，他们就会背弃在签订合同时所做出的关于投入的精力、技能和知识的各种保证。由于代理人的这一性质，同时也由于委托人无法准确监督代理人到底向企业投入了什么，产生了代理理论的所谓道德风险问题，同时也要求对代理人活动进行监督。例如，委托—代理模型认为如果公司高级管理者只能得到固定的薪水，他就不会有动力为公司价值最大化而努力。他可能会过度消费非货币性项目，如闲暇、诱人的工作环境和各种特权，或者不为增加股东利益投入充分的时间和精力。如果所有者知道什么行动对公司最有利，并且能毫不费力地观察管理者行为，他们就能指挥管理层实施这些最优行动；如果这些行动没有得到有力的执行，作为惩罚，可以取消管理层的报酬。但因为所有者常常比较分权，掌握的信息不充分，而且监督管理者的成本又很高，所以，所有者不太可能知道什么是最优决策，也不知道代理人的行为是否有利于委托人。因此，为鼓励高级管理人员采取最有利于公司的行动，所有者引入了一个激励补偿方案。这个方案可以使高级管理人员分享公司的利益或受到一定奖励，从而使代理人和委托人利益更加一致。这个方案的基本特点就是基于业绩评价的薪酬激励，因此管理层业绩评价在委托—代理模型中具有重要的地位，它既是对管理层受托责任履行的监督机制，又是管理层薪酬激励的先导机制。

委托人和代理人的目标函数不一致，如果双方都效用最大化，那么就没有理由认为代理人会永远采用对委托人来说最优的行为。委托人可以通过在合约中给予代理人适当激励并担负监督成本来限制其不符合委托人利益的行为。另一些情况下，代理人在用到公司的资源时需要支付一定的成本（约束成本）以保证其不会采取伤害委托人利益的行为或者保证当伤害发生时委托人能够获得赔偿。代理人一般不会无条件地完全按照委托人的意愿办事。多数代理关系都需要一定的（非金钱和金钱的）监督成本和约束成本，而且委托人、代理人之间的最大化目标或多或少会存在差异。这种目标不一致所导致的委托人福利损失的货币等价也就是代理关系的成本，他们称之为"剩余损失"。因而，他们将代理成本定义为以下四项之和：（1）委托人和代理人签订契约①的成本；（2）委托人的监督成本；（3）代理人的约束成本；（4）剩余损失。代理成本包括我们通常所说的合同成本、交易成本、道德风险成本和信息成本。代理成本的大小在每个企业都不一样：这取决于管理层的偏好、监督和约束活动的成本，还有管理层利用自己的决策权背离所有者的目标为自己谋取私利的难易程度。此外，代理成本还取决于衡量和评价管理层（代理人）表现的难易程度、设计和运用与公司所有者（委托人）福利相关的管理层薪酬指标的成本、设计和实施特定规则与政策的成本。

委托—代理理论学家认为，解决目标分歧和信息不对称的方法主要有两种：监控和激励。首先是监控。委托人可以设计管理控制系统监控代理人的行为，限制牺牲委托人的利益而增加代理人的福利的那些行为。代理理论试图解释为什么不同的代理关系涉及不同的监控水平。例如，如果代理人的任务界定明确，用于监控的信息或"信号"准确，那么监控就更有效。如果任务界定不明确，或者不易于监控，那么签订激励契约就成为一种更有吸引力的控制工具。监控和激励并不是互斥的。在大多数公司，CEO 在签订激励契约时，同时还签订以审计财务

---

① 这些契约既包括隐性（非正式的）契约，又包括显性（正式的）契约。

报表作为监控工具。其次是激励契约。委托人可能会通过签订适当的激励契约尽力限制有分歧的偏好。代理人的奖励越依赖业绩指标，代理人提高指标的激励就越大。因此，委托人应该定义业绩指标，以便增进他或她的利益。实现它的能力被称为"目标一致"。若与代理人签订的契约能够激励代理人为委托人的最大利益而工作，则契约就被认为符合目标一致原则。若薪酬计划不包含激励契约，则会产生严重的代理问题。例如，如果向 CEO 支付固定工资，可能就不会像薪酬既包含工资又包含奖金那样激励他们兢兢业业地工作。后者激励 CEO 更加努力地工作，以增加利润，增加自身的薪酬，同时也使委托人受益。因此，契约中会包含激励要素，以协调双方的利益，即委托人签订的契约允许管理层分享公司价值增值带来的财富。委托人面临的挑战是明辨与代理人努力和公司价值相关联的信号。代理人的努力，连同外部因素（如：总体经济状况、自然灾害），共同决定业绩。结果指标越准确地反映管理者的努力，指标在激励契约中的价值就越大。如果业绩指标不与代理人的努力密切相关，代理人就没有受到激励来增加他或她的努力。没有一种激励安排能保证完全的目标一致。原因在于双方的风险偏好不同、信息不对称以及不同的监控成本。这些差异导致了额外的成本。即使有效的激励协调系统，也会造成偏好的某种分歧。我们称之为"残余损失"。激励薪酬成本、监控成本和残余损失之和称为"代理成本"（Robert N. Anthony & Vijay Govindarajan，2005）。

国内学者对委托—代理理论的描述以张维迎为代表，张维迎（1996）认为委托—代理关系的实质是委托人不得不对代理人的行为后果承担风险，而这又来自信息的不对称和契约的不完备。委托—代理理论的目的是分析非对称信息下的激励问题。当经济学家讨论到企业内部的委托—代理关系时，代理问题与契约的不完备性问题几乎是同一个意思，最优激励机制实际上也就是能使"剩余所有权"和"剩余控制权"最大对应的机制。

委托—代理理论简要述评

委托—代理理论是在 20 世纪 60 年代提出来的，自那以后，学术期刊上就发表了大量的相关文章。但是，代理理论对管理控制过程的实际影响却微乎其微，在现实世界中并没有取得什么回报。我们所说的"回报"是指管理层采用代理理论的研究成果改善了薪酬决策。许多管理者甚至都不知道代理理论。代理理论意味着在非营利组织和政府组织工作的管理者，内在地缺乏实现目标一致所需要的激励，因为他们没有获得激励薪酬。许多人都不接受这个含义。有些研究代理理论的人主张，代理理论模型仅仅是用数学符号表述了一些显而易见的事实。而其他人则认为模型中的各项要素无法量化（如：什么是"信息不对称成本"？），模型过于简化了现实世界中上下级之间的关系。模型只涵盖了几项要素。他们忽略了影响这种关系的其他因素，比如参与者的性格、不厌恶风险的代理人、非财务动机、委托人对代理人的信任、代理人完成目前任务的能力，以及接受未来任务的潜力等。

（二）董事会与管理层的利益冲突和博弈

詹森和麦克林（Jensen and Meckling，1976）证明在资产所有者和管理层之间存在着冲突，因为后者仅仅得到了企业利润的一部分，却承担了用自身努力加强企业的盈利能力的所有成本。在管理层持有特别少的股权和股东因太分散而无法坚持价值最大化目标时，管理层很可能利用公司资产使自身受益，而不是使股东受益（Morck，Shleifer Vishny，1988）。委托人和代理人之间的利益冲突将会导致配置的帕累托无效（Jean - Jacques Laffont，2002）。

在委托—代理框架下，作为委托人的董事会和作为代理人的管理层在以下三个方面存在利益冲突。

第一，对努力的偏好不同。一般而言，企业价值的增加总是要求管理层越努力越好，而管理层自己却是不喜欢努力工作的（Ross，1973），他们喜欢的是更多的不创造价值的闲暇和在职消费，因此产生了道德风险问题。从委托—代理视角来看，首先，董事会和管理层具有不同的效用函数，自利的管理层追求的是自己的利益，比如说在职消费、优裕的生活、经理帝国等；管理层的利益不仅通常与代表所有者的董事会利益不相一致，而且他们只在利于自己的时候才会顾及所有者的利益。比如管理层追求收入、企业规模、在职消费，董事会追求利润或企业价值增值，而要将前者的目标统一到后者的目标上去，后者就必须对前者进行激励和监督，使前者为后者的利益努力、尽力后获得的收益减去成本，能使前者的效用达到最大化。此外，管理层所做的一切都是有成本的，因此，所得报酬至少不能低于由机会成本决定的保留效用，这是使管理层激励契约成立的参与约束条件（费方域，2003）。其次，董事会和管理层的信息是不对称的，管理层可以利用私人信息的优势采取机会主义行为谋求个人的利益。董事会和管理层在缔约后的信息问题即是道德风险问题，它指的是，管理层知道自己是否尽了力，是否按所有者的利益谋划和决策，但代表所有者的董事会却不知道，因为管理层的努力程度不可观察，不可证实，或者，即使可以，成本也高到不可接受。在这种情况下，董事会可以把对管理层的激励契约建立在可以观察的结果上面。然而，即使在最佳的风险和激励安排下，管理层也仍然能更多地偏向自己的追求。正是在这个意义上，哈特认为委托—代理理论为现代企业管理理论奠定了基础（Hart，1995）。构建管理层业绩评价内部报告体系的目的就是借助内部报告这种信息披露机制，把管理层的努力程度最大限度地显性固化，管理层的努力程度包括财务业绩和非财务业绩，力争构建一个管理层全面业绩评价报告；同时构建管理层激励内部报告，把一切有可能对管理层形成激励动因的要素通过管理层激励内部报告透明化，把管理层业绩评价报告和管理层激励内部报告进行权衡匹配，做到赏罚分明，奖惩有依据，最大限度地挖掘管理层的潜力，使其高效地致力于组织价值创造的战略目标。

由于目标函数不一致和信息不对称，董事会和管理层开始了多期间重复博弈。管理层极力掩饰自己的偷懒和机会主义行为，采取滥用会计政策和原则等手段操纵利润，套取激励性薪酬，而董事会则通过设计公司治理机制，尽最大可能增强管理层努力行为和业绩的透明度，内部报告正是这样一种可以辅助董事会观察和甄别管理层行为的透明度机制，使管理层隐匿信息的空间和可能性变小，进而降低信息不对称程度，提高管理层效率。同时，由于董事会和管理层之间是长期重复博弈，董事会通过内部报告机制识别管理层的背叛行为后，有时间实施惩罚策略。在管理层退出成本很高的情况下，为避免董事会的惩罚，必然会减少隐匿信息和采取机会主义行为的可能性（王珺，2003）。麦克劳德（Macleod，1988）的长期合作博弈模型表明，只要生产关系是无限重复的，即使外在的监督不存在，也会形成一个有效率的均衡。鲁宾斯坦和雅里（Rubinstein and Yaari，1983）等人也证明，在各种无限次重复的委托代理博弈中，是能够解决静态博弈中由于道德风险问题而导致的非效率的。青木昌彦、奥野正宽（1999）等日本学者用这种重复博弈理论解释了日本企业内部对管理层激励的有效性。在多期重复博弈的框架下，实现提高效率、防止管理层偷懒的必要条件是必须构建甄别管理层努力行为的透明机制，管理层业绩评价和激励内部报告正是在这一背景下构建的。

第二，面临不同的风险。管理层往往都会在企业特定的人力资本上投资不少财富，因此会在意企业总价值的变化情况以及有多少企业的风险能够通过股东的分散予以规避（Reagan and Stulz，1986）。如果管理层与董事会都是风险规避的，那么管理层会更加难以承受风险。为了防范企业经营失败的风险，作为所有者代表的董事会可以通过投资多元化等手段规避风险，但是作为企业高级人力资本的管理层却面临被"套牢"的风险，因此相对董事会，管理层更加厌恶风险，这是因为：（1）作为企业高级人力资本的管理层具有企业专用性和异质性。市场里的企业是一个人力资本和非人力资本共同订立的特别合约（周其仁，2003），管理层作为企业的高级人力资本具有由阿尔钦和德姆赛茨提出并被威廉姆森、格罗斯曼和哈特等人强调的"资产异质性"或"资产专用性"。威廉姆森认为，为特定交易或合约服务而投入的资产在再分配方面的性质是有很大差别的，从而使资产具有专用性。人力资本的专用性特征是指工作中有些人才具有某种专门技术、工作技巧或拥有某些特定信息，这些专用性来自事后的专用性人力资本投资，主要是在岗培训（威廉姆森，1987）。在实物资产由通用变成专用的同时，人力资本也在进行着相同的转化，并最终形成异质性人力资本（陈国富，2003）。一个具有某种专用性或异质性资产的人若要退出企业，则会给退出者本人或企业带来损失，因为这种特异能力在企业外部得不到充分评价，是一种难以进入市场交易的资源押出（加护野忠男和小林孝雄，1995）。专用性人力资本和非人力资本是企业准租金的源泉（Aoki，1984；Williamson，1985），人力资本的专用性是人力资本所有者参与企业治理的重要依据（杨瑞龙，周业安，2003）。管理层人力资本的"资产专用性"产生了"套牢"（Hold-up）效应，也就带来了菲茨罗和穆勒模型中的"非流动性"，非流动性成员要承担流动性成员机会主义行为所带来的全部成本，因此管理层比董事会承担了更大的风险，在股权极度分散化的趋势下，关键时刻董事会可以"用脚投票"溜之大吉，但是管理层由于专用性特质而被锁定，难以出逃。（2）管理层人力资本是高度专业化的信息载体及其处理主体。第三次工业革命以后，人力资本中的智力因素变得重要了，人力资本更多地表现为智力资本，并且，随着知识、信息的急剧扩张，人力资本中的智力成分迅速向深度专业化发展，人力资本成了高度专业化信息的载体及其处理主体。人力资本之间的差异和互相合作的依赖性进一步加剧。管理层作为强信息人力资本不仅在市场上难以直接定价交易，被卷入企业内分工后还因为其信息量和信息发展方向的高度专业化而变得更不易流动。进入企业内进一步发展的信息能量专业化反而对他们构成"退出壁垒"，使他们自己的专业化知识、能力成为自己在权力晋升征途上继续努力工作的抵押品。人力资本市场，特别是信息强度和方向更不可捉摸的强信息人力资本（尤其是管理层或职业经理人）市场的不完善，使稀有的高级专家和经理跳槽现象也没有一个正常的交易过程和确定的交易结果。信息专业化所带来的高进出壁垒使这种人力资本根本谈不上什么流动性和安全性（王开国、宗兆昌，2003）。此外，管理层的职业生涯往往就维系在他所经营的单个企业的业绩表现上，如果该企业破产，管理层就会背负上不良经营记录。因此，即使企业潜在投资项目的预期收益率较高，但如果项目失败企业将破产的话，管理层也可能放弃该投资项目转而选择预期收益率较低但同时比较安全的项目。这种选择可能与股东的利益不一致，因为股东承受风险的能力会相对更大，他们可以通过一定的资产组合（如购买其他企业的股票）来化解纯粹的非系统性风险（陈钊，2005）。

第三，管理层和董事会的时间偏好不同。管理层只有在公司工作期间才拥有对公司现金流的要求权，而企业的寿命是不确定的，并且董事会拥有可转让的对未来所有剩余现金流的要求权。因此，管理层很自然地容易不顾自己工作年限以外的现金流（Furubotn and Pejovich，1973）。管理层只有在企业工作时可以分享企业的利润，他们在做投资决策时考虑的时间期限取决于他们打算在这里干多久。尽管这个时间可能短于潜在资产的生产寿命，但管理层在选择投资项目时只会考虑这个与自己有关的较短期限。只有当投资策略在这段期限内带来的期望收益现值大于期望成本现值，管理层才会投资。而这样会减少企业的投资项目，错过了一些总的期望现金流仍为正的项目。由于管理层的薪酬仅来自于他们任期内的企业净现金余额，管理层有强烈的愿望最大化企业近期的净现金流，而不惜采取一些短期行为，比如现任管理层会尽量减少、推迟或干脆取消固定资本的折旧计提（这样做的坏处将在他们的任期以外的时段才会显现）来提高他们的当期薪酬。除此之外，管理层还有很多其他的方法来增加企业的近期收入。他们会借贷那些由下一任管理层来偿还的债务，譬如按照证券的偿债基金条款发行低利息的长期债券。这些借来的现金可以当作薪水或额外的福利马上直接消费掉。或者他们还可以投资那些现金回报高的项目来增加自己的收入。同样，当前的管理层还可以投票为自己赢得大量不受基金条款约束的退休金。当前的现金流（因而管理层的薪酬）不会因此而减少，因为所有养老金的支付负担都被转移给了未来的企业员工（Jensen and Meckling，1979）。由此可见，由于二者时间偏好的差异，管理层可能更加注重在其任期之内的企业绩效，而董事会的目光显然更为长远。这种时间偏好上的不一致就会使经理采取一些较为短期的经营行为，而可能损害企业的长期利益（陈钊，2005）。

（三）信息不对称和管理层的道德风险

由于所有者和管理层在信息与技能上的差异，使得所有者永远不会清楚管理层的努力和技能与实际产出间的关系。这种信息上的差异称为信息不对称（Information Asymmetry）。信息不对称起源于所有者与管理层在技术、专长上的差异，以及所有者在监督管理层投入的量与质上的局限性。信息不对称使得管理层与董事会（所有者的代表）在订立合同时产生了一系列的问题。信息不对称也防止了合同中的过分要求。也就是说，支付给管理层薪酬，并证实管理层遵守了契约中的规定。董事会在管理层的工作不能被确信的情况下，支付了与实际工作不相称的薪酬，这种情况被称为道德风险（Moral Hazard）。在存在道德风险的情况下，管理层有违约的倾向。信息不对称也会由于被控制者（管理层）掌握了用于控制与编制计划的最优信息，而控制者（董事会）并不掌握这些信息而引发其他问题。而且，管理层没有公开私人信息的偏好，因为他们担心董事会会利用这些信息而使他们处于不利地位。管理层的这种对于私有信息的保密行为被称为"信息封锁"（Information Impactedness）。信息封锁使得董事会致力于设计改进方案，鼓励管理层披露他们的真实情况。本书提出的管理层业绩评价内部报告就是在董事会设计的薪酬与业绩挂钩的机制下管理层自我报告行为。

由于代理人行为的不可观察性，委托人无法轻易地监控代理人的行为，因此会产生薪酬和津贴方面的不同偏好。董事会无法监控 CEO 的日常行动，以确保他或她的工作符合股东的最大利益。因为委托人对代理人的行为具有不充分信息，所以委托人永远都不能肯定代理人的工作对公司的实际经营结果做出了怎样的贡献。若没有监控，则只有代理人知道他或她是否在为委托人的最大利益而工作。而且，代理人可能比委托人更了解工作任务。代理人可能拥有的这种额外信息称为"私人信息"。委托人和代理人之间偏好的不同，以及代理人的私人信息，可能导致代理人向委托人传递误导信息。这种误导的一般性质被称为"道德风险"，即由于管理控制系统的性质的激励，被控代理人提供误导的私人信息。

当不能计算投入量（管理层的努力与能力）时，唯一可以得到并用于构建激励契约的变量是产出。产出是管理者的决策、能力、努力的综合结果。但是如果一份激励契约中的奖励基于实际的产出，则该契约在管理层身上施加了不可预期的风险。管理者投入了努力（假定他们没有得到闲暇的效用），以改善公司的报酬率。但与此同时，决定产出的因素还包括一些管理层无法控制的因素。一个人会认为管理层的努力会影响实际收益的分配方式，但实际上这种分配没有实现。管理层会考虑，等一会儿吧，或许我虽然努力工作了（牺牲闲暇），然而却被我所不能控制的因素（例如经济或行业的不景气）全部抵消（Robert S. Kaplan and Anthony A. Atkinson，1998）。

因此，当管理层决定是否牺牲个人的闲暇去增加产出（或者为了一项产生收益的投资而牺牲奖金）时，管理层面对着一种风险。在进行权衡时，管理层对于努力与奖金的态度会不同于对风险持中性态度的所有者。由于所有者对风险持中性态度，因此他们会无视公司的任何风险。但是，由于管理层的奖金基于实际产出，所有者最终将风险转移给了对风险持消极态度的管理者。这主要是由于所有者与管理者各自拥有的信息不均衡。由于所有者希望无成本地承担风险，因此他们必须给管理者以额外的报酬，来补偿管理层承担的风险。也正是由于所有者不能了解管理层的信息、行动和能力，导致了契约的低效。

综上所述，董事会和管理层之间的信息不对称及管理层的道德风险，正是本书构建管理层业绩评价内部报告的动因之一。通过在董事会和管理层之间架构业绩评价内部报告机制，增加了二者之间的透明度，降低了信息不对称程度，缓解了代理问题，减少了管理层的机会主义行为，提高了契约的效率和企业的竞争力。

（四）董事会与管理层之间的受托责任和信托责任

1. 受托责任

从历史的维度来看，受托责任自帕乔利的复式簿记诞生以来一直是会计的核心或主题。正如查特菲尔德（1977）所说："私人财富的积累导致了受托责任会计的产生。这种会计不仅应保护物质资产的安全，而且应证明管理这些财产的人是否适当地履行了他们的职责。"在董事会和管理层的委托—代理关系中，会计在二者签订契约和监督契约中发挥作用。人们要求通过会计报告①来监督这种关系的假设称为受托责任概念，这个假设在19世纪末和20世纪初的文献中很常见。作为对会计存在的解释，会计史学家亚梅（1962）写道："会计的起源，实际是书面记录的起源，它也许可追溯到某个'会计'官员提供一种说明书的需要，这种说明书反映了该官员代表其雇主而负责的金钱和其他资产的收支情况，同时，也需要对下属的诚实和可靠性进行检查。"在监督管理层行为中需要会计这个观念对会计研究人员并不陌生。管理会计通常对各种会计报告在报告每个管理层的业绩方面的作用进行讨论，而审计则说明内部控制与会计在限制管理层的行窃可能性方面的作用。自愿提供经审计后的公司会计报告的历史相当悠久，管理层远在法律向其提出类似要求之前就已提供会计报告了。早在证券法案实施以前，美国的许多公司就曾公布会计报告（霍金斯，1968）。沃茨和齐默尔曼（Watts and Zimmerman，1983）把向股东提供经审计后的会计报告这种现象追溯到最早期的英国股份公司（16世纪末期）以及这些公司的前身（受同业公会管制的那些公司）。会计是作为企业契约的监督工具而产生的假说，与投资者做出投资和评估决策时需要信息进而需要会计这一常见的假说形成了鲜明的对照。这两个假说并非互不相干，在签订契约和提供信息中的作用可能同时存在。能使人

---

① 这里的会计报告包括基于财务会计的财务报告和基于管理会计的内部报告。

们确定契约的要求是否已被履行的信息，往往也有助于确定企业证券的价值。

戈瑞、欧文和亚当斯（Gray, Owen and Adams, 1996）将受托责任定义为：做出解释（绝不仅仅是财务方面的解释）的义务或对负有责任的行为的清算义务。根据此定义，受托责任包括两类责任和义务：（1）采取特定行动的责任（或是克制不采取行动）；以及（2）为这些行动做出解释的责任。在他们的受托责任模型下，假定报告是受责任驱使而不是需求的驱使。表达的观点是，社会中的人有权利被告知组织经营情况的某些方面。将受托责任模型应用于公司社会报告中时，戈瑞、欧文和亚当斯（1991）认为："公司社会报告的作用是向整个社会（委托人）提供信息（受托责任履行了吗?），这些信息是关于组织（代理人）对强加于它们身上的责任的履行程度（它遵守游戏规则了吗?）。"也就是说，公司报告的作用是告知社会组织对其负有责任的行动的履行程度。受托责任模型下的论断是委托人（社会）能够选择对信息需求完全被动接受。然而仍要求代理人（组织）做出解释——被动的、无要求的委托人仅仅选择不直接使用这些信息。戈瑞、欧文和亚当斯认为："如果委托人选择忽略解释，那么这是他的特权和问题，而不是代理人的。作为代理人，仍然必须做出解释。"

赫斯特（Hurst, 1970）也强调受托责任的重要性。他认为："一个行使实际权力的机构——强制人的意愿与行为——必须对它的目的和表现负有受托责任，并且采用的标准是不受其控制的。"经济发展委员会下设的研究与政策委员会（总部设在美国的组织）也强调了需要指明受托责任。该委员会称（1974）："公司规模的扩大、市场权力的增强和对社会影响的提高自然会相应增加其负有的责任；在一个民主社会中，权力迟早会招致等价的受托责任。"

戈瑞、欧文和亚当斯（1996）运用社会契约的概念将企业的责任理论化（与之相对的是已经感知到的受托责任）。在他们的观点下，他们也认为法律提供了社会契约显性条款，而其他未通过立法的社会期望构成了契约的隐性条款。

2. 信托责任

信托责任是用以解决委托人（董事会）及其代理人（管理层）之间的潜在冲突。信托责任最完整的定义是"一种为他人利益而行动的责任"[①]。美国和英国的所谓盎格鲁-撒克逊法律体制为董事和管理层作为代理人为控股股东和少数股东的最佳利益服务设立了一套强制性的信托责任。而在大陆法系国家（大部分的欧洲国家），信托原则发展得不充分，因此基于规则的方式常常允许控股股

---

① Black's Law Dictionary, 1990. 6. 25（6th Edition）.

损害个人或少数股东的利益来攫取私人利益。管理层被认为是公司及其所有者（股东）的代理人。这个代理关系产生了信托责任。管理层应该认识到他们首要的责任是保护投资者并向着创造和增加股东价值，同时保护其他利益相关者的利益努力工作。许多关键管理人员可能与雇主签有雇佣合同。作为公司的管理层，他们有信托责任来按照公司及其股东的最佳利益行动。违反这些法律责任可能导致股东（所有者）提起诉讼来挽回这些高薪经理们所造成的损失，CEO 应该按照股东的最佳长期利益行动，而不是参与可能违反对公司的信托责任的自我交易，这些诉讼包括因违法造成损失而对代理人提起的民事侵权诉讼。

　　管理层的两个主要信托责任是忠实责任（Duty of Loyalty）和谨慎责任（Duty of Care）（Traverse, 2002），除此之外，最近的文献和法律案例提出了管理层其他几个相关的信托责任，包括顺从责任（Duty of Obedience）、善意责任（Duty of Good Faith）、公允披露责任（Duty of Fair Disclosure），如表 3 - 1 所示。企业的管理层必须以受托人的身份履行对董事会的信托责任，为公司和股东的利益运用公司权力。

表 3 - 1　　　　　　　　　　有代表性的管理层信托责任

管理层的信托责任	
忠实责任	忠实责任要求管理层以善意采取行动，避免将自己的利益放在公司利益之上的行为。这项责任要求管理层：（1）为公司及其股东的最佳利益行动；（2）不与所担任董事的公司竞争；（3）使自己的个人利益服从于公司的利益；（4）避免在涉及公司的交易中损害公司利益而为自己牟利。
谨慎责任	谨慎责任要求管理层必须运用在相同条件下一个合理谨慎的人会运用的谨慎来诚实、勤勉、善意地经营公司
顺从责任	这项责任要求管理层在公司章程和规章或者使命书中所确定的公司权力范围以内行动，以增加长期股东的价值。
善意责任	要求管理层善意地行动，适用于所有情况的善意责任的定义是不存在的。但是，大家都承认，管理层任何不负责的、不理性的、鲁莽的和不真诚的行为违反了善意责任。任何对公司风险明知而无视或故意无视的情况将违反善意责任。
公允披露责任	这项责任要求管理层向董事会和其他利益相关者提供及时、可靠、相关和透明的财务和非财务信息。公允披露规定的意图是要消除公司选择性信息受益人的获利机会，同时促进对包括股东在内的所有市场参与者，披露可靠、相关和透明的财务信息，为个人投资者创造一个公平的环境。

资料来源：笔者根据有关资料整理

　　管理层是在"商业判断规则"（Business Judgment Rule）的法律原则下来有

效地履行这些信托责任的。商业判断规则为管理层做出善意的业务决策提供了宽泛的自由裁量权。在这个规则下，如果没有证据表明存在重大疏忽、违规或欺诈，管理层通常被赋予宽泛的自由裁量权以作决策和履行谨慎、顺从、善意和忠诚的责任而不必承担法律责任。一般来说，管理层对公司有善意地履行他们的管理职责的责任，即以一种合理代表公司最佳利益和运用在相似情况下一个谨慎的人会运用的小心、技能和勤勉的方式来履行其职责。

从某种意义上来说，信托关系中的职责就是信任。在最基础的层面上，信托既是一个形容词也是一个名词，其含义源自拉丁文 Fiducia，以忠诚或信任为基础或与之相联系。人们可以用这个词来描述"信托责任"或者用它来命名人或行为，例如"被信托人（受托人）改变了账目"（Richard N. Ottaway，1994）。克拉克森、米勒和杰茨（Clarkson，Miller and Jentz，1986）认为信托关系是"一种为他人的利益而行事的责任，外加一种信任的关系"。他们的定义是以委托—代理理论为基础的：代理定义为"一个人同意另一个人为了他的利益并在他的控制之下行事，而另一个人也同意这么做，这种同意的表现形式的结果就是信托关系"。通常，代理理论是以"一个人为他人做事，等于为自己做事"这一格言为基础的。最普通的代理形式是公司的管理层。公司管理层是委托人即企业拥有者的代理人。他们通过契约为委托人负责，运作委托人的资产，并实现他们的商业目标和目的。没有代理理论就没有我们所知的企业。克拉克森、米勒和杰茨（1986）描述了代理人对委托人所负的五个责任：业绩、通知、忠诚、服从和核算。业绩是指代理人需要用自己所声称的技能和勤奋来提供合同中规定的服务。通知基本上意味着代理人不能对委托人隐瞒任何有关合同的信息。这一点经常被称为"代理人所知道的全部信息，委托人也知道"。尽管每一个责任都是道德行为中的一个巨大的领域，忠诚却是被讨论得最多的。忠诚的责任规定了代理人仅为委托人的利益行事，不能为代理人或者某个第三方谋利益。服从需要一条支持委托人利益的不被破坏的底线。这通常是法律的要求，并被制度上的行为规则所强化。当代理人认为委托人的行为不符合社会的最佳利益时，要求代理人同时服从委托人和社会利益就会产生冲突。这是揭发行为与法律的基础。对资金的核算是至关重要的。代理人必须进行准确的记录，并让委托人获得它们。这包括代理人由于为委托人完成和为第三方所赏识的工作而获得的馈赠。

克拉克森、米勒和杰茨（1986）还描述了委托人对代理人所负的四种责任：报酬、偿付和补偿、合作以及安全的工作条件。委托人的责任是及时对代理人的服务给付双方同意的报酬（或者惯例的报酬，如果没有明确的话）。委托人还有偿付代理人在提供服务时所出现的所有开支的责任。代理合同中的委托人还要承担代理人的债务损失。委托人有与代理人合作的责任。委托人不能以据给资产或信息的方式来妨碍代理人的工作。委托人有提供安全工作条件的责任。这在分代理人或公司雇员的工作场所中是常见的，这些地方是所有者建造出来以完成他们希望的。

二、内部控制理论

（一）内部控制和业绩评价

控制是指为保证公司的经营行为不偏离其目标而使用的工具和方法。控制过程通常包括设定业绩目标、衡量业绩、将业绩与目标进行比较、计算实际业绩与目标之间的差异，如果有必要的话，还要对这一差异采取措施（Robert S. Kaplan and Anthony A. Atkinson，1998），由此可见控制的主体内容就是业绩评价，内部控制的过程就是业绩评价的过程。控制过程的核心是设定业绩的目标水平。业绩指标可以是财务性的，也可以是非财务性的。不过财务性业绩指标一直是而且也将继续是使用最广泛的因素。

1. 财务性业绩指标的总量控制

财务性业绩指标的广泛使用有两个主要原因：第一，财务性业绩指标，如利润，它直接和公司的长期目标相衔接，而公司的长期目标几乎总是纯财务性的；第二，恰当的财务性业绩指标能综合地反映公司业绩。总量的财务性业绩指标，如公司或部门获利能力，是对公司战略和经营战略的概括性衡量。低于预期水平的利润，表明公司的战略或策略没有实现预计的结果，因而有可能是不合适的。业绩指标偏离预期将引发一次调查，以查明不利的业绩差异的原因。20 世纪 80 年代，着眼点集中在发现公司的成本动因上——这一过程被称为作业成本法。90 年代，管理层还希望发现收入的动因（如顾客满意程度和员工创新）——这一过程被广泛地称为战略性业绩衡量或平衡计分卡。

2. 非财务指标的微量控制

尽管公司一直从大处着眼，运用财务指标对公司总的业绩进行控制，它们也运用非财务指标，对细节即具体的过程进行控制，以弥补财务指标的不足。一般来说，对非财务性业绩指标的兴趣反映了对财务性业绩指标的如下认识：（1）财务性指标是对成果的短期计量；（2）对于管理者而言，财务性指标既不熟悉也不直观。非财务性指标，如质量，不仅解释了目前的销售水平，还可以用来预测未来的销售水平。遗憾的是，很少有公司认真思考诸如质量或生产率这样的非财务指标是如何影响获利水平的（R. D. Buzzell，1987）。因而非财务指标主要被用作业绩的相关指标，以期提高工人的工作质量和生产率，从而产生更高的利润。从平衡计分卡的视角来看，关键是建立一个管理层的业绩衡量系统，使董事会能够找出影响其长期财务业绩的动因。尽管诸如平衡计分卡这样的战略性业绩衡量系统使我们具备了重要的洞察力，但像财务控制——运用财务指标进行的控制——因其概括性和与营利组织主要目标的直接联系，仍将是重要的管理工具。

（二）内部控制和内部报告

COSO1994 年发布的《内部控制——整合框架》和 2004 年发布的《企业风险管理——整合框架》都把"信息与沟通"作为框架的重要构成要素之一。信息与沟通是建立与实施内部控制的重要条件，无论是实现内部控制的目标，还是贯彻落实内部控制的其他要素，没有信息与沟通在其中穿针引线，都是难以完成的。沟通分为企业主体内部沟通和企业与外部的沟通，内部报告是企业内部信息传递①（内部沟通）的载体，财务报告是外部信息传递（外部沟通）的载体。内部信息传递作为信息与沟通的重要方式，在建立和实施内部控制中具有不可或缺的重要作用。如果没有科学、快速、上传下达的信息传递机制，内部控制就难以有效实施，内部控制的缺陷也得不到反映和揭示，内部控制重大风险也无法及时防范和管控。只有建立和不断完善内部信息传递，才能够实现促进内部控制有效实施（财政部会计司，2010）。

企业内部控制从控制主体角度可分为董事会控制、管理者控制、员工控制，从而形成三个层级的内部控制：一是以董事会为主体的战略控制；二是以管理者为主体的经营管理控制；三是以员工为主体的任务控制或作业控制。在内部沟通中，其中最为关键的沟通渠道位于高层管理当局和董事会之间，本书构建的管理层业绩评价内部报告就是运行于董事会和高级管理层之间的内部沟通机制，也就是位于以董事会为主体的战略控制层面。管理当局必须让董事会了解最新的业

---

① 《企业内部控制应用指引第 17 号——内部信息传递》定义的内部信息传递是指企业内部各管理层级之间通过内部报告形式传递生产经营管理信息的过程。

绩、风险和企业风险管理的运行情况，以及其他的相关事项或问题。沟通越好，董事会就能越有效地履行其监督职责——在关键问题上为管理当局充当一个能发表意见的董事会，监控它的活动，并提供建议、劝告和指导。同样董事会也应该沟通它对管理当局的信息需求，并提供反馈和指导（COSO，2004）。企业无论进行何种内部控制，都必须具备控制标准信息和控制报告信息，只有将实际报告与控制标准比较，才能发现偏差，从而采取措施纠正偏差。可见企业内部报告在内部控制实施中具有十分重要的地位与作用。

首先，从内部控制目标看，要提供企业决策与控制相关与可靠的会计信息，本身就包括财务报告信息和内部报告信息；另外，要实现企业战略目标、经营目标和作业目标，关键在于内部经营管理决策，内部报告信息的相关与可靠程度将决定着这些内部决策与控制目标的实现。

其次，从内部控制要素看，内部控制离不开内部报告。企业内部控制的要素，无论是五要素，即控制环境、风险评估、控制活动、信息与沟通、监控（COSO，1994），还是八要素，即内部环境、目标设定、事项识别、风险评估、风险应对、控制活动、信息与沟通、监控，属于"信息与沟通"范畴的内部报告信息都是必要和关键的要素。

最后，从内部控制的程序看，确定控制目标、制定控制标准、编制控制报告、评价控制业绩、进行管理层激励是企业内部控制系统的重要程序和步骤。从这个程序看，编制属于战略控制的管理层业绩评价内部报告是进行内部控制的中心任务。业绩评价内部报告，实际上是根据董事会预设的管理层业绩评价的目标和标准，对管理层的实际业绩情况进行报告，并在此基础上进行比较分析而形成的报告。内部报告是内部控制的有机组成部分，没有企业内部报告，就没有内部控制，也就没有内部控制的实施与效果。

三、信号传递和显示理论

（一）内部报告的信号传递和显示功能

信号传递模型考虑有私人信息的一方，通过合同的提供或签约阶段前的可观察行动，来传递部分信息给另一方的情况。阿克尔洛夫认为，解决信息不对称导致的逆向选择问题的一个最好办法是将信号传递给没有信息的买房，或由买方诱使卖方尽可能地披露其信息。在信息不对称的世界里，拥有更多信息的一方，为了得到更好的交易结果，会采取一些令人可信的方式将信息发布给缺乏信息的一方，这种方式称为"信号传递机制"。信号传递问题的经典例子是斯明斯（Spence，1973，1974）的教育信号模型。斯宾斯考虑在雇主只能向不同生产力的雇员提供反映期望生产力水平的竞争工资的情况下，高生产力者可以将教育水平作为信号向企业传递其生产力水平，因为只有他们才能以较低难度或成本接受更多的教育。

威廉·斯科特（William Scott，2003）认为即使没有外部会计监管规制的惩罚（Penalties）机制，市场的自由运转也能产生披露内部信息的动力（Incentives），信号发送（Signalling）便是类似的这种内部信息披露动力机制。例如，管理层通过内部报告向董事会主动披露业绩评价信息，这种内部报告为载体的信息传递机制向董事会显示了管理层"努力工作的信号"，也显示了管理层对自己努力工作、不偷懒的自信，管理层取得的业绩越大，通过内部报告向董事会发送信号的动力便越大。

传递信号的一种形式存在于自愿性披露方面（Harry I. Wolk，James L. Dodd and Michael G. Tearney，2004），管理层的自愿性披露起到了信号传递的作用，业绩评价内部报告是管理层向董事会传递其经营业绩和努力程度的重要方式。特鲁曼（Trueman，1986）提出了管理层信号传递假说，指出管理层有动机自愿发布盈余预测等业绩信息以反映它们的类别。公司的市值是投资者对公司管理层对公司所处经济环境未来变化的预期和反应能力的理解函数。投资者越早推测出管理层已经获得的信息，他们就越能很好地评估管理层预期未来变化的能力，公司的市值也就越高。就我们所掌握的资料来看，目前还没有反驳这一假说的研究证据。

（二）　董事会和管理层之间信息流传递阻塞

在委托—代理框架下，公司的组织架构是基于分权的科层制。董事会和管理层之间是授权关系，董事会的存在前提是监督管理层，选择那些最能胜任管理工作的管理层，以及在他们做不到的时候就解雇他们。换句话说，管理层是根据董事会的喜好来工作的。然而现实却恰恰相反，董事会沦为管理层操纵下的提名、薪酬以及信息工具。关于公司的经营信息，董事会了解的肯定没有管理层多。因此，他们需要管理层提供必要的、精确的以及及时的信息。但是，管理层出于自利的考虑，为了掩盖他们的道德风险和机会主义行为，往往会对董事会进行信息封锁，或对董事会进行选择性披露，没有充分、适当的信息支持，董事会无法对管理层进行有效的监督，导致了治理效率的低下，进而损害企业的价值创造能力。对于董事会和管理层之间的信息传递阻塞造成的监督困境，机构投资者委员会的执行董事萨拉·特斯里科（1993）在写给这个代表了6500亿美元投资资本的协会的一份简要报告里就深刻描述了一个董事会可能遇到的信息问题，他写道："如果董事要了解的所有信息实际上都掌握在管理层那里，董事又能做什么呢？大多数情况下，你什么也没做，因为你不能做，更因为在那样缺乏信息的情况下，谁也做不了。其实，我们根本没有必要去过分关注独立董事的界定、委员会的存在和构成以及董事选举的程序，如果董事会无法获取足够多的信息的话。这是因为即便是最辉煌和最理性的董事，他又能做什么呢，如果缺少必要的、精确的和及时的信息的话？"① 不幸的是，只要翻开讲述公司历史的书籍，到处都是知道得太少和太晚的董事会。因此，解决董事会和管理层之间的信息传递阻塞已经是迫在眉睫的课题，本书致力于构建的管理层业绩评价内部报告就是构筑于董事会和管理层之间的信息传递管道，力图解决二者之间的信息阻塞问题。

道德风险导致了董事会和管理层之间的信息传递阻塞，董事会需要的有价值的信息是不会被管理层传播开的。例如一位管理者知道他做了一个错误的决策，但却拒绝修正，因为他知道如果修正的话，大家都会知道这个决策是错误的。另一方面，虽然错误决策可能对公司有害，但却不损伤管理层的声望（或报酬），因为没有人知道，这是一个错误的决策。当管理层拥有有价值的有关公司情况的信息，而且他们不如实向董事会传递，二者之间就会信息封锁。我们并不倾向于认为管理层对于公司的业绩毫不关心，或者说管理者本质很坏。我们的意思是说，当董事会基于管理层实际业绩情况与标准相比较来评价或激励管理层时，董事会不能期望在要求管理层提供有关标准的适当水平时，做出不利于自身的行动。管理层的自身利益会引致他们策略地操纵他们的信息及意图。由于固有的不确定性及观察的高成本，董事会很少能够弄清楚，一个意外的结果究竟是由于先前的信息曲解，还是由于偶然发生的时好或时坏的结果。

以公司的业绩而不是以管理层个人的业绩作为薪酬的基础会缓解信息封锁问题。在这种方法下，管理层会分享信息并与董事会合作。但是当管理层的薪酬基于公司全面业绩而不是基于个人业绩时，管理层将不能从他们付出的个人努力、信息取得和决策制定中得到全部的利益。结果，他们会降低这些方面的投入，即

---

① "The Governance of Oozcskblnya," C Ⅱ Central, Newsletter for Members of the Council of Institutional Investors, 6, 7. Aug. 1993.

产生"搭便车"行为。一些公司以个人业绩为基础发放奖金，很明显，通过评价并奖励管理层个人行为所支付的激励利益超过了信息封锁的潜在成本与避免风险的潜在成本。因此，鉴于管理层的信息优势和在公司组织架构中的地位，其应对公司的业绩和核心竞争力的培育负有主要责任，董事会只是起到监督管理层这些受托责任履行的作用。董事会监督责任的履行需要管理层业绩信息支持，因此管理层业绩评价内部报告就显得正当其时。在管理层业绩和薪酬挂钩的机制下，管理层必然有内在动机向董事会显示努力程度——经营业绩，从而管理层自我披露业绩评价内部报告就具有了现实可能性。

第四章 基于核心竞争力的管理层业绩评价内部报告基本理论建构

一、基于核心竞争力的管理层业绩评价基本理论建构机理

（一）基于核心竞争力导向评价管理层业绩的理论分析

迈克尔·詹森和凯文·墨菲（Michael Jensen and Kevin Murphy, 1990）以股东至上理论为出发点，围绕股东财富最大化目标设计管理层业绩评价指标（包括直接反映股东财富变化的股价指标和间接促使股东财富变化的会计利润及销售收入增长等指标），最终得出的结论是不管董事会采用何种与股东财富变化相关的业绩指标，管理层的报酬都与企业业绩无关。他们怀疑董事会采取了与股东财富变化完全无关的其他指标，但是对于董事会为什么选择这些指标没有给出解释。那么我们不妨顺着这个思路进一步分析，企业可以被理解为一个（或一组）由各类资源所有者缔结的市场合约（科斯，1937；阿尔钦、德姆塞茨，1972；张五常，1983；巴泽尔，1989），周其仁（1996）进一步认为企业是一个物质资本和人力资本的特别市场合约，包括多个要素及其所有者，企业不可能只有一个所有权，而是两个或两个以上的所有权通过产权的交易来合作利用各自的资源，因此企业契约一定包括多个所有权，不可能单独属于缔约各方中的任何一方，股东只是企业这个特别市场契约的其中一个所有权的缔约方代表，参与企业运作的利益相关者至少可以分为三大集团，分别是：资本市场利益相关者（股东和公司的主要资本提供者），产品市场利益相关者（公司主要的顾客、供应商、所在社区、工会）和组织利益相关者（公司所有的员工，包括非管理层和管理阶层）

（P. Brandes R. Dharwadkar and G. V. Lemesis，2003）。那么能不能从这些成千上万的企业利益相关者利益推导出一个各方都满意的企业最大价值呢？答案是否定的。从利益相关者角度出发根本就无法推导出一个使各方都满意的企业最大价值目标。关于这一点，阿罗的"不可能性定理"早就已经告诉我们，在社会成员偏好不一致的情况下，不存在满足各方利益诉求的社会福利函数①。管理层、股东、顾客、债权人、雇员和供应商等这些利益相关者之间存在导致无效率和价值损失的内在利益冲突（Michael C. Jensen，2000），每一利益相关者集团都希望有利于自己目标的领导方式能够被战略决策者所采纳实施（P. Brandes，R. Dharwadkar and G. V. Lemesis，2003），然而不同利益集团的目标通常各不相同，根本就不存在一个各相关方都满意的所谓的最大化企业价值，管理层通常都是对某一相关方做出妥协，在美国一般是偏向股东利益一方，在德国和瑞典这样的社会民主国家雇员的力量和声音通常强于股东，因此管理层一般会偏向雇员利益多些。因此，以基于利益相关者的企业价值最大化目标考核管理层业绩是不现实的。那么，以美国式的股东利益最大化目标考核管理层业绩是否适当呢？答案同样是否定的。金融危机中华尔街高管一边坐着专机去国会申请财政救援，一边拿着天价薪酬的畸形场面把美国管理层的股东利益最大化导向的业绩评价机制的弊端彰显无遗。

严格地讲，企业作为一系列契约的组合，其本身是没有"所有者"的，"为股东服务"不可能尽善尽美，但至少是一个可操作的概念。要求管理层"为所有利益相关者服务"也可能导致管理层不为任何人服务，到头来，吃亏的还是工人阶级（张维迎，2003）。也就是说，企业既不属于股东，也不属于其他利益相关者，而是一个"无主"的独立法人实体和市场竞争主体。管理层为了实现企业的目标而努力工作，对管理层的业绩进行评价也是为了防止管理层偷懒，促进企业目标的实现，那么首先要必须明确的一个问题是企业的目标是什么？企业管理层应当服务于谁的利益？也就是明确管理层为谁努力工作的问题，它解决的是我们以什么样的视角去评价管理层业绩的问题。管理层努力工作必须无条件地针对本企业和企业的市场竞争力，不允许面向某些利益群体，既不考虑股东也不考

---

① 更具体地说，阿罗认为，任何一个合理的社会福利函数起码必须满足如下要求：第一，其定义域不受限制，即它适用于所有可能的个人偏好类型；第二，非独裁，即社会偏好不以一个人或少数人的偏好来决定；第三，帕累托原则，即如果所有个人都偏好 a 甚于 b，则社会偏好 a 甚于 b；第四，无关变化的独立性。这一要求可简单理解为：只要所有个人对 a 与 b 的偏好不变（不管对例如 a 与 c 的偏好如何变化），则社会对 a 与 b 的偏好不变。阿罗证明了：满足上述四个条件且具有传递性偏好次序的社会福利函数不存在。

虑其他利益相关者。面向了某些利益群体，将全面导致高层管理者的错误决策，由此导致企业的倒退（Fredmund Malik，2009）。最成功的经济都是通过弱肉强食的激烈竞争来保证市场的高效率的（Porter，1990），在市场上各种企业都在为顾客、经理、劳动力、资本和其他原料的供应而竞争，只有那些以最低价格为顾客提供满意商品的组织才能存活下来（Michael C. Jensen，2000）。因此企业必须以在各自领域中获得和保持核心竞争力为目标，为此必须创造顾客满意度，只有当一个企业出售给顾客的东西，比其他企业更好时，才可以说这个企业是有竞争力的，管理层服务的是顾客价值，而不是股东价值，例如，强生公司将核心竞争力放在顾客价值上面，认为企业要为"医生、护士、病人、父母及所有使用我们产品和服务的人"负责（R. M. Fulmer，2001）。

无论是股东利益最大化的管理层业绩评价标准，还是基于利益相关者的企业价值最大化的管理层业绩评价标准，都有一个基本前提，那就是企业的存在和发展，企业不存在了，一切都无从谈起，而企业要想在激烈的市场竞争中取胜，必须具备核心竞争力，因此，对管理层业绩评价的适宜标准应该是基于企业核心竞争力的保持和提高，而不是股东价值最大化或企业价值最大化的标准。

1. 对基于股东至上的股东价值最大化标准的批判

管理层业绩评价不能以股东价值最大化为标准，股东价值最大化是股东的目标，不是企业的目标，长久以来无论是学术界还是实务界都把股东的目标混淆为企业的目标，在股权极度分散化的情况下，股东比管理层还急功近利，随着证券所有权的分散，管理和承担风险自然会成为相分离的功能，从有价证券角度来看市场在承担风险中的作用，我们就有可能得知风险承担者（分散的股东）最可能将其财产分散于许多企业，所以他们对直接控制任何个别企业的管理都不感兴趣，当公司业绩不佳，股价下跌，这些风险承担者（分散的投资者）最可能的选择就是"用脚投票"曼勒（Manne，1965，1967）。在所有权分散化的情境下，多元化投资分散的股东只能与企业共富贵，不能与企业共患难，股市上稍微有个风吹草动，他们就溜之大吉，而管理层由于人力资本"专用性"的锁定和职业经理人市场声誉的激励，不可能像股东那样把手上的股票卖了脱身，他们只能坚守企业，与困境作斗争，把更多的注意力集中到整个公司的业绩和创造经营绩效的核心竞争力的培育上，力争摆脱困境，使企业重上坦途持续经营下去。

被投资者们当作神明顶礼膜拜的投资圣手沃伦·巴菲特，就公开宣布坚决反对股东价值，反对今天这种完全以财务数字为主导的管理模式。股东价值最大化是股东的目标，不是公司的目标，而且二者经常是冲突的。股东希望他们的投资回报能达到最大化，这样他们的财富也会也来越多。然而股东价值最大化有时是以牺牲公司的长远利益为代价的。例如，公司可以通过减少研发投入来增加收入，使股东短期回报增加。但是这一财富的短期增长可能会伤害公司未来的竞争力，而如果公司无法维持对未来的投资，那些拥有多元化证券组合的精明投资者就会将公司股票抛出（Michael A. Hitt and R. Duane Ireland，2005）。

欧洲最有影响的管理大师弗雷德蒙德·马利克（Fredmund Malik，2010）对企业的股东价值最大化目标提出了严厉批判。他认为股东价值和价值提升是造成经济畸形发展和资源配置不当的最大原因，也是导致对创新和投资的敌对态度以及企业管理出现系统性错误的罪魁祸首，依靠股东价值这种简单工具是无法驾驭复杂经济体系的。股东价值理论是错误的、充满了误导性，并且更重要的是，它同时也十分危险，对这一理论的推崇和遵循将会给经济和社会发展带来极为严重的后果。弗雷德蒙德·马利克（2010）认为股东价值不应当作为企业经营和管理活动可持续发展的评价标准。股东价值非但不像人们预期的那样，反而与预期背道而驰：资本被挥霍殆尽，创新和投资遭到仇视，短期行为泛滥，资源配置不当，最终既不会有益于股东（特别是养老基金），也无法对管理产生积极效果，更不必说促进企业的正常运转了。股东价值导向只能带来纯粹的金钱导向和驱动，更糟糕的是，它还会造成严重的社会分歧，引发可怕的社会斗争，从而使国家权力层威信扫地。

如果以股东价值最大化作为管理层业绩评价的标准，那么管理层在急功近利的股东的压力下，被迫动用一切资源竭尽可能地让企业在实际收益率不高的时候看起来仍然有钱可赚，利用内部人信息优势采用操纵利润和美化资产负债表等手段蒙蔽和欺瞒公众，误导股市。

此外，"股东价值最大化"命题的本身也是一个谬误，所有者们并不是用同一声音说话。经济学理论假设股东们的偏好是一致的，但是在现实中，股东们有着不同的偏好（Mason A. Carpenter and Wm Gerard Sanders，2009），例如，养老基金关注的是企业的长期发展，而其他机构投资者往往关注的是企业股票的短期市场表现。因此，股东价值不存在一个符合所有股东利益（或偏好）的最大值。因此，股东价值对大化的目标是一个虚无的目标，用这样一个悖论目标来评价激励管理层，将导致三种结果：一是管理层和控股股东合谋损害小股东利益；二是管理层形成内部人控制，损害所有股东利益；三是管理层迫于接管压力，产生短期行为，操纵利润，维持股票市场的虚假繁荣。

2. 对基于利益相关者的企业价值最大化标准的批判

从21世纪初的安然、世通、安达信等财务丑闻，到2008年由华尔街引爆的席卷全球的金融危机，使人们看到了股东价值理论确实存在有待商榷的地方，这种理论促使管理层疯狂逐利，抛弃了企业伦理道德和社会责任，管理层被贪婪驱使，像失去控制的美国西部，为了逐利无所不用其极，最终戳破了格林斯潘所说的"非理性繁荣"的巨大泡沫，引发了灾难性的金融危机后果，使除了股东之外的其他利益相关者损失惨重。衡量管理层业绩的股东价值理论的公信力逐渐下降，维护利益相关者利益的呼声日渐高涨，于是基于利益相关者的企业价值最大化理论出现了，该理论要求管理层业绩评价不应当只建立在唯一的受益群体股东的利益至上，而是应当把更多的群体纳入考虑范围内，也就是说企业应当关心所有利益相关者的利益。然而，利益相关者理论和股东价值理论一样，也是值得商榷的，它给企业管理带来的危害和失误比股东价值还严重（Fredmund Malik，2010）。事实上，由于利益相关者之间利益的潜在冲突性和众多利益相关者集体行动的困难及无法解决的"搭便车"问题，第一，不存在一个基于利益相关者的企业最大化价值；第二，企业也无法实现利益相关者共治。利益相关者的多重价值最大化模糊了企业的经营目标，无法给企业管理层提供一个完全明确的目标函数，而没有这类目标函数，势必导致管理上的混乱、冲突、无效率甚至完全失败（Jensen，2002）。让管理层对所有的利益相关者都负责任，相当于让他们对谁都不负责任（Bishop，1994）。只有对于那些想要收购和出售整个企业的人来说，企业价值才有意义。而企业自身的经营活动根本不会出现企业价值问题，如何提高经营绩效和核心竞争力才是企业每天真正关心的问题。企业价值及其相关理论并不是针对企业的经营和管理提出的，它针对的是对企业的买卖，确切地说它的产生与 20 世纪 80 年代后期的兼并和收购浪潮有着内在联系。

从所谓的维护所有利益相关者利益的企业价值最大化角度评价管理层业绩，不但起不到激励和监督管理层的初衷，反而为管理层的偷懒和机会主义行为创造了推脱责任的借口。出现错误的时候，管理层可以搪塞说是为了保证权力或者为了照顾利益。先是员工和工会的利益得到满足了，接下来是供应商、顾客、学术界、政府等，失败的管理层总能找到一大堆牵强附会的理由。把利益相关者置于中心的管理理论，无论它是如何让定义的，都会使企业不可避免地沦为在力量此消彼长的各个利益相关群体中间踢来踢去的皮球，管理层绩效将无标准可言，其后果将是毁灭性的，无数历史案例已经证明了这一点。因为以照顾一个庞大的利益相关群体利益为借口，英国工业界曾经在很长一段时间遭受工会奴役；意大利企业界曾经深陷在政府腐败沼泽中长达数十年；20 世纪七八十年代奥地利所有被收归国有的企业遭了惨败。每一个失败的背后都有一个维护广大利益相关者群体的所谓正当理由做后盾（Fredmund Malik，2010）。

3. 面向顾客价值的核心竞争力标准的选择

企业管理层应当服务于谁的利益？从前文的论述中可以看出，21世纪初至今的一系列财务丑闻和金融危机证明，为股东利益服务是不可持续的；为相关者利益服务同样会陷入困境，股东利益和相关者利益都不能代表公司利益，股东利益和相关者利益依附于公司利益，皮之不存，毛将焉附，公司利益受损，甚至公司生存和发展成了问题，股东利益和相关者利益自然受损。因此，管理层应当服务于公司的利益。管理好企业的方法只有一个，那就是企业自身要处于中心地位，只有以企业为中心，管理才能自动以绩效和竞争力为导向。这样一来，我们就有足够明确的标准指导和评估管理层的工作成果了。好的、值得信赖的企业管理逻辑思路只有一条，那就是提供比现有的所有竞争对手更能令顾客满意的产品和服务。顾客利益和自身竞争力是企业管理中不可动摇、不可轻视的两大基准（Fredmund Malik，2010）。德鲁克于1954年出版的《管理的实践》已经明确定义了企业的宗旨——创造顾客满意度。美国营销学专家詹姆斯·穆尔说："现代企业的命运在客户手中，顾客是企业利润的最终决定者。"这句话道破了现代企业与客户之间的一个最本质的关系。企业的目标是为创造顾客价值，而不是股东价值，也不是为主管和经理们创造利润。顾客对公司品牌地位的认知，对公司和其产品的满意度，顾客的忠诚度，对市场份额、价格和影响公司成长和收入的因素都很关键。建立和测量这些因素是公司内部报告体系不可或缺的一部分（Hans V. A. Johnsson and Per Erik Kihlstedt，2005）。市场上的顾客资源是有限的，而为顾客创造价值的竞争企业却很多，只有那些以最低价格为顾客提供满意商品的组织才能存活下来（Michael C. Jensen，2000），企业能够在为顾客创造价值的激烈市场竞争中取胜的必由之路就是打造自己与众不同的内生的核心竞争力，这是企业持久竞争优势的源泉（C. K. Prahalad G. Hamel，1990）。

因此，管理层业绩评价的标准只有一个，那就是创造以顾客价值为导向的核心竞争力。关于这一点，股东价值理论的创造者阿尔弗雷德·拉巴伯特也不得不承认，顾客价值先于股东价值，他说过："即使是股东价值最坚定的支持者也明白，没有顾客价值就没有股东价值。因此，企业长远意义上的现金流就来源于对企业的产品和服务感到满意的顾客群。"① 公司利益的源泉是为顾客创造价值，而要想持续为顾客创造价值，在遵循丛林法则的市场竞争中取胜，保证企业可持续发展，基业长青，企业必须具备核心竞争力，从客户角度出发，核心竞争力是

---

① ［奥］弗雷德蒙德·马利克著：《管理技艺之精髓》，机械工业出版社2010年版，第125页。

有价值并不可替代的；从竞争者的角度出发，核心竞争力是独特并不可模仿的（C. H. St. John and J. S. Harrison，1999）。核心竞争力的上述特征如图4-1所示。

有价值的能力	● 帮助企业减少威胁及利用机会
稀有的能力	● 不被他人拥有
难于模仿的能力	● 历史的：独特而有价值的组织文化和品牌
	● 模糊性因素：竞争能力的原因和应用不清楚
	● 社会复杂性：经理之间、供应商及客户间的人际关系、信任和友谊不可替代的能力
	● 不具有战略对等的资源

图4-1 核心竞争力特征

如前所述，公司利益优先于股东利益，那么利益相关者利益同样依赖于公司利益。虽然对企业有利并不意味着对所有利益相关者都同样有益，但是正当权益已经由此得到最大限度地满足。而如果企业管理不善，那么最终任何权益都得不到满足（Fredmund Malik，2010）。因此，本书主张判断管理层业绩的标准就是是否有利于塑造面向顾客价值的公司核心竞争力，这个评价标准里暗含了两个保证公司利益实现的核心要素：顾客和竞争对手。顾客必须要认真对待，企业目标能否实现就取决于此；竞争对手也要详细了解，知己知彼才有超越的可能。因此对管理层的业绩评价，必须立足于顾客和竞争对手这两大最关键的基准点，顾客利益和自身竞争力是企业管理中不可动摇、不可轻视的两大基准。管理层兼顾这两大基准的唯一路径选择就是培育企业的核心竞争力，有了核心竞争力，就能在竞争中立于不败之地（这是生存问题），就能持续不断地为顾客创造价值（这是发展问题），公司就是从满足顾客的需求中获得利润，核心竞争力是企业持久竞争优势的源泉（C. K. Prahalad G. Hamel，1990）。

从世界范围来看，大部分企业都是从维护股东财富最大化角度来对管理层业绩评价情况进行披露（比如说EVA），基于维护利益相关者视角构建管理层业绩评价内部报告体系还不常见（平衡计分卡虽然考虑了股东、顾客等利益相关者的诉求，但它的四个层面评价指标要求显然不够全面）。扎比乌拉·瑞扎伊（Zabihollah Rezaee，2009）提出了多重业绩报告的设想，他认为许多美国公司董事会因为仅仅关注财务事项和信息而忽略业务的其他方面而受到批评。2005年对1103名董事的调查显示，大部分（89%）董事报告他们收到财务和业务的数据；只有47%的董事收到关于顾客满意度的信息，因此，他建议董事会应该考虑公司在所有方面的业绩，包括经济、企业道德、企业文化、公司治理、社会和环保责任等。显然这种多重业绩报告涵盖的利益相关者的范围要比平衡计分卡的四个层面要全面、允当①。

为了获得一种可长期维持的竞争优势，企业应当开发出多少种核心竞争力呢？这个问题答案并不统一。麦肯锡公司建议自己的企业客户只需要确立最多三到四种的核心竞争力，然后根据这些核心竞争力决定自己的战略行动。如果一家企业要确立并培养超过四种的核心竞争力，它就要分散自己的精力，从而很难对核心竞争力在市场上所能发挥的作用进行充分的利用（Hitt，Ireland and Hoskisson，2009）。

（二）管理层业绩评价信息以内部报告机制披露的理论分析

1. 政治维度理论分析

看到本书选题的人也许会质疑，管理层激励信息为什么不以现成的财务报告机制对外披露，而是要重构一个内部报告机制披露呢？从政治维度来考虑，管理层激励性薪酬和业绩信息不适宜以财务报告的方式对外广而告之，无论是政府当局，还是股东都希望对管理层激励信息保持适当的模糊性，在一定范围内筛选性披露，而不是"一刀切"地增加透明度，因此，选择以内部报告的方式对董事会定向披露，并选择性对外披露，就成为最优的管理层激励信息披露机制选择。

（1）管理层激励契约具有政治属性的理论分析。以往的文献，在探讨管理层薪酬和业绩信息披露时，基本是以经济维度为出发点，倡导最大限度地增加管理层薪酬和业绩信息的透明度，以此监督管理层的薪酬和业绩挂钩，防止管理层的偷懒和机会主义行为，保证管理层和股东的目标函数最大程度吻合。但是这种从经济维度出发考虑问题的视角，忽略了现代公众公司的两个政治基础：一是在重要的经济活动出现之前（比如说大面积裁减雇员），必须把社会和经济的冲突减少到最低程度，而现代企业采取的将现代社会的这些冲突减少到最低程度的方式能够影响，并且实际上正在影响着现代公司的结构。所有的社会都已经在股东和公司管理层之间楔入了裂口，只不过在处理程度上还存在很大区别，而这些区别往往决定着公司治理制度。二是在现代一般的政治环境下，强大的社会民主迫使公司不断地迎合雇员，而胜过迎合股东资本。社会民主与当今维系公众企业管

①　并不是业绩评价指标涵盖的利益相关者越多越好，但是至少决定企业核心竞争力和可持续发展的社会责任和企业文化指标应该包括在业绩评价内部报告中。

理层与分散化的股东的种种纽带相冲突，动摇了管理层以股东财富最大化为追求目标的治理标准。因此，管理层激励契约不可避免地具有了政治属性。一些强大的政治因素，在私人部门（董事会会议和公司内部程序）和公共部门中，影响着管理层报酬。同时，根据法律规定，管理层报酬方案的所有细节都是公开信息，受到公众的检查和批判。而且，美国证券交易委员会规定必须公开披露管理层报酬，在此因素推动下，雇员、工会、消费者团体、国会和新闻媒体等都在政治环境中展示着力量，限制管理层和董事会之间所能订立的契约类型，迈克尔·詹森和凯文·墨菲（Michael Jensen and Kevin Murphy，1990）认为影响管理层报酬的政治因素是隐性的而不是显性的，因而很难分析这些约束因素，并称之为"隐性规制假说"。

（2）管理层激励信息以内部报告机制披露是政治性制度安排。管理层激励性薪酬信息对于社会民主政府、股东和管理层都成了讳莫如深的问题，在主观上三者都不愿意将管理层激励性信息以透明度极高的财务报告对社会公众披露，而只希望将这些信息以内部报告的形式对董事会披露以达到监督管理层偷懒行为进而提高效率的激励目标。对于社会民主政府而言，在社会民主主义社会里，高额的薪酬公开化可能会激化管理者和雇员之间的紧张关系，即使在仅仅受到微弱民主压力的美国公司，这种紧张关系也会出现。同时，对公司管理层的巨大的财务激励使人们产生不平等和憎恶的感觉，从而伤害业务创新（Vijay Sathe，2002）。因此，无论是对民主社会的政治家，还是企业所有者，都不愿意让管理层激励性薪酬信息以财务报告的形式向社会公众公布，而倾向于以内部报告的形式定向披露。社会民主主义的政治家对促进实现股东财富最大化的透明性财务没有多大的兴趣，他们并不想财务变得充分透明，以至外部分散的股东都能很好地了解公司状况，转而对公司管理层施加更大的压力，迫使管理层提高绩效，这种压力会进一步传递给雇员，引起雇员的紧张情绪。而劳工的力量可以影响政治家的投票，在发生劳资冲突时，政治家会对雇员给予更多的同情，而不是倾向于股东利益。同时，作为企业所有者的股东也不希望管理层的薪酬信息过于透明，有关"老板赚多少钱"的公开信息，影响着企业与其他雇员的薪酬契约，为工会在劳资谈判中提高价码提供了情感上的理由，而雇员的加薪要求无疑会增加企业的人工成本。同时，他们也担心披露更多的私人利润的信息可能造成社会关系的更加紧张化，并使得企业的所有者和管理层在工人眼中的权威丧失殆尽，管理层"天价薪酬"所招致的媒体批判和讽刺以及潜在的立法威胁，削弱了管理层和董事会在管理企业事务上的有效性（Michael C. Jensen and Kevin J. Murphy，1990）。因此必然会增加公众企业股东进行控制的代理成本，美国也有一些评论家认为，通过降低高管薪酬，员工的士气将会有所提升，生产率也会随之提高，因为员工们会觉得自己受到了公正的待遇。而目前高管与绩效脱钩的天价薪酬，显然不适宜向雇员和公众股东透明披露，法国一流的研究小组维纳特公司治理委员会就不赞成对外披露 CEO 的薪酬计划（Mark J. Roe，2007）。

　　即使管理层取得了和企业业绩挂钩的薪酬，对于一个大型公众公司，由于规模效应的存在，管理层的薪酬的增长即使是他为公司创造价值增长的1%，也足以引起媒体的注意，管理层"天价"薪酬或将导致舆论哗然，按照美国心理学家亚当斯的公平理论，社会公众和企业雇员主观感受上会产生严重的"不公平感"，由此导致的嫉妒会削弱雇员的动力，削弱甚至摧毁股东财富最大化的准则，严重的话会引起股东、管理层和员工的社会冲突，从而寻求政治解决（对于任何一个国家而言，它必须通过某种方式把社会冲突控制在一个可控的范围之内）。政治介入解决由于管理层薪酬业绩信息过度披露导致的后果，这就将国家的宏观政治与公司的微观结构连接起来，因此，管理层激励信息的披露就不仅是一个经济问题，而且也是一个政治问题。法国规模最大的40家公司（CAC40），不论是国企还是私企，都把高管薪酬看作政治问题。首先，公众对公司治理和高管薪酬的理解仍然受到法国社会主义—国企管理方式的影响。其次，法国是世界上社会保障费和公民所得税最高的国家之一。高管们最经常获得的股票期权可免除缴纳社会保障费用，且税率偏低，这给这个颇具争议性的话题增添了些许政治意味（Ira T. Kay，2010）。从经济维度来看，管理层激励信息应该保持尽可能大的透明度，这样有利于股东监督管理层的偷懒和机会主义行为，促使管理层可以像所有者那样思考问题，提高整体资源的效率，促进企业价值的最大化；从政治维度来看，管理层激励信息应该对外保持适当的模糊性，管理层全面的薪酬业绩信息可以内部报告的形式向董事会定向披露，以此实现董事会对管理层的监督和制衡，保证效率性；在内部报告对管理层薪酬业绩信息进行全面披露的基础上，董事会进行二次信息筛选，考虑员工情绪和公众反应，选择性对外披露管理层薪酬业绩信息，也就是选择性内部报告外部化的问题，保证亚当斯所说的主观公平性。

　　为了保证管理层对股东的忠诚度，让薪酬和业绩两者之间保持更强的一致性，社会民主主义社会里的公司股东也会对管理层运用股票期权等激励性薪酬制度，但是在对管理层激励性薪酬信息对外进行披露时，股东会非常慎重。在社会民主主义社会里，劳资关系本来就很紧张，员工的要求又很多，一个有关公司高额管理层薪酬的公共信息可能会引发员工的强烈反应，否定企业所有者和管理层的合法性。因此，这会导致更高的代理成本，与股东的初衷相违背。基于此，股东对管理层激励性薪酬信息披露的策略是内向董事会以内部报告的形式透明披露

（同时对员工保密），外向社会公众以财务报告的形式模糊披露。一般是由一个控股股东提供信息，并监督什么样的信息不应该对公众市场披露。这样的披露机制安排，可以兼顾管理层的效率和包括雇员在内的社会公众的主观公平感，对于股东来说，对管理层的激励性薪酬安排就能取得更好的效果。

综上所述，对管理层激励性薪酬和业绩的披露不仅是一个经济问题，也是一个政治问题。特别是政治因素在管理层薪酬契约的订立过程中，发挥了潜在作用。政治因素通过限制管理层与股东之间能够订立的契约类型，潜在地限制着管理层薪酬。这些政治因素既在政治层面起作用也在组织内部起作用，它们看起来相当重要，却很难对其进行分析，因为它们以不正式的和间接的方式起作用。公众对 CEO 代表的管理层的高收入并不认同，这可能也限制了 CEO 等管理层收入的上升（Michael C. Jensen and Kevin J. Murphy，1990）。金融危机期间，美国总统奥巴马对华尔街高管下达的"限薪令"，以及我国国资委随后下发的旨在对国有企业高管薪酬上要封顶，下要和职工平均工资挂钩的文件，都是政治干预管理层薪酬的表现，充分显示了管理层薪酬问题的政治维度色彩。从政治维度来看，管理层激励信息应以内部报告机制披露，不适宜以财务报告对社会公众透明性披露。关于这种内部报告披露机制安排，无论是欧洲大陆国家，还是我国，都有相同的认知。《中央企业负责人薪酬管理暂行办法》第二十三条指出企业负责人薪酬方案及实施结果应由企业在"适当范围内"予以公布，接受民主监督。由此亦可看出，管理层薪酬信息不适宜以财务报告对外广而告之，而建立相应的内部报告机制对董事会定向披露，并选择性对外模糊披露就是适宜的制度安排。唯有这种披露机制安排，才能兼顾股东期待的内部"效率性"和政治期待的外部"公平性"。

2. 管理层业绩评价信息以内部报告机制披露的经济维度理论分析

（1）现行财务报告披露体系受基于财务会计理论框架的制约，只能披露"硬信息"①，难以披露作为企业核心竞争力来源的社会责任（包括社会和环境信息）、企业文化、企业声誉等"软信息"，因此基于核心竞争力的管理层业绩评价"软信息"② 只能以基于管理会计的内部报告披露。基于财务会计理论框架的财务报告经常受到批判，原因是其忽视了很多报告主体引起的社会和环境外部

---

① "硬信息"以客观的可验证的历史数据为标志，符合货币计量和会计主体等假设。

② "软信息"指那些无形的、难以计量的非财务信息，在 21 世纪"软信息"往往是企业核心竞争力的主要来源，包括企业文化、社会责任和企业声誉等。这些"软信息"是本书基于核心竞争力的管理层业绩内部报告的主要披露内容。

性。因此，财务报告是否适于帮助组织对社会和环境信息进行披露受到了质疑。格雷（Gray，2005）针对财务报告和可持续性的关系提出了更深刻的批评。他认为："以财务报告所衡量的指标（诸如增长销售、利润和成长性等）最大化为目的的经济组织体系对地球的可持续性最具有破坏性。我们的地球希望获得可持续发展这个理由比其他任何理由都更能反驳财务报告和它的修饰性调整。"克雷格·迪根（Craig Deegan，2010）认为传统基于财务会计的财务报告可能不能有效反映组织对社会和环境的影响，原因包括以下几个方面。

①正如《IASB财务报告编制与列报框架》等概念框架中强调的，财务会计关注的是参与资源配置决策的各方的信息需求。也就是说，这种关注使组织的利益相关者仅限于那些在组织中有财务利益的，随之提供的信息则主要是财务和经济方面的信息。这意味着那些受到非财务方式影响的人无法获得信息。因此，企业文化、社会责任、企业声誉等非财务信息只能以一直被忽略的基于管理会计的内部报告披露。财务报告与内部报告共同构成会计报告披露体系。

②财务会计的一个重要原则是"重要性"。由于量化社会和环境成本及企业文化带来的收益存在困难，这就将社会和环境及企业文化等信息的报告排除在财务报告之外。"重要性"涉及大量的职业判断。澳大利亚AASB1031"重要性"中的第9段写道，如果一个信息被漏报、错报或不进行披露，就会对以下方面产生潜在、独立或共用的影响，那么这一信息就是重要的：（a）影响使用者根据财务报告做出经济决策；（b）影响主体的管理层或治理层责任的履行。因为对重要性的确定在很大程度上取决于个人的职业判断，世界上很多的职业会计机构提供了一些针对重要性的指导方针。例如，在澳大利亚的AASB1031中提供的指南指出，如果金额超过总权益或各类资产或负债适当加总后的10%，或者超过经营利润或损失的10%，那么这一项目是重要的。如果某一项目被认为不具有重要性，就不必在财务报告中披露。因而，这通常意味着如果某些项目不能被量化（如许多社会和环境外部性、企业文化和声誉等），通常这些项目就被认为不重要，因此也不对其单独披露。这就表明重要性对于社会和环境绩效数据的披露来说不是一个相关的标准。社会和环境绩效与财务绩效有很大的区别。然而鉴于很多会计人员的专业背景，他们会采用重要性标准来决定信息是否应该被披露。在对英国公司的回顾中，格雷（Gray et al.，1998）指出公司普遍很少提供或不提供环境支出的信息，因为支出被认为是不重要的。

③财务会计采用的是"主体假设"，这要求组织被当作与其所有者、其他组织以及利益相关者区分开的主体。如果一项交易或事项不能直接影响主体，出于会计核算的目的，就会忽略这项交易或事项。这意味着报告主体通常会忽略外部

性，因此从更广泛的社会角度来看，绩效的衡量方式是不完整的。例如人们普遍认同香烟导致了很多健康问题，然而像个人和政府为治疗吸烟引起的相关疾病而支付的医疗费用等外部性在计算利润数据时被会计主体忽略。遵循主体原则，香烟厂商不会确认这些成本。可以说，如果要核算可持续性，需要对主体假设进行修正或是不采用它，这样组织外部的其他相关方由于消耗主体产品所付出的成本将在计算利润时被加以考虑。

④在财务报告中，费用的定义不包括主体对那些不受主体控制的资源（如环境）产生影响的确认，除非是罚金或是现金流动的结果。例如，在国际会计准则理事会的概念框架中，财务报告中的费用被定义为："在会计期间，经济利益减少的形式是资产的流出或折耗，或是产生了使权益减少的负债，不包括那些向股东进行的分配。"因此要理解费用首先要理解资产的含义。资产被定义为"由过去的事项形成的，被企业'控制'的，预期在未来会使经济利润流入企业的资源"。因此对资产的认识取决于控制，并且像空气和水这样的环境资源因被共享而不能被企业控制，不能被确认为组织的资产。因此它们的使用或滥用都不能看成是一项费用。这是财务会计一个重要的局限性，也是必须强调的。就像迪根（1996）提到和使用的一个非常极端的例子，在传统财务会计下，如果主体破坏了周围环境的水的质量，并因此导致附近所有海洋生物和海岸植物死亡，那么在没有受到罚款或是引发其他相关现金流量的范围内，报告中的利润将不受到直接影响。不确认外部性，组织报告的资产/利润就不会受到影响。这类组织采用常规的财务报告实务，依据进行的财务交易，描述出的绩效会非常成功。在这方面格雷和贝宾顿（Gray and Bebbington，1992）提供了以下关于传统财务会计的意见："计量体系存在严重的问题，这个体系本应使事物可见并指导公司和国家决策，但它现在可能正处于亵渎和破坏之间。"

⑤财务报告根据会计准则计算出的"利润"是对某一利益相关者——股东——未来可能获得的收益（股利）的衡量。在称赞盈利水平高的企业时，或许我们是把投资者（所有者）的利益置于其他利益相关者的利益之上了。一些被称为"批判理论家"的会计学者会认为：我们整个的会计系统都是为了维护强势群体（通常以拥有的财富衡量）的利益，而削弱其他相对弱势群体的利益（例如公司的员工）。例如一些组织通过裁员来大刀阔斧地削减成本，高额的利润是以牺牲员工满意度为代价的。正如传统的财务会计系统忽视了社会成本，忽视了由裁员导致的员工待业的社会成本。裁员可以增加企业的利润，但是由此引发的困难以及政府为确保社会稳定的开支却无法在企业的财务报告中反映出来。

⑥财务报告存在"计量"困境。为了编制财务报告而记录某个项目，该项目的计量必须有一定的准确性。正如《IASB财务报告编制和列报框架》第83段中所写：应该确认满足要素定义的项目，条件是：（a）与该项目有关的未来经济利益很可能流入或流出企业；（b）该项目的成本或价值可以可靠地计量。衡量由一个企业带来的外部性的价值，通常取决于各种估计以及猜测的估计，因此由于可能发生计量错误，通常预先将这些外部性排除在财务账目之外。

综上所述，财务报告的这些局限性说明其不具备一个合理的机制，不能捕捉并报告组织对社会和环境的影响，也不能揭示作为核心竞争力来源的企业文化和声誉对企业可持续发展的影响。因此，作为一个提供社会责任、企业文化和声誉信息及满足利益相关者需求及预期的机制，仅仅有财务会计的计量和财务报告是不够的。因此也要借用其他的机制来对这些利益相关者提供合适的社会和环境及文化解释。在讨论"如何"报告企业核心竞争力来源的社会责任、企业文化和企业声誉等信息时，我们有理由考虑构建基于管理会计的内部报告体系，通过内部报告机制披露财务报告难以或不能披露的非财务信息等重要内容。管理会计从产生时起的功能就是业绩评价和监督代理人受托责任的履行，因此本书构建的管理层业绩评价内部报告机制是对管理会计原始功能的进一步拓展和对会计报告体系的丰富和完善。

（2）从提高和保持企业内部经济效率的角度来看，管理层业绩评价和激励信息不适宜以外部报告（财务报告）的形式对社会公众透明披露，而以内部报告的形式内向董事会披露无疑是最好的选择。关于这一点，迈克尔·詹森和凯文·墨菲（1990）有过委婉的阐述，他们认为管理层业绩和薪酬信息的公开披露会对管理层报酬产生负面的影响，"给高级管理层人员带来了富人的难堪"。① 因为即使管理层取得了和企业业绩挂钩的薪酬，对于一个大型公众公司，由于规模效应的存在，管理层的薪酬的增长即使是他为公司创造价值增长的1%，也足以引起媒体的注意，管理层"天价"薪酬或将导致舆论哗然，激起公众情绪，让立法者瞪大眼睛，商业媒体、工会、政治人物等有影响力社会团体会对管理层看似"过高"的薪酬（尽管看似"过高"的薪酬是与企业绩效相联系的）进行批判和讽刺，如果CEO的报酬与类似企业相比显得"过高"，董事会成员甚至会遭遇诉讼，于是由外部董事组成并由股东选举产生却不是股东完美代理人的决定管理层报酬政策的董事会薪酬委员会成员迫于公众压力，不愿意用高额（因此也是高度瞩目的）报酬奖励管理层的优异业绩，面对管理层薪酬水平的各方责难，薪

---

① Wall Street Journal, March 21, 1986.

酬委员会的典型反应是或明或暗地对管理层的收入封顶（也就是说在业绩一定的高点，管理层报酬被人为硬性与业绩脱钩，业绩的高增长与报酬无关，很难相信这种业绩高增长会持续下去）。对业绩出众的管理层实行报酬封顶必然意味着对业绩不良者实行报酬保底。砍掉报酬分布的高低两端，必然会逐步削弱报酬对业绩的整体关系①。这将削弱企业管理层激励机制的有效性，管理层也会产生高业绩不会带来相应高报酬的预期，一个理性的管理层自然会选择偷懒和懈怠（尽管管理层有进取的愿望，也被这种"上封顶，下保底"的激励机制的扭曲抹杀了），从而造成了企业运行效率的人为制度性丧失，管理层报酬信息的公开披露所带来的成本甚至可能超过了其收益（Michael C. Jensen and Kevin J. Murphy1990），最终必将损害企业价值最大化的目标的实现。

（3）管理层业绩和激励信息以内部报告向董事会定向披露，有利于保护员工的士气，兼顾管理层的效率和员工的主观公平感，内部报告是管理层和员工激励世界里效率与公平这对矛盾统一体的和谐平衡机制。长期以来，无论是学术界，还是实务界关注的重点一直是以 CEO 为代表的管理层的效率问题，为了防止管理层偷懒和偏离股东的目标，设计出了被称为管理层"金手铐"的股票期权激励机制，这对管理层的效率确实有一定的促进作用，但是同时也带来了一个阻碍企业目标实现的弊端—管理层和普通员工的报酬差距日益扩大。据一份来自美国劳工联合会——产业联合会（AFL－CIO）的研究报告显示，1980～1995 年间：CEO 的收入增长了 499%；与此同时公司的利润增加了 145%，通货膨胀使得物价水平提高了 85%，而工人的工资仅仅增加了 70%。这样一来，普通工人和 CEO 之间平均报酬的差距显著扩大了。许多证据标明，首席执行官的巨额报酬影响了较低职位的管理人员和普通职员的士气。由于 CEO 一直沉醉于一种集万般宠爱于一身的生活，这些管理精英们开始与基层员工失去了联系，这使基层员工对高级管理层的信任出现了崩溃。CEO 可能无法获取那些认为他与自己失去了联系的员工的支持，这些员工普遍怀有不信任高级管理层的目标的心境，一种怀疑它的能力的心境，以及一种不满它的自我庆贺式的薪酬的心境。② 调查表明，人们觉得相对于企业其他成员而言，首席执行官的报酬分配是不公平的。公平分配的概念源远流长。古希腊哲学家柏拉图认为，出于道德和伦理的原因，在任何组织里收入最高的人员其收入不能超过收入最低人员收入的 5 倍。使首席执行官取得巨额收入（相对于包括其他高级管理人员在内的企业其他成员而言）

---

① 基于此，我们也就不难理解迈克尔·詹森和凯文·墨菲（1990）得出的管理层报酬与业绩无关的结论了。

② "The Pharaonic CEO," Fortune, Dec. 4, 1989.

的方法被称作"胜者为王"或锦标赛法。这种体育竞赛式的高级管理人员报酬方法能否激励所有人都努力工作并向最高职务努力，到目前为止仍是个尚需考虑的问题。但有一点是不容置疑的，这种方法将疏远那些根本没有机会赢得最高职务的员工。不公平将使这些员工不再努力为企业作贡献。管理会计人员在设计补偿方案时，必须清楚企业文化或风气是否会影响激励的结果。因为相对报酬会影响企业文化风气，管理会计人员在设计业绩评价系统时应充分考虑相对报酬对激励的影响（Robert S. Kaplan and Anthony A. Atkinson，1998）。卡尔·马克思与亚当·斯密尽管在思想观点上没有多少的共通之处，但在一点上却有惊人的相似之处，他们都怀疑公司这种组织形式能否创造一种既能保证效率又能保证公平的结构。鉴于管理层效率和员工公平存在难以调节的矛盾，因此本书提出了管理层业绩评价内部报告机制，管理层的业绩和薪酬信息以内部报告只向董事会定向披露，便于董事会对管理层的监督和激励。考虑员工的主观公平感，两害相权取其轻，管理层业绩和薪酬信息只对员工选择性披露或者不披露。

（4）管理层业绩评价信息以内部报告向董事会定向披露是保护商业秘密，维护企业核心竞争力的需求。内部报告是企业内部信息传递的载体，内部信息传递中泄露商业秘密，可能削弱企业核心竞争力（企业内部控制研究组，2010）。信息披露与商业秘密保护是两个既对立又统一的概念，信息披露过多可能泄露企业的商业秘密，例如企业内部的产品销售定价方案、产品成本的构成、运营情况、技术水平、财务状况、正在秘密进行的某项投资方案以及有关重大事项等通常涉及商业秘密，为保持企业的竞争优势，内幕信息知情者（包括董事会、监事、高级管理人员及其他涉及信息披露有关部门的涉密人员）都负有保密义务。信息披露是把双刃剑，埃特里奇、权和斯密斯（Ettredge，Kwon and Smith，2002）担心披露有关经营分部的信息会提供给他们的竞争者重要的信息，管理层可能不愿意揭示有关生产线的信息，因为这可能会向竞争者提供重要的信息，导致企业的竞争优势被显现出来，从而影响它们有利的市场状况，因此可能会建立一种不公平的状态。巴菲特也赞同，有些事情不应该被披露，比如新产品及新战略。这些内部信息一旦泄露，极有可能导致企业的商业秘密被竞争对手获知，使企业处于被动境地，损伤企业的核心竞争力，甚至造成重大损失。对商业秘密的保护有利于维护公平竞争的市场秩序，激励科技创新，促进资本市场交易的活跃。上市公司有动机通过信息保密来保护自己的商业秘密（王雄元，2008）。阿利亚和米特多夫（Arya and Mittendorf，2005）的研究发现，上市公司披露私人信息会泄露部分信息给竞争对手，当上市公司预计恶意竞争会利用所披露的信息对付自己时，就不愿意披露私有信息而持有并保密私有信息。或者，如果竞争对手了解这些信息并据此调整自己的战略，将会消除上市公司的竞争优势地位，在缺乏独立的第三方信息使用者的情况下，这种压力将发挥重要影响并将直接导致上市公司持有信息。对公司商业秘密的保护有利于公司的长期生存和稳定发展，尤其是涉及企业核心竞争力的管理层业绩评价信息，被竞争对手知道，将削弱企业在竞争中的优势地位。因此，企业应建立内部报告安全保密机制。内部报告义务人及其他知情人员在信息披露前，应当将该信息的知情者数量控制在最小范围内，不得泄露公司的内幕信息，不得进行内幕交易，对于泄密者加大处罚力度，追究其相关责任。同时，对重要信息进行加密，提高信息传递的安全性。过于激进的信息披露很可能削弱了控制领域中信息的有用性。比如，银行公开披露它的监视器无法正常工作这一事实毫无疑问是相当愚蠢的。总而言之，我们认为，企业的信息披露实践以及对其模型化是相当复杂而微妙的（John A. Christensen and Joel S. Demski，2006）。信息的公开披露绝非越多越好，即使信息的生产和使用不存在任何成本。正如 OECD 在《公司治理原则》中所描述的，披露要求不应使企业承担不合理的行政或成本负担，也不应要求公司披露可能损害它们竞争地位的信息，除非这些披露在使投资决策获取充分信息和避免误导投资者方面是必要的。鉴于此，管理层业绩评价信息不适宜对外报告，以内部报告形式向董事会定向披露是保护企业商业秘密，维护企业核心竞争力的现实需求。

综上所述，管理层与业绩挂钩的"高薪酬"的公开披露，引来了社会公众的批判，董事会迫于公众压力，对管理层优异业绩不实行事先承诺与业绩挂钩的高额报酬奖励，而是或明或暗实行报酬封顶，这必然引来管理层的不满和偷懒，这种不自愿的偷懒必将导致经济效率的降低或丧失，业绩的增长不再持续，报酬的人为瓶颈限制导致了业绩的自然瓶颈反映，并最终侵害企业的价值。因此，管理层激励信息不适宜对外过度披露，过度对外披露会对效率造成损耗，适宜的选择应是以内部报告的形式内向董事会披露，这种内部报告透明度披露机制，既有利于董事会对管理层的监督和约束，保证效率，又可以使薪酬委员会照顾公众情绪，不必承受外部过多的非理性责难压力，可以实行极大促进效率的业绩与报酬紧密挂钩的"上不封顶，下不保底"的激励机制。管理层激励信息以内部报告机制披露是一个保护经济效率的多方"共赢"（董事会保证了企业运行效率、管理层拿到与高业绩挂钩的高报酬、社会公众避免了非理性的情绪化反应）选择，这也是本书选题的初衷。

二、基于核心竞争力的管理层业绩理论分析

（一）企业声誉形成企业核心竞争力的理论分析

企业声誉是一种稀有的、有价值的、可持续的、竞争对手难以模仿的具有核心竞争力特质的无形资产，良好的企业声誉能提升企业持久的核心竞争力。因此，企业声誉是实现战略性竞争优势的有用工具。企业核心竞争力理论认为，企业的竞争能力包括硬实力和软实力，好的企业声誉本身就是企业软实力的一种稀有的特定的资源，是形成企业软实力的来源之一。企业软实力通过对新的战略性无形资源的开发，并强调企业行为方式的软化，能够帮助企业获得利益相关者的认同，建立起品牌、声誉等新的竞争壁垒，使企业的竞争优势逐渐从有形向无形转变。因此，通过研究企业声誉管理以提升企业软实力，进而最终提高企业核心竞争力，是更为直接、有效的渠道（徐金发，2010）。麦考利（Macauly，1963）调查了实际的商业过程，他注意到声誉的作用比写在商业合同中的细节要重要得多。娃哈哈认为，培养品牌就是培养核心竞争力（黄平，2001），而企业品牌就是企业声誉的表现形式之一。澳大利亚商业理事会（2005）提到了"声誉管理"，它认为企业的成功很大程度上仰仗于它在社会中的声誉。今天，能够对企业施加影响的利益相关者越来越多，也意味着声誉变得越来越重要。声誉能够影响消费者是否购买产品，投资者是否会放弃投资，以及雇员是否会对公司负责。理解来自利益相关者的期望和压力，并有效地做出反应，这对于企业获得美誉以及控制可能的风险都是至关重要的。

按照核心竞争力理论，公司的核心竞争力能够使企业获得持久的竞争优势。理查德（Richard，2004）认为企业对声誉的占有和支配可以帮助企业在日益激烈的市场中获得竞争优势。他认为企业声誉的无形和其难以测量与复制的特性，具有核心竞争力的特质，本身就创造了一种竞争优势。凯文（Kevin，2004）认为这就是积累声誉资本的全部意义。海伍德（Haywood，2002）和谢尔曼（Sherman，1999）等学者认为企业声誉是当今时代企业竞争力的最终决定因素。马霍和沃蒂克（Mahon and Wartick，2003）所提出的动态模型也说明，良好的企业声誉有助于企业在产品服务市场和观念市场中获得相对于竞争对手的可持续的竞争优势。丰布兰（Fombrun，1996）提出了"声誉创造财富"的理念，指出一个充

裕的声誉资本（Reputational Capital）储备能使组织拥有独特的优势。韩兴武（2004）认为，良好的声誉是企业所拥有的独特资源，它能在企业经营的各个方面提升企业的竞争力。自20世纪80年代以来，高级管理者也已经认识到建立和维护一种良好的企业声誉来创造企业竞争性优势的必要性（Gotsi and Wilson，2001）。今后，在竞争日益激烈的全球化经济环境中，培育核心竞争力和获取竞争优势方法的发展可能会越来越依赖于企业声誉这种特殊的、首要的无形资产的发展。

在委托—代理研究领域，尤其关注的是管理层声誉激励，如果考虑经理人市场的声誉激励作用的话，管理层就可能在没有直接基于业绩报酬激励的情况下选择努力而不是偷懒，至少偷懒不会像没有经理人市场的情况下那么严重。在竞争的职业经理人市场上，经理人与整个劳动力市场之间进行的是一个重复博弈；市场根据观察到的业绩给经理人不断重复定价；经理人如果不努力，其业绩表现就会不佳，人力资本的市场价值就会下降；管理层对决定其市场价值的自身声誉的关心足以诱使他为股东努力工作（Fama，1980；Holmstrom，1982b）。经理人必须关心自己的名声，因为信誉好了才会在未来有人愿意聘请他，才能获得更高的报酬。当经理人预期到遵守信誉的长期收益大于欺骗的短期收益时，他就会有积极性珍视信誉，从而努力工作不偷懒（Baker，Gibbons，Murphy，2000）。公司的高级管理人员已经把他们的大部分财富以人力资本（通过他们预期报酬的贴现值来衡量）的形式直接与公司经营状况联系起来。如果公司的经营状况不好，他们的管理声誉就会下降，限制了外部提供工作的机会和报酬上涨的速度。（Robert S. Kaplan and Anthony A. Atkinson，1998）。

股东与管理层之间的信誉激励机制的建立是基于双方对长远利益的考虑，是对长远利益和短期利益之间的一个衡量。其中一个重要条件是信息的传递要足够快，也即是说管理层的业绩能够被股东（董事会）及时观察到，至少要能够很快观察到当年的利润是高还是低（张维迎，2005）。管理层隐性激励内部报告正是一种信息传递机制，把虽然没有在激励契约中明示，但是仍然能够对管理层起到巨大激励的隐性因素（比如说管理层声誉、管理道德、企业伦理、社会责任、企业文化、晋升等）以内部报告的形式向董事会披露，这种披露本身也会对管理层产生激励效应，促使其产生不偷懒勤勉工作的高效行动。需求产生动机，动机导致行动，因此，要使管理层产生不偷懒的行动，必须先满足他的不同需求。按照心理学家亚伯拉罕·马斯洛（Abraham Maslow）的观点，人拥有五种需求，低级别的生理需求、安全需求可以通过薪酬等显性激励方式予以满足，但是归属需求、尊重需求和自我实现需求这些高级别的需求仅依赖薪酬等显性激励手段是满足不了的，必须依靠晋升、声誉、社会责任和管理道德等隐性激励手段予以满足，唯如此才能引致管理层的不偷懒行动。这也是本书致力于把管理层隐性激励要素以内部报告机制予以披露的初衷所在。

管理层隐性业绩内部报告披露机制本身也是一种惩戒机制，会对管理层形成"寒蝉效应"，没有哪个管理层希望自己没有信誉、没有管理道德、没有社会责任的信息传递到董事会、经理人市场或资本市场上去，这对他的未来职业生涯将是严重打击，由于害怕过度曝光，管理层将自觉选择更为促进企业绩效的行为。正像美国最高法院法官路易斯·布兰戴斯（Louis Brandeis）所说的那样，"阳光是最好的消毒剂，电灯是最有效的警察"。因此，董事会要积极构建管理层隐性激励内部报告披露机制，通过内部报告披露预期形成对偷懒的管理层的威慑效应，鞭打慢牛。股东（董事会）要有积极性和可能性对偷懒的管理层实施惩罚，惩罚的积极性对信誉机制的建立是非常重要的（张维迎，2005）。需要指出的是，对管理层怠慢隐性激励要素的惩罚，一定要把握好度，并不是惩罚越严厉，管理层就越重视信誉。在一个不确定的世界里，企业绩效不佳，可能是由于管理层工作不努力，也可能源于不可抗拒的、不受管理层控制的外部因素的影响。如果董事会不能在两者之间做出甄别，过于严厉的惩罚不仅无助于信誉机制的建立，而且可能有害于信誉的建立（Green and Porter，1984）。笔者认为，内部报告披露式惩罚正是一种温和而适中的惩罚机制，不硬性而严厉，但足以促使管理层的警醒和勤勉。在上市公司内部的信息披露实践中，应形成一套包括良好的信息披露质量控制程序、问责机制、实施机制和风险管理机制等最佳做法（胡汝银，2008）。

（二）企业社会责任形成企业核心竞争力的机理分析

企业社会责任（Corporate Social Responsibility，CSR）指的是企业对社会合乎道德的行为。SA8000 国际标准是第一个可用于第三方的社会责任管理体系标准，适用于各个国家、各个行业和企业。SA8000 标准体系中所规定的企业或组织社会责任指的是：企业或组织在赚取利润的同时，必须主动承担对环境、社会和利益相关者的责任。可以设想，如果一个企业勇于承担社会责任，那么在消费者和客户当中，它会受到更多的尊重与认同，可以提高企业竞争力，这对股东也有好处（张维迎，2010）。

将企业社会责任（环境、贫困等）问题与企业竞争力联系在一起，最早是由著名战略学者迈克尔·波特发起研究的，在其重要著作《竞争论》中，波特教授用生动的语言阐述了"以竞争力的方式来解决社会问题"的观点，论述了企业竞争力如何与社会问题交织在一起，指出了企业谋求自身利益与兼顾社会利益是一种双赢战略。20 世纪 60 年代，哈佛大学的安德鲁斯（Andrews）对战略进行了四个方面的界定，将战略划分为四个构成要素即市场机会、公司实力、个人价值和渴望、社会责任。一个有竞争力的企业，其战略目标的内容除利润目标、产品目标外，还包括市场目标、竞争目标、发展目标、职工福利目标、社会责任目标等，促进企业核心竞争力的社会责任目标可以反映企业对社会贡献的程度，如合理利用自然资源，降低能源保护生态环境，不造成环境污染，积极参与社会活动，支持社会和地区的文化、体育、教育、慈善事业发展等广泛内容。

一些成熟公司已纷纷把社会责任的投入转化为竞争力。例如杜邦秉承"不要在地球上留下脚印"的理念，尽可能少用不可再生资源，并将所有排放物减少到最低限度，不对环境造成伤害。因此废料减量和资源再生利用成为杜邦环境管理的重点，环境保护不再只是增加企业运营成本，而是被视为能够产生效益的行业，到 2010 年，杜邦的目标是工厂至少有 10% 的能源需求和 25% 的收入来自可再生资源（范林根，2010）。责任竞争力是英文 Responsible Competitiveness 的直译，国内理论没有这个词与概念，因此对其理解难免见仁见智。企业社会责任与其竞争力是一个紧密的整体，两者相辅相成，共生共存，责任是企业竞争力的重要组成部分，没有社会责任的企业不可能有竞争力，有竞争力的企业必定是以履行社会责任为基础和前提的。落实企业社会责任是社会发展对企业和企业家的要求，也是推动企业持续发展和成功的核心竞争战略。以先进的社会责任为核心的企业理念是现代企业理论的基础，也是企业竞争中核心竞争力的体现，更是我国企业现代化、国际化的一个不可逾越的历史阶段。因此，强化企业社会责任，以提升企业软实力是实现我国企业从小到大、从大到强，最终成为百年企业的根本途径（徐金发，2010）。忽视公司社会责任，你能成为一只迅捷的雄鹿；但没有公司社会责任，你不能运营一家长期可持续发展的公司（Solomon and Solomon，2002）。

企业社会责任在企业核心竞争力这个层次上对企业竞争力产生了巨大推动力。企业核心竞争力是保持企业持续发展的能力，企业社会责任又保持了社会的可持续发展，企业与社会的鱼水共生关系使得企业效力与社会责任理念不谋而合，从而企业提升责任竞争力与建设和谐社会的伟大构想实现了又一次吻合。提倡社会责任不仅仅为了提升企业社会形象，更能获得进入国际市场的通行证，提升企业的长期竞争能力。企业不顾社会责任唯利是图的短期行为是竭泽而渔，杀鸡取卵，注定不可持续，只有把社会责任与经济效益统一起来，从而赢得比金钱更宝贵的信誉和美誉，才能取得可持续的竞争优势。美国著名管理学家彼得·德鲁克认为企业主要有三项任务：第一，取得经济利益，但不是越多越好，而是合理利润；第二，使工作有生产性，并使职工有成就感；第三，承担企业的社会影响和社会责任。可见，企业最基本的两项任务是经济效益与社会效益，二者相辅相成，共生共荣，不可偏废。

（三） 企业文化形成企业核心竞争力的机理分析

1. 企业文化与管理层的关系

管理层影响着企业文化，企业文化模式和行为是通过公司的创始人以及操持公司的管理层不断灌输和巩固的，有证据表明，管理层的价值观对于文化价值观的形成有着非常重要的影响（Tsui, Zhang, Wang, Xin and Wu, 2006），之所以存在强有力的企业文化，是因为高级管理层在过去所做的事情上展现出来的领导力，管理层是建设强文化的关键，强文化又增强了企业环境适应力，外围的行为和活动可以变化无常，但作为企业文化的核心价值信念要始终如一，这样才能够在适应不断变化的环境的同时，仍然保持一种很强的公司身份认同，进而保持强大的凝聚力，持续创造价值，带来公司的生存和持久繁荣（Terrence E. Deal and Allan A. Kennedy, 1999），相应地，管理层对组织的行动和绩效也有着重要的影响（Sirmon, Gove and Hitt, 2008）。企业中有效领导的关键在于，读懂并回应文化线索。无论你是纵观人类的发展历史，还是横向比较不同国家的发展现状，文化都表达了一种特别的生活方式（Terrence E. Deal and Allan A. Kennedy, 2009）。企业的文化模式和行为是通过企业的创始人以及操持公司至今的管理层不断灌输和巩固的。管理层在企业文化的作用机制中扮演了重要角色，其与建设具有凝聚力的文化之间有很大联系，管理层是建设强文化的关键。约翰·科特和詹姆斯·赫斯克特（1992）发现环境适应力对文化和经营业绩的关系起到关键作用，而决定企业环境适应力的是管理层的领导力。他们以 17 家公司为样本，采用深度访谈和问卷调查的方法，要求经验丰富的行业分析专家对这 17 家公司进行评价，并要求行业分析专家就问题"文化在多大程度上强调和重视公司管理层的卓越领导才干"在 7 级评分量表中进行打分，结果显示高绩效公司的文化强调领导力的平均得分高于低绩效公司文化对领导力的要求得分。这表明之所以存在强有力的企业文化，是因为高级管理层在过去所做的事情上展现出来的领导力。这种领导力与领袖魅力无关，但对于塑造一个处于文化中心位置的核心价值观的生动而有形的榜样来说十分重要。核心价值观是世代相传的不朽思想。有时候，管理层必须做出艰难的决策，但是这些决策必须与一整套有凝聚力的价值体系保持一致。外围的行为和活动可以变化无常，但核心价值信念要始终如一。这样才能够在适应不断变化的环境的同时，仍然保持一种很强的公司身份认同。一言以蔽之，管理层的领导力提供了企业文化成功适应环境的关键影响因素，企业家精神被视为企业文化能够成功地长期适应环境的关键。

企业文化，虽不是正式的规则或政策，但它最终规定了你可以做什么和不可以做什么。企业文化——"做事的方式"——是企业获得成功的巨大驱动力（Jaap Bloem，Menno van Doorn，Piyush Mittal，2008）。文化很可能是影响一家公司成败与否的关键因素，因此，管理层需要把它放在十分靠前的优先顺序上。你不能把"还不习惯于这种文化"作为借口：如果你不对文化的行为与方式给予必要的关注，它终有一天会反过来伤害你（Terrence E. Deal and Allan A. Kennedy，2009）。企业在开发并使用自己的能力，并最终创建自己的核心竞争力时，管理层的作用是不可低估的（Stewart and Raman，2007）。

2. 企业文化形成企业核心竞争力的机理分析

核心竞争力的主要特征之一是难以模仿的能力，而企业文化就是企业建立自身难以模仿的能力的原因之一，因此，企业文化是企业核心竞争力的源泉。首先，企业有时候可以基于特定的历史条件而发展自身能力。在发展的过程中，企业会不断地选择出那些独一无二的、能反映它们特有历史道路的能力和资源。企业在早期历史阶段中形成的独特、珍贵的组织文化"可能会让企业拥有在其他历史时期成立的企业所不能完全模仿的优势"（Barney，1991）。在公司创立初期，不具有太大价值的，或者在竞争中不是非常实用的信念和价值会对企业文化的发展产生强烈的影响。组织文化是组织中的所有成员共同拥有的一系列价值的集合。当所有员工通过对组织文化的信念而被凝集在一起的时候，组织文化就会成为企业竞争优势的一种来源（Tetrick and Da Silva，2003）。其次，成为难以模仿的能力的第二个条件是，企业的竞争能力和竞争优势之间的界限有时要比较模糊（King and Zeithaml，2001）。在这种情况下，竞争对手无法清楚地了解企业将如何利用各种竞争能力作为自己竞争优势的基础。这样一来，竞争者们就不能确定它们究竟需要形成什么样的竞争能力，才能得到与竞争对手的增值战略获得同样的利润。很多年来，很多企业都曾试图模仿美国西南航空公司实施的低成本策略，但它们之中大部分都没能达成自己的目的，这主要是因为它们无法完全复制西南航空公司独特的企业文化。最后，社会复杂性是企业能力不易被模仿的第三个原因。社会复杂性意味着至少有一些，或者往往是很多种类型的企业能力是错综复杂的社会现象的产物。社会复杂性能力的例子包括经理人之间以及经理人与员工之间的人际关系、信任和友谊，以及企业在供应商和客户之间的声誉。西南航空公司在雇佣员工的时候就非常小心翼翼，尽量使招聘到的人才与自己的企业文化相一致。企业文化和人力资本之间的这种极其复杂的相互关系以一些其他公司做不到的方式为西南航空创造了极大的价值，例如飞机乘务员之间的玩笑，或者是地勤人员之间的合作等（Hitt，Ireland and Hoskisson，2009）。

　　企业文化，虽不是正式的规则或政策，但它最终规定了你可以做什么和不可以做什么。企业文化很可能是影响一家公司成败的与否的关键因素——核心竞争力，强大的公司几乎不可能拥有弱文化，弱文化意味着不存在被广大员工分享的价值观和信念，不存在公司实体的强烈意识，相反，存在许多断裂的亚文化（James W. Smither and Manuel London，2009）。因此，管理层需要把企业文化放在十分靠前的优先顺序上。你不能把"还不习惯于这种文化"作为借口：如果你不对文化的行为与方式给予必要的关注，它终有一天会反过来伤害你。由于企业文化的不可模仿性较高，一旦形成往往就是一股巨大的力量，成为企业的核心竞争力，企业通过信任—指导—感化—自控的文化模式，整合企业内聚力、向心力和持久力，保证企业的合理行为和企业的优势构建，以"精神生产力"的方式为企业持续价值创造提供有力的精神支持和生命力保障（安应民，2008）。此外，企业文化要能够促使企业经营获得持续的核心竞争力，关键在于形成核心价值理念，企业应该注重长期战略、未来成长和价值创造，并在实践中强调和推动这种核心价值观的重要性，教育并引导员工，从而引起他们的认同，这样能够极大地激励员工的工作热情，在实现自身价值的同时实现企业目标，比如 EVA 评价控制系统的创造者就声称要使 EVA 有效发挥作用，其前提在于营造一种将价值创造置于所有管理活动核心的企业文化。[①] 这需要建立互动式的内部沟通系统，企业文化内部报告正是将价值创造理念嵌入企业战略和经营各环节的内部沟通和评价机制，内部报告起着将企业文化由隐到显的转变，作为企业文化透明度机制，同时起着监督管理层塑造持续价值创造企业文化的作用，不仅要在董事会和管理高层中形成对价值创造管理的认同，而且需要获得公司所有员工对价值创造的认同。因为没有公司管理层的承诺，就难以带来深刻变革；没有经营部门管理层和员工的接受，就难以实现价值创造。

---

　　① ［美］S. 戴维·扬，斯蒂芬·F. 奥伯恩著，李丽萍等译：《EVA 与价值管理》，社会科学文献出版社 2002 年版。

三、基于核心竞争力的管理层业绩评价内部
报告机制构建的动因分析

（一）公司治理视角的需求分析

艾伯特·科海、安德烈·迪格海耶、皮埃尔－阿曼德·米歇尔（Albert
Corhay, Andree Dighaye, Pierre – Armand Michel, 2010）认为公司治理的目标实
际上是为了增加财务信息的透明度，以及管理层和董事会责任的透明度；公司治
理另一个重要的目标是维护投资者信心。公司治理的基本原则是透明度、问责
制、责任和股东的公平待遇。笔者致力于构建的管理层业绩和激励信息内部报告
体系主要目标就是"为了增加管理层和董事会责任的透明度"，通过在管理层和
董事会之间构建这种内部报告机制，使高级管理层和董事会之间建立有效的互
动，这有利于明确管理层对董事会的受托责任和信托责任，以及董事会对管理层
的激励和监督责任（比利时 Cardon 委员会，2005）。委托—代理框架下的公司治
理核心机制就是作为股东代表的董事会对管理层绩效的评价和激励性薪酬的制
定。董事会关键职能之一是创建激励机制，使得 CEO 追求股东的最佳利益同时
也符合 CEO 的最佳利益（Michael C. Jensen and Kevin J. Murphy, 1990）。董事会
为了完成对管理层的业绩评价和激励责任，需要信息支持，信息既用于业绩评价
决策也用于激励方案的结构（威廉姆森，1985）。当履行他们对管理层的监督职
能时，董事会可以依赖由公司管理层所提供的信息、报告、财务报表、建议和意
见（Zabihollah Rezaee, 2007）。本书构建的内部报告体系正是向董事会传递信息
的机制和载体，管理层业绩评价内部报告提供的信息可以为董事会按业绩支付管
理层报酬提供客观依据，同时把管理层的报酬信息以管理层激励信息内部报告的
形式反馈给董事会，有利于董事会对管理层的报酬进行监督，防止管理层利用内
部人的信息优势在报酬方面滥用自由裁量权和机会主义行为。

在治理层面，董事会的工作就是选任、解雇、评价和激励 CEO 并做他的高
层顾问。然而在现实的公司治理实践中，董事会的评价管理层的功能普遍失灵，
严重的信息问题限制了公司董事会对管理层业绩的评价功能。例如，CEO 往往是
制定议程并传达信息给董事会的人。有限的信息严重阻碍了哪怕是最有天分的董
事来有效监督并评价 CEO 和公司战略的能力（Jensen, 1993）。董事会的主要信

息来源于管理层，这种信息未必总是相关、完整、无保留和及时的。在 CEO 确定议程时，重要的事项可能被埋在大量文件中，或者放在冗长议程的最后而没有受到董事会必要的注意。为有效地履行其职责，董事授予管理层决策权，并依赖于管理层提供给他们的信息。人们不期望董事知道所有的事，或者在公司业务和事项的每一个方面都是专家。但是人们期望董事通过从管理层和其他人那里搜集到的信息来发现和考虑事实，做到勤勉尽责、信息灵通，从而履行其信托责任，并对事实和事件作出判断。在商业判断规则下，董事被期望运用应有的谨慎并做出明达的决策（Zabihollah Rezaee，2007）。因此，管理层业绩评价内部报告就是管理层与董事会之间的高效信息通道，用以解决董事会监督和评价管理层信息不足的困境，管理层业绩评价内部报告体现了公司治理实践的现实需求。

　　需要指出的是，从治理层面上来看，董事会监督管理层受托责任履行情况的管理层业绩评价和激励信息能否以财务报告为载体披露呢？答案是否定的。因为财务报告是外向型报告，其目标主要是向外部用户（包括现在和潜在的投资者、债权人、员工、股票交易所、政府部门、客户等）提供决策有用的信息（AAA，1966：1），管理层根据会计准则编制财务报告向外部用户提供数据，而这些数据对内部使用者却没有多少益处，由于财务报告决策有用的目标导向及其自身的局限性，使它不能满足一些特殊用户的需要（Andrew Higson，2007），其中就包括不能满足董事会检验管理层受托责任履行情况的信息需要。从受托责任的起源来看，最早的受托责任观念是与管理会计相关联的。会计数据的最早使用是在我们现在所说的管理会计背景下，最早的会计形式作为内部控制的工具是用于受托责任目的的，因此，非常早的受托责任甚至被冠之以"管理会计"这样的名称（Andrew Higson，2007）。在受托责任的最早形式中，涉及为他人的利益对商品进行监管——以防偷盗和舞弊，会计的最早形式（管理会计）就是为这种目的而发展起来的，这种类型的受托责任的关键就是用来评价管家是否把该做的都做了，包括两方面的内容：第一，防止偷盗和舞弊的监管职责；第二，业绩评价的职责。也就是说，对地主或主人形成判断而言，这种类型的受托责任是必需的。科林森（Collinson）等（1993）进一步认为在几千年会计和受托责任关系的发展历史中，暗含着一个非常重要的成分就是管理会计上的机会成本，也就是说对所有者而言，他已经意识到如果把用在管家身上的钱存到银行，将能得到利息。当所有者想要评价管理者的业绩，机会成本是必须要考虑的因素，然而现代的财务报告根本就没有谈及所有者的机会成本因素。因此，在评价管理层的业绩方面，标准不是他们做得是不是比其他人或比以前好，而是他们在目前的这种环境下应该做得怎样好。这就需要详细了解环境。那么谁最了解管理层所处的环境呢？从某种程度上讲，管理会计环境下，作为内部报告用户的董事会最清楚应该要求管理层做什么；而财务会计环境下，作为财务报告用户的外部股东完全脱离了企业的经营，由于信息不对称，难以知道管理层应该做什么（Rosenfield，1974）。由上观之，对管理层业绩评价的适宜主体应该是和管理层同为内部人的董事会，反映管理层受托责任履行情况的披露载体应该是基于管理会计的内部报告，而不是基于财务会计的决策有用导向的财务报告。

（二）内部控制视角的需求分析

内部报告是内部控制的核心构成要素——信息沟通的重要表现形式，企业内部控制应用指引《内部信息传递》指出内部控制中的内部信息传递是指企业内部各管理层级之间通过内部报告形式传递生产经营管理信息的过程。内部报告的重要作用是实现战略、程序与执行之间的沟通与控制。信息沟通渠道整合的实质是通过对组织结构、文化和技术三个要素的整合，实现渠道、标准和激励之间的相容性。内部报告的沟通渠道可以是自上而下或者自下而上的垂直传送，也可以是网状的信息传递。最佳的沟通路径应该以提高信息传递效率、降低信息传递成本为目标而整合沟通渠道。

从系统论的角度看，内部报告是一个提供企业经营管理完全信息的报告系统。与传统的信息系统相比，内部报告不仅从技术的角度关注组织信息的方式，而且更重要的是从内部经营管理需求的角度强调了信息呈现（报告）的方式。内部报告整体作为一种重要的、正式的沟通媒介，向管理者提供及时的、可靠的、准确的正式信息，在企业内部按照一定的方向传递，协调和沟通企业董事会、管理者和相关人员，满足企业决策与控制需要，从而使得企业内外部资源进行有效整合，并且和外部环境中存在的机遇相结合，以实现企业战略目标。确切地说，内部报告实际上是企业管理信息系统的重要组成部分，动态跟踪、预测与反馈实物流和资金流，对象主要是公司的员工与管理层，其目的是为了管理的需要而促进企业经营活动和管理活动的内部信息的流动和转化，找到关键的价值驱动因素，从而为计划、决策、控制和评价等管理职能提供参考和依据。我们预期，把高质量的内部报告信息投入公司控制机制，将提高现有资产管理的效率、鼓励对高收益项目的投资、减少对低收益项目的投资以及减少管理者对投资者权益的剥夺，这将改进投资的生产能力。高质量的内部报告信息还通过减少管理者和投资者辨别投资好坏的误差来提高投资生产能力。最后，高质量的内部报告信息降低了有较高生产能力的新技术投资项目的融资成本，从而提高生产能力（张先治，2010）。

财务报告的目标是决策有用性，内部报告的目标在于控制及问责。早在 1981 年，耶斯达尔（F. Gjesdal，1981）在他的一篇论文中就指出，满足决策需要（Decision-making Demand）的业绩指标并不一定会满足控制需要（Stewardship Demand），反之亦然。根据耶斯达尔（1981）的研究，业绩评价的目的有两个：其一，满足决策需要，业绩评价要为股东、债权人等相关利益群体在投资、贷款等方面的经济行为服务，保证这些行为的合理性和有效性。其二，满足控制需要，主要是针对企业内部层层存在的委托代理关系而言。同时，业绩评价的两个目的都服从同一个目标——企业价值最大化。因此管理层业绩评价内部报告天然地和内部控制结合在一起，它是针对企业委托—代理关系的最高层级——董事会和管理层，它是为满足董事会协调自己和管理层利益的需要，监督管理层的机会主义行为，向董事会提供管理层努力程度和经营水平的内部信息，不宜对外披露。

综上所述，内部报告是内部控制的沟通要素，同时，业绩评价的目标之一在于控制，因此，业绩评价内部报告就必然和内部控制水乳交融，浑然天成，它是内部控制的内在信息需求。

（三）技术可行性分析

重新构建业绩评价内部报告体系，用以反映企业的非财务业绩动因，塑造企业的核心竞争力和可持续竞争优势，必然涉及大量的数据采集、数据处理和数据输出，不可避免地产生披露成本，如果没有必要的技术支持，尤其是 IT 技术的支撑，内部报告体系的构建的可行性是令人质疑的。新经济时代的来临，全球信息化浪潮的兴起，为利用互联网和 IT 技术进行信息披露提供了契机和技术平台。关于在公司报告中使用 IT 技术，SEC 主席克里斯托弗·考克斯（Christopher Cox）说："我们真是处在'公司报告革命'的起点，它将使我们的公司披露和财务报告制度进入 21 世纪，交互式数据还会使披露对投资者以及每一个市场参与者更有用。交互式数据（通过使用 XBRL）将使发行者降低验证它们财务报表中数字的成本成为可能。"[1]

管理层业绩评价内部报告借助 IT 技术和 IT 治理的平台，既可以降低披露成本，又可以提高披露效率，从而提高董事会的决策质量和监督效率。信息技术

---

[1] Cox，C. Speech at the 12th XBRL International Conference. Tokyo. November 7，2005. Available at：www. sec. gov/news/speech/spch110705cc. htm.

（IT）能在改善公司治理的效率和效果方面发挥重大作用。IT 是为规划、监督和报告目的，发布及时、准确信息的有效手段。所有公司治理职能的有效运作取决于 IT 职能所提供的支持的质量。IT 职能使得其他公司治理职能可以实时在线运作，以促进同步决策、持续监督、即时评估电子报告和连续审计。IT 治理被定义为"公司所使用的通过信息管理建立 IT 战略以及评价和改善其业绩来管理风险和创造价值的一套政策、程序和实务"。① IT 战略的主要目的是通过协调 IT 能力和商业目标来创造价值，通过有效地管理 IT 投资组合来维持价值。IT 及其与所有公司治理职能的整合能够确保更及时的财务和非财务信息、更有效的法规遵循（SOX）、更有效率的 IT 系统，以及更有效率和效果的软件程序应用。许多公司仍然还在使用基于独立系统的 IT 基础结构来实现它们的目标。IT 基础结构中的新问题是基于网络服务将 IT 服务和业务流程进行整合。网络服务是建立在 Web 驱动的可扩展标记语言（XML）的描述性分类之上的。IT 在提高公司治理有效性，特别是在财务报告和内部报告信息披露方面所能发挥的重要作用，还没有在商业文献和内部报告过程中得到充分认识。信息技术，特别是互联网和电子商务的使用，已经对公司运作的方式从而对公司治理产生重要影响。SEC 最近已经接受上市公司在自愿的基础上，在电子数据搜集、分析和检索（Electronic Data Gathering, Analysis, and Retrieval, EDGAR）系统下用可扩展商业报告语言（XBRL）格式上报财务报告和其他法定备案文件。②

尽管我们对可扩展商业报告语言（XBRL）应用的关注主要集中在公司的财务报告方面，但它也可以在内部报告中使用，使公司可以更方便廉价地将来自迥异的内部系统的数据进行合并，而非使用传统的公司资源规划系统（ERP）。一旦 XBRL 被应用于内部报告系统中，它在财务报告中的应用也将更加便捷，因为数据均已被格式化。③ XBRL 在商业报告中的推广应用，使管理层业绩评价内部报告系统的构建具备了 IT 平台和技术可行性。在后 SOX 时代，有几个 XBRL 解决方案已被提议或开发出来，用于促进和简化 XBRL 在内部报告和财务报告中的运用：

（1）一种内含美国 GAAP 或任何其他 XBRL 分类标准的内嵌 XBRL 型 PDF 文

---

① Canadian Institute of Chartered Accountants. Aligning investment information technology with business strategy: What CFOs need to consider. Information Technology Advisory Committee (June, 2005). Available at: www. cicar. ca. ifac.

② SEC. XBRL voluntary financial reporting program on the EDGAR system. (February 3, 2005). Available at: www. sec. gov/rules/final/33 – 8529. htm.

③ Willis, Mike, and Sinnett, William M. "XBRL: Not Just for External Reporting", *Financial Executive*, V. 24, 2008, pp. 44 – 47.

档为成功地执行电子报告铺平了道路。将 XBRL 内嵌于 PDF 文档使组织能够创建一个单一的文件，通过系统到系统的同时备案，使得利用 XBRL 遵守法规和法定备案成为可能。

（2）目前微软 Office XBRL 工具已经可用，可将其与微软 Office 2003 专业版一起使用，特别是微软 Office Word 2003，Office Excel 2003，以建立和分析 XBRL 格式的文件。[1]

（3）基于互联网的公司报告模式已经被开发出来，它提供了一种自动获取互联网上财务信息和非财务信息的整合方法。该方法能够将内部报告上的项目名称与 XBRL 分类标准中同义的标签匹配，建立对财务和非财务信息的理解。

（四）财务报告自身无法突破的现实困境倒逼内部报告机制的构建

透明度指的是使重要的信息易于获取，而不是用无关的细节来淹没信息使用者。而当前财务报告面临的困境就是无法披露新经济时代业绩动因，却运用会计准则赋予的复杂方法将不相关的信息不厌其烦的用饶舌术语详尽披露，结果使得财务报告冗长复杂而无用。公司花大力气制作的财务报告在分析师和投资者看来却不甚相关也没太大作用。例如，英国的财务报告委员会（Financial Reporting Council，FRC）称："近年来，越来越多的人开始关注财务报告复杂性日益增大、相关性日益降低的问题。还有些人更担心报告不再能反映出深层经营的现实，因为关键信息都被淹没在一串串冗长的信息披露和法规术语当中。"[2] 作为一个全球职业会计协会的联合体，全球会计联盟（Global Accounting Alliance，GAA）也于近日发布了自己的报告。其中谈及的两个关键议题之一便是财务报告正变得越来越复杂，报告指出："正是那些财务报表中的结果性细节令读者费解。有一位受访者这样解释：'人们在谈论财务报告占了多少页，说明和脚注又占了多少页，结果发现说明与脚注所占的篇幅常常超过财务报表本身的篇幅'。"[3] 财务报告成为缺乏相关性的无用的"样板报告"，充斥着大量冗余信息、几乎没有实质内容的超浓缩信息以及难以理解和使用的长篇累牍的信息。[4] 英国财务报告委员会

---

① Microsoft Office Online. Improving financial analysis and reporting using XBRL and the Microsoft Office System. Available at：www，Microsoft. com/office/solutions/xbrl/defalt. mspx，2005.

② Financial Reporting Council. Louder than words：Principles and actions for making corporate reports less complex and more relevant，2009，P. 2.

③ Global Accounting Alliance. Getting to the Heart of the Issue：Can Financial Reporting Be Made Simpler and More Useful? 2009，P. 17.

④ CFA Institute *A Comprehensive Business Reporting Model*：*Financial Reporting for Investors*，July 2007，P. 40.

（FRC）的报告建议"报告准备者应当记住，非实质性的信息发布将导致报告的质量降低，应齐心协力消除报告的混乱情况"。

历史财务报表的价值相关性和信息内容正受到质疑，因为许多投资者和其他财务报告的使用者在做财务决策时并不使用这些报表。普华永道的主席丹尼斯·纳利（Dennis Nally）说，现行的财务报告制度有几个使机构投资者和散户投资者都感到迷惑的缺点，因此在未来将会限制其有用性和相关性。纳利建议成立"国家公司报告委员会"，以改善公司报告和财务报告的有用性。改善型商业报告（EBR）注重目前和未来业绩的财务和非财务信息，它被建议用来作为改善财务报告质量、透明度和完整性的另一种方法。EBRC 正在试图建立一个自愿的全球性 ERB 披露框架，为商业报告非财务部分的表述提供一个框架。这个框架将以行业为基础，整合商业报告的财务和非财务部分，包括业绩关键指标（KPI），以更好地反映公司的机会和风险、现代业务的复杂性，以及收益和现金流的质量。EBR 框架所提供的改善的透明度将确保公司治理过程的有效性。除财务信息以外，投资者和其他财务报告使用者还要求获得所有与关键业绩指标相关的更多前瞻性和非财务信息，包括经济、治理、社会、道德和环境事务信息。

我们可以看到，现有财务报告体系是滋生各种或含蓄，或操纵甚至直接的欺骗行为的温床。许多日常发生的财务披露手段也许是不违反法律规定的，但是他们提供的是彻底不相关的信息，其结果只会误导受众。同时，可靠会计信息和欺诈会计信息之间的界限也越来越模糊。[①] 同时，"创造性会计"问题却越来越严重。[②] 财务报告体系目前承担的各种商务和经济决策中的角色是不能长久的，而且问题已经严重到接近智力、道德和管理灾难的程度。一个基本的原因就是现有的会计体系和 21 世纪的经济环境格格不入，就像在一个迅速变化的地形中使用旧版地图。21 世纪的新经济时代，以思维理念等主观因素为基础的资产，包括文化、社会责任、声誉、知识、动力、信息、忠诚、关系和其他"软"要素有取代金钱和物质资产而成为业绩驱动力的趋势（Peter F. Drucker, 1998），非财务因素强烈地影响着一个公司的核心竞争力进而公司绩效。

新经济时代，财务报告无法披露业绩动因的非财务信息导致的信息不相关弊端，仅仅依靠财务报告自身的改革和创新是无法突破困境的，或者由于财务报告自身改革的技术难度太大或改革成本过于高昂而导致理论上存在可能性，现实上却不可行。而现在的主流观点走入了公司报告体系改革的误区，大部分学者主张

---

① Howard Schilit, J. Perler. Financial Shenanigans：How to Detect Accounting Gimmickse Fraud in Financial Reports, *Webcasts & Podcasts*, 1993.

② 参见"这些收益数据是真实的吗?"，《福布斯》，2000 年 5 月 29 日。

财务报告体系自身的变革，将业绩动因非财务信息（企业声誉、企业文化、社会责任等）扩充入财务报告，这种变革路径面临着至少三方面难以逾越的障碍：第一，现行以会计准则为代表的监管规制主要是用来规范财务报告承载的财务信息，如果把非财务业绩动因信息扩充入财务报告，外部会计监管规制需要广泛变革，规制变革牵一发而动全身，多方利益博弈，工程浩繁，成本高昂。同时，由于税收立法以及其他政府机构还对会计体系存有相当的重视，至少在短期内我们无法对其提出质疑。在政府引入一种新的规制体系之前，但事实上，如果企业继续依赖于财务数据为基础的模型进行企业绩效管理，那么无疑是一种资源浪费，因为财务体系已经无法继续支持企业如今日益紧迫的战略管理需要。第二，需要重构财务报告理论框架，财务会计的假设、目标、本质、原则等都需要重新建构，其复杂程度相当于把财务会计理论大厦推倒了重新建造，比如对财务会计理论的前提会计假设需要重新审视，会计主体假设需要扩充，要考虑企业外部化行为，这样才能在财务报告中反映社会责任；货币计量假设需要扩充，摒弃只有能计量的因素才能反映的观念，这样才能把难以计量的非财务因素纳入报告体系；在会计原则方面，要强调相关性优于可靠性，如此等等。对此学术界众说纷纭，莫衷一是，达成一致观点并付诸实践更是遥遥无期，所以重构财务报告体系的改革观点无论从技术难度还是时间上都是值得商榷的。第三，财务报告信息过载，甚至信息爆炸，导致信息使用者在信息的海洋中无所适从，信息搜寻成本和决策成本过高，从而导致决策效率低下，最终必将损害企业的核心竞争力进而影响企业价值创造目标的实现。任何报告载体都具有一定的披露边界，不可能无限制、包罗万象地把所有内容都装进一个披露载体。即使不把非财务信息纳入财务报告，当前的财务报告也显出信息过载迹象。大量无用的"样板报告"、冗余信息、几乎没有实质内容的超浓缩信息以及难以理解和使用的长篇累牍的信息充斥着财务报告，[①] 非实质性的、不相关的信息发布导致财务报告的质量降低，因为信息过载，导致关键信息都被湮没在一串串冗长的信息披露和法规术语当中。[②] 综上所述，新经济时代财务报告的相关性危机仅仅依靠财务报告自身的变革是难以突破困境的，那么构建一个根植于与财务会计同源的管理会计的内部报告体系就成为一个改进财务报告的现实的理性选择路径。内部报告体系的构建，既不需要对现行会计规制和财务报告理论框架进行伤筋动骨的变革，又可以解决财务报

---

① CFA Institute. *A Comprehensive Business Reporting Model*：*Financial Reporting for Investors*，July 2007，P. 40.

② Financial Reporting Council. Louder than words：Principles and actions for making corporate reports less complex and more relevant，2009，P. 2.

告的信息过载问题，同时又可以提供有关业绩动因等重要问题的相关性、逻辑性、结构化的信息。真实而又相关的内部报告使得高层团队有机会真正的衡量公司的业绩动力何在，可以使董事会和管理层关注重要的事情和可持续发展，提供准确的指导原则和持续的行为准则。

四、基于核心竞争力的管理层业绩评价内部报告基本理论建构要素

（一）管理层业绩评价内部报告的披露内容定位

管理层业绩评价系统综合了财务信息和非财务信息，目标是监督管理层受托责任的履行和企业核心竞争力的培育，进而保持企业的可持续发展。在建立这个系统时，董事会要选择最能反映公司核心竞争力战略的指标，包括具有核心竞争力特质的企业文化和社会责任评价指标。这些指标可以被视作现在和未来的关键成功因素。如果他们有所提高，那么保证公司可持续发展的核心竞争力战略就付诸了实施。战略的成功取决于战略的合理性，管理层业绩评价系统只是提高组织成功实施战略的可能性的机制。上图显示了业绩评价系统的设计框架，核心竞争力战略定义了关键成功因素，如果评价这些因素，并给予奖励，就会激励管理层去实现它们。

综上所述，管理层业绩评价是企业核心竞争力的培育机制和管理层受托责任履行的监督机制，董事会通过设计促进核心竞争力培育的业绩评价指标，督促管理层勤勉尽责、高效地保持企业的可持续发展，杜绝短期行为和机会主义行为，重视企业文化和社会责任等具有核心竞争力特征的隐性业绩的评价，从而形成显性业绩（财务业绩）和隐性业绩（非财务业绩）相辅相成的管理层业绩评价体系。

1. 管理层显性业绩评价

在业绩评价决定激励性报酬的框架下，对管理层的业绩进行评价实质就是度量管理层正当利益（报酬）的边界，度量技术和度量衡的历史是经济史的重要组成部分（North，1981），度量技术和度量标准决定业绩评价的科学性，业绩评价不正确将会抑制管理层的生产性努力，同时也加大了非生产性努力的倾向（就

是通常所说的偷懒和机会主义行为）。但是，由于管理层努力程度的不可观察性和努力行动的事后不可证实性，准确度量的费用非常之高，以致准确的度量根本不可能实现①。所以业绩评价的实现路径只能退而求其次，度量管理层的可计量产出，根据产出标准（如股价、会计利润和投资报酬率等）作为业绩评价的依据来对管理层进行事后激励。

彼得·德鲁克认为管理就是要可衡量，能量化尽量量化，不能量化尽量细化，不能细化尽量流程化。在这样的引导下，西方管理界就在不断尝试推行各种业绩评价工具，无论是泰罗的科学管理方式，把人看成是没有感情的机器人，进行时间和动作研究，将过程和细节控制到底，还是 TQM 全面质量管理，都是不停地将各项管理要求进行尽可能地标准化，以方便于业绩评价和考核。进入 20 世纪 90 年代，新推出的 EVA、KPI 关键绩效指标和 BSC 平衡计分卡，更是将业绩评价技术运用到精确的数字化时代，各项考核尽可能的全部以量化指标来体现。希望对管理层业绩得出比较精确的评价，不断追求各种指标如何量化，将战略目标以金字塔形式层层分解，直到落实到具有操作性的执行层面。

一言以蔽之，管理层显性业绩就是指能用财务指标量化反映的行为和效果，凡是能用传统财务指标（会计指标和市场指标）量化反映的管理层努力程度和经营效果都可以称之为显性业绩。反之，则称之为隐性业绩。

2. 管理层隐性业绩评价

企业内存在的无形的、非正规的或隐性的契约关系，如企业文化、社会责任、企业声誉、组织承诺等，实证研究表明它们对企业核心竞争力的提升和业绩的保持具有正向意义。这种隐性契约的形成是长期互动的结果，学者把这种着眼于未来可持续发展、具有双向承诺的隐性契约称为关系契约（Relational Contract）（Macneil, 1974）。因其不能编码，因此不能写入显性契约（正式契约）。按照克莱因（Klein, 1978）的描述，关系契约是重复博弈均衡的结果，关系契约依靠自我履行协议，对组织绩效的贡献也只能够被主观评价。笔者把企业文化、社会责任、企业声誉等这些无形的、难以量化的，但又是企业核心竞争力源泉和动因的非财务要素称为隐性业绩。财务报告受自身理论框架的制约和容量的限制难以对这些隐性业绩进行全面披露，而内部报告正好可以弥补财务报告这一

---

① 为了减少管理层的偷懒行为就必须加强对管理层的业绩度量（或者说业绩评价），但是业绩度量也是有费用的，当度量的边际费用等于偷懒的边际收益时，再将资源投入到度量业绩中，就没有意义了。在这时，度量的单位费用就是业绩评价的关键。若要有效地减少偷懒，就必须降低单位度量费用。这个问题自现代以来一直是企业管理的一个重要课题，解决这个课题是管理学兴起的原因之一。

披露内容上的缺陷。真实而又相关的内部报告使得高层团队有机会真正地衡量公司的动力何在，可以使得董事会和管理层关注重要的事情和发展，提供准确的指导原则和持续的行为准则，内部报告有时或许比财务报告披露的内容更加相关（Hans V. A. Johnsson and Per Erik Kihlstedt，2005）。

管理层隐性业绩评价的是非财务的价值驱动因素，包括数目有限的关键战略价值驱动因素。企业要尽可能把非财务价值驱动因素（隐性业绩）和财务价值驱动因素（显性业绩）连接起来。尽管因果关系通常不是直接的，甚至本质上系统难以用数学方式计算。但摆在管理层面前的挑战是，必须把先导的非财务价值驱动因素（隐性业绩）和滞后的财务价值驱动因素（显性业绩）之间的关系要么定理化，要么定性化，并对这些连接充满信心，同时尽可能简化这些连接。

美国 SEC 要求企业向广泛性披露转变，披露包括隐性业绩在内的"软信息"，不能因为"软信息"不能得到有力的验证，并且一般投资者可能也不理解这些"软信息"而拒绝披露这些可能代表着企业核心竞争力源泉的隐性业绩。美国公司披露咨询委员会推动了 SEC 向广泛性披露的转变，该委员会赞同从硬信息（以客观的可验证的历史数据为标志，如财务业绩）向表现观念、预测和分析上的软信息（包括文化、社会责任和声誉等隐性业绩）的转变（Harry I. Wolk，James L. Dodd and Michael G. Tearney，2004）。管理层的业绩可能同时有相对容易评价的方面和相对不容易评价的方面。如果报酬决定于努力或劳动生产率中可评价的部分，那么，未被评价的方面可能会被忽视。这种对不容易计量和评价的隐性业绩的忽视，是组织内不增加监督强度和不提供高能激励的重要原因（Holmstrom and Milgrom，1991a），无数的业绩评价（测度）困难阻碍了一份包含着高能激励的契约的实施（Oliver Williamson，1985）。隐性业绩（难以模仿、不容易计量、无形的嵌入组织整体的东西）一般都是企业核心竞争力的核心组成部分，对隐性业绩的激励不足会导致效率丧失，伤害企业的可持续发展能力。因此，对作为企业核心竞争力组成要素的管理层隐性业绩的评价显得刻不容缓。

（二）管理层业绩评价内部报告的目标定位

1. 建立新的透明度机制

透明度是一种新生力量，如果运用得当就能带来回报。透明度不仅不可怕，而且正成为商业成功的核心因素。植根于工业经济时代传统的以披露"硬业绩"为主的财务报告支撑的透明度机制在新经济时代无论在决策有用性还是监督受托责任履行上都显示了其巨大的不适应性，在新经济时代，以企业文化、企业声誉、社会责任等为代表的"软业绩"成为企业核心竞争力的源泉和可持续发展的价值创造动因。"软业绩"在财务报告的披露边界之外，而内部报告作为新的透明度机制，可以弥补财务报告在披露"软业绩"方面的不足，增强管理层业绩信息透明度，为董事会监督管理层受托责任的履行提供信息支持，降低代理成本，促进管理层效率，最大限度地降低管理层机会主义和败德行为的发生。

本书构建的管理层业绩评价内部报告目标定位于为董事会监督和检验管理层的受托责任履行情况提供透明度支持，旨在提高管理层的效率和企业的价值。内部报告约束了管理层的机会主义行为，因为行为和结果被报告的情况使得管理层与不被报告时的反应有所不同。受托责任报告不同于提供决策有用信息的提供方式（Page，1991）。内部报告是以反映管理层受托责任履行情况为主要目标的，财务报告是以为外部信息使用者提供决策有用信息为主要目标的，二者目标导向不同，并且有各自的披露边界，不能互为替代。管理层的业绩评价结果以内部报告的形式予以披露，是因为业绩评价能遏制管理层的偷懒等懈怠和败德行为，直接影响着企业的效率和价值创造目标的实现。如果经济组织的业绩评价极其糟糕，报酬和业绩只是松散相关，劳动生产率将会很低；相反，如果经济组织的业绩评价很准，劳动生产率将会很高（Armen Alchian and Harold Demsetz，1972）。

由于管理层存在私有信息和行动的不可观察，产品和要素市场的竞争都不可能消除代理成本，所有企业都要承担代理成本，只不过高代理成本企业面临来自低代理成本企业的竞争压力。代理成本的存在和大小由监督成本、管理层对非金钱好处的偏好和有多少潜在的能够脱离他们的个人财富承担全部投资任务的管理层来决定（Friedman，1970）。与现代公司相关的法律和各种合约都是人们尽可能最小化代理成本的历史产物（Michael C. Jensen and William H. Meckling，1976）。降低代理成本是公司治理的核心诉求，企业核心竞争力不仅表现为收入的持续增长，而且也表现为成本（尤其是代理成本）的有效降低。鉴于代理成本产生的根源在于所有权与控制权分离之后（伯利和米恩斯，1932），委托人和受托人的信息不对称，而降低信息不对称程度的直接机制就是充分披露信息，管理层业绩评价内部报告的目标之一就是充分披露管理层的业绩信息，降低董事会和管理层之间的信息不对称程度，增强内部业绩透明度，"阳光是最好的杀毒剂"，从而降低管理层的代理成本，提升企业的核心竞争力。

2. 建立新的问责制机制

在组织内部如果没有透明度和问责制，那么包括平衡计分卡在内的业绩评价机制就不能有效地发挥作用（James Creelman and Naresh Makhijani，2005）。管理层业绩评价内部报告作为信息披露载体，既是透明度的组成部分，又是董事会向管理层问责的机制，需要指出的是，本研究内部报告承载的"问责"内涵不同于传统的股东财富最大化或利润最大化，而是发生了质的飞跃，在培育企业的核心竞争力从而可持续发展的导向下，问责的内涵由股东责任向社会责任和企业可持续发展转变。本书的内部报告问责机制不仅对管理层的财务业绩问责，还要对包括社会责任、企业文化、企业声誉等管理层的隐性业绩予以问责。通过业绩评价内部报告完善企业信息披露机制，同时引入利益相关者介入机制，逐渐扩展公司治理的议题，进而引出具有非常现实意义的公司社会责任和可持续发展的战略问题。公司治理进程是一个逐渐拓宽的进程，它的特征是从狭隘的代理理论观点转变为更宽泛的利益相关者导向的观点，其中融入了公司社会责任和可持续性的观点（Solomon and Solomon，2002）。

传统的管理层问责来自作为代理人的管理层对作为委托人的法人出资者或者投资者如何负责的问题①，即传统的公司问责是有关股东资本主义背景下公司管理层如何为股东负责的问题，对管理层的问责机制主要体现为以财务报告为载体的财务绩效（显性绩效）的披露。但是，随着 21 世纪公司治理外部环境的转变，智力资本、企业文化等"软要素"成为企业核心竞争力的源泉，"软要素"所表现出的非财务绩效（隐性业绩）成为企业可持续发展的动因，因此传统的代理理论框架下的股东价值最大化的财务报告披露的财务业绩评价目标并不能涵盖企业全部的价值创造动因，作为企业价值驱动的非财务业绩的披露已经超出了财务报告的披露边界，因此显示了构建着力披露管理层隐性业绩的内部报告体系的迫切性。

传统的以股东价值最大化为导向的管理层问责机制除了不能反映构成企业核心竞争力的隐性业绩之外，还有一个硬伤是导致了管理层的短期行为泛滥。当代的股东，典型来说，不是企业的内部人，他们不干预他们所"拥有"的公司的经营事务。他们只对公司能给他们带来多大的好处感兴趣。只要看到公司出现利润率下滑的苗头，他们就会选择抛售他们在公司中的股票，并把他们的资本投资到另一个企业中去。股东这种只对企业利润的短期最大化感兴趣的倾向，使那些以牺牲企业的短期利润为代价，来支持企业的长期发展的管理层冒着丢掉饭碗的风险，因此直接导致了管理层的短期行为泛滥，扼杀了企业可持续发展的动力源

---

① 由于股权的分散化和股东的仪式化，管理层主要问责于股东的代表——董事会，这也是本书构建的管理层业绩评价内部报告向董事会呈报的动因。

泉。因此，传统的基于代理理论的管理层问责机制正在逐步得到利益相关者理论的补充，从而使管理层问责的内涵发生了质的变化。总结而言，就是以披露财务业绩和重大战略决策为形式的管理层问责，正在逐步体现为管理层承担范围更广的社会责任和培育企业核心竞争力的问责体系，因此，公司问责事关管理层对公司内外利益相关者负责，并负有向公司所有利益相关者披露非财务风险的义务。本书将公司问责的范畴从财务业绩（显性业绩）的信息披露延伸到公司企业文化、企业声誉、社会责任和环境问题，并以此为基础进一步将这种利益相关者导向的问责体系推广到披露包括社会、伦理、环境以及可持续发展这样范围更宽、深度更深的领域。社会责任取代基于股东利益的受托责任将是未来公司问责制的发展趋势，比如《希格斯报告》（*Higgs Report*，2003）和《特恩布尔报告》（*Turnbull Report*，1999）的焦点都在于 SEE（Social，Ethical，Environment）领域的公司问责制。

（三）　管理层业绩评价内部报告的功能作用

1. 董事会监督管理层机制

由于一个公司的所有者可能是成千上万的，且分散在世界各地，这使股东根本没有能力去监督他们雇佣的管理层。从而监督公司的管理层的任务就落到了董事会的头上。代表股东的利益来监督管理层，是董事会的首要任务。人们常常认为，一个受托标准约束下的信息通畅、有很强的理解力和智慧的董事，如果具有被证实了的忠诚，将能有效地监督管理层（Robert Monks and Nell Minow，2006）。由此可见，保证董事会对管理层监督效率和效果的先决条件是二者之间必须有通畅的信息流，而管理层业绩评价内部报告正是为董事会监督管理层量身定制的信息流通道，内部报告本身即是监督机制的不可或缺的重要一环。业绩评价内部报告作为董事会监督管理层机制体现在为管理层的激励性薪酬提供奖惩依据[①]，引导管理层的行为趋向增强企业核心竞争力的培育，进而保证企业的可持续发展。在董事会和管理层之间的委托—代理契约中，内部报告信息既是订立契约的基础之一，又是构成契约的一个因素，还是监督契约执行和评价契约执行结果的重要依据。作为一种内部透明度机制，业绩评价内部报告必将降低董事会和管理层之间的信息不对称程度，有利于董事会对管理层的监督，最大限度地减少管理层的

---

① 瑞扎伊（Zabihollah Rezaee，2007）推荐管理层最佳薪酬实务之一是将薪酬与业绩挂钩，管理层薪酬必须充分披露、具有透明性并且只限于业绩表现。

机会主义行为。"阳光是最好的杀毒剂",经济发展委员会（CED，2006）指出"管理层过度薪酬的解决方案必须被视为一种过程和披露"。内部报告是董事会监督管理层的透明度工具，是嵌于董事会和管理层之间的监督机制。同时，管理层业绩的透明，也为管理层薪酬的制定提供了参考的标尺。SEC主席克里斯托弗·考克斯（2006）指出SEC规定要求对管理层薪酬继续进行更相关和更透明的披露，用新的"管理层薪酬披露及分析（CD&A）"取代目前的薪酬委员会报告和业绩图表，CD&A必须被列入年度委托书中，他认为董事会成员获得的管理层的业绩信息越完善，对于向受董事会委托管理公司的管理层支付多少薪水就能做出越适宜的决定。针对后SOX时代的公司治理变革方向，扎比乌拉·瑞扎伊（2007）认为后SOX时代仍然有许多上市公司持续实行与公司业绩不挂钩的过高的管理人员薪酬，因此后SOX时代公司治理继续进行改革的方向之一是要求上市公司管理层披露关键业绩指标的信息，这对董事会评价公司的长期财务前景和健康是有用的。

业绩评价内部报告是管理层努力行动的信号显示载体，在道德风险框架下，各种可验证的信号可以被委托人用来对代理人的激励进行改进。这些信息可以在不同的信息系统中收集到，如果这样的公共信息是有价值的，这些信息系统可以在监督和管理下的组织的内部得到，任何可以传达代理人的努力的信号应该被用来调节代理人的激励补偿计划（Jean – Jacques Laffont，2002）。建立有效的激励机制需要两个环节，二者缺一不可。一个是对企业及管理层的经营业绩进行准确的评估；另一个是依据观测到的结果对企业管理层进行激励，即董事会根据管理层所实现的业绩目标来对管理层支付报酬，从而实现企业剩余索取权和剩余控制权的对称分布。正确的业绩评价决定正确的激励，不公正的和不准确的业绩评价将削弱组织中激励机制的有效性，从而降低了生产率（Michael C. Jensen and Kevin J. Murphy，1988）。使用激励方式的关键是找到合适的绩效标准（如平衡计分卡中的指标）以及把这些标准与管理层的薪酬挂钩（Mason A. Carpenter，2009）。通过把激励性薪酬与关键的业绩指标联系起来，明确表达并支持公司的经营重点，通过奖励（相对潜力而言的）出色业绩，在公司营造一种重视业绩的氛围①。由此可见，业绩评价内部报告是管理层激励的依据，激励是业绩评价的结果，二者互为因果，相互依托，缺一不可。没有业绩评价依据的激励，将会使奖励和惩罚不对称，勤勉的管理层得不到激励，偷懒的管理层也得不到惩罚，

---

① D. Swinford，"Unbundling Divisional Management Incentives"，*Management Review*，July 1987，pp. 35 – 37.

助长管理层机会主义行为，最终导致"劣币驱逐良币"的恶性循环，严重损伤企业的价值创造能力；有业绩评价报告，但是没有后续的激励举措，业绩评价徒增考核成本，没有任何意义。

2. 保持公司核心竞争力和可持续发展机制

无论是股东价值的实现，还是其他利益相关者价值的实现，一个基本前提就是公司的存在和可持续发展，而公司存在和可持续发展的先决条件就是具备核心竞争力。正是按照这一逻辑脉络，本书构建的管理层业绩评价内部报告是以企业核心竞争力为导向，核心竞争力是保证公司价值永续实现的源泉，包括股东在内的所有相关主体价值的实现都是以公司价值的实现为前提。公司治理应当把它的重点放在绩效和核心竞争力上，它的目标因此必须是追求"代理成本"的最小化，公司治理面临的最大挑战是如何去创造出某种机制来使公司尽可能地接近于一台处于永远运动中的机器，以及如何去创造出一个机构来使这台机器能够持续评估和纠正它的保持竞争力所需的程序（Robert Monks，2006）。因此，核心竞争力和可持续发展是公司治理的主题和终极目标，作为公司治理透明度机制的业绩评价内部报告，承担保持公司核心竞争力和可持续发展功能应是题中应有之意。

管理层业绩评价中最大的盲区在于没有搞清楚业绩来自何处，也就是业绩的动因。传统的财务业绩评价，评价的只是显性业绩，真正应该评价的是产生这些财务业绩的动因——企业的核心竞争力[1]，业绩评价的关键在于找到真正产生业绩的驱动力，找不到业绩驱动力所在，自然也就难以看到业绩所在（吴向京，2011）。企业的业绩动因——核心竞争力不在了，显性财务业绩就无从谈起，皮之不存，毛将焉附？业绩本身不是核心竞争力，而仅仅是核心竞争力的结果（Mason A. Carpenter and Wm. Gerard Sanders，2007），本书以核心竞争力为导引，构建了业绩评价内部报告，评价的不仅是显性业绩，而且也包括显性业绩的源泉——核心竞争力。

传统的管理层显性业绩评价是以财务指标为主，而忽略了对管理层隐性业绩——核心竞争力的评价，其中一个主要原因是核心竞争力难以量化，虽然说"不能量化就不能衡量，不能衡量就不能管理"，但越重要的东西越难衡量，不能因为核心竞争力难以量化就不加以重视（Philip Sadler，2002）。核心竞争力是企业具有的能够作为企业竞争优势来源的企业能力，凭借着竞争优势，企业就能

---

[1] 芮明杰（2008）认为公司核心竞争力本质上是公司特有的、能够给顾客带来价值的、难以被模仿的隐性知识。本书把引致显性业绩的动因——核心竞争力因素称为隐性业绩，包括企业声誉、企业文化、社会责任等。

够击败自己的竞争者。核心竞争力不仅能够使一家公司具备与众不同的竞争力，而且还可以反映公司独特的个性。企业的核心竞争力是在企业不断积累并学习如何利用各种不同的资源和能力的长期过程中形成的（C. Zott，2003）。作为采取行动的一种能力，企业的核心竞争力就像是"皇冠上的一颗宝石"，作为核心竞争力的企业活动是相对于竞争者企业更擅长的一些活动，凭借着这些行动，企业能够在很长的一段时期内为自己的产品或服务增加独特的价值。

（四）管理层业绩评价内部报告的披露原则

1. 财务和非财务指标并重原则

传统的管理层业绩评价以财务指标为主导，财务业绩指标的广泛使用有两个主要原因：第一，财务业绩指标，如利润，它直接和公司的长期目标相衔接，而公司的长期目标几乎总是纯财务性的；第二，恰当的财务性业绩指标能综合地反映公司业绩。但是董事会已经意识到仅仅用财务指标来作为管理层业绩评价标准有很多缺点。财务指标的缺点主要表现在两个方面：一是财务指标只是反映管理层的过去的经营业绩，但不能揭示深层的业绩动因，并不能反映未来的盈利能力和基于核心竞争力的可持续发展能力；二是财务指标都是以应计制的会计为核算基础，易于操纵，自利的管理层可以通过会计政策的选择进行盈余管理，甚至利润操纵，而且财务指标容易产生短期行为。例如，最常用的财务指标利润只是概括性地体现了公司对其意义重大的目标的能力，它无法直接地让组织成员知道他们自己应做什么来提高公司业绩，另外利润有短期倾向，因而能为人所操纵，管理层能采取步骤以长期利润为代价提高短期利润。利润指标所产生的最严重的问题可能是：管理层会牺牲长期获利能力以提高短期利润，如降低质量控制和维护水平，不充分提供研究开发基金和员工培训，不充分注意客户关系和员工士气。除使用利润指标评价管理层的业绩会产生问题外，使用投资报酬率（ROI）作为管理层业绩的评价指标，也会产生问题。管理层所做的提高其投资报酬率的活动有时会使公司的经营状况恶化，而有时降低企业投资报酬率的活动却可以提高公司的价值。[①] 将投资报酬率作为评价管理层业绩的指标，管理层会通过增大分子

---

① D. Solomons, Divisional Performance: Measurement and Control (Homewood, IL: Richard D. Irwin, 1968) chap. 5; J. Dearden, "The Case against ROI Control", *Harvard Business Review* (May – June, 1969); J. Dearden, "Measuring Profit Center Managers", *Harvard Business Review* (September – October, 1987)，上述三篇文章都论及了投资报酬率评价的技术限制。

（基于现有资产取得更多的利润）或减小分母（减少投资额）来使这个比率尽量变大。当投资项目的报酬率高于资本成本而低于部门目前的投资报酬率时，管理层会放弃这个有利可图的投资机会而缩减投资额。总而言之，任何低于企业预定考核标准投资报酬率的投资项目或资产项目均会成为不投资或被处置的对象，因为这些项目或资产会降低企业的投资报酬率。管理层依据这个仿佛符合逻辑但却十分荒唐的道理，会将企业的投资额缩减到只剩一个投资项目，虽然这个项目的投资报酬率最高，但其投资额却很少。

基于用财务指标评价管理层业绩导致的局限性和内部冲突，单独的财务指标对于指导和评价在信息时代公司如何通过投资于客户、供应商、雇员、生产程序、技术和创新等来创造未来的价值是不够的。财务指标描述了已经完成的事情，这种描述对于投资于长期生产能力和客户关系工业时代的公司来说是足够的，但这不是企业成功最关键的指标。对概括性财务业绩指标的依赖，会妨碍企业创造未来经济价值的能力（Robert S. Kaplan and David P. Norton，1996）。因此，在评价管理层的业绩时，应该坚持财务指标和非财务指标并重的原则，使用一个包括短期财务指标和非财务指标（如产品质量、客户满意程度、创新等）的综合业绩指标对管理层业绩进行评价。高层管理者不仅要追踪表明过去决策结果的财务指标，而且要跟踪表明未来业绩的非财务指标，这一点很重要。把管理层业绩评价系统比喻成为一个仪表盘就能让我们清晰地理解管理控制系统需要综合财务与非财务指标：一个单一的指标无法控制一个复杂的系统，过多的指标又会使系统过于复杂，而无法控制。非财务指标，如客户满意度或新产品的开发速度，对投资者和分析师帮助很大，企业应当公布这类信息以全面介绍自己的经营状况。美国注册会计师协会的一个关于财务报表的高级特别委员会指出，非财务指标必须发挥重要作用："管理层应该公布他们在管理企业时所使用的财务和非财务指标，而这些指标量化了关键的活动和事件的影响。"[①] 纠正财务指标内在不足的方法是，建立包含一个或多个非财务指标的平衡计分卡，如销售增长率、市场份额、客户满意度、产品质量、新产品开发、人员开发，以及社会责任等（Robert N. Anthony and Vijay Govindarajan，2005），其中非财务指标的每项因素都会影响企业的核心竞争力，董事会可以按照预期设计管理层的长期与短期利润导向，并通过有选择性地挑拣财务和非财务指标，然后设定各项指标的权数，来涵盖财务指标所未能反映的因素。

---

① The AICPA Special Committee on Financial Reporting, Improving Business Reporting – A Customer Focus：Meeting the Information Needs of Investors and Creditor. New York：*American Institute of Public Accountants*，1994，9.

2. 成本与效益权衡原则

信息理论认为，公司内部的信息转移也要发生成本。该理论还认为，由于人本身存在的局限性，即使是转移成本较低的信息，一个人也不可能完全消化并据此行事（Simon，Herbert A. 1976）。因此，董事会面临的挑战就是设计一套合理的内部报告披露机制，使内部信息转移成本最小化，同时最大化管理层业绩透明度。构建内部报告体系的直接目标是监督和检验管理层受托责任的履行，降低道德风险，终极目标是增加组织价值，因此必须权衡内部报告的披露成本和披露效益，只有在披露成本小于披露收益时，内部报告体系的构建才符合企业价值增值的终极战略目标。构建管理层业绩评价内部报告的目标是通过内部报告机制增加企业内部信息透明度，缓解管理层和董事会之间的信息不对称程度，进而有效制约管理层的败德行为，降低代理成本。但是，需要指出的是，代理成本也取决于测度和评价管理层（代理人）绩效的成本、取决于设计和应用与董事会（委托人）的福利相关的管理层报酬指标的成本、取决于设计和实施具体的行为规则和政策成本（Michael Jensen and William Meckling，1976）。因此，如果管理层业绩评价成本和内部报告披露成本大于业绩评价收益和披露收益，那么为了维护企业的追求价值最大化的战略目标，业绩评价内部报告可以不必要披露。

内部报告属于自愿信息披露范畴，尽管很多公司并不情愿进行额外的信息披露，但他们中的大多数开始意识到自愿性信息披露行为将会对其自身的发展带来更大的利益（Lee H. Radebaugh，Sidney J. Gray and Ervin L. Black，2006）。当信息披露环境没有受到任何限制时，只要披露信息给公司和管理层带来的效益超过提供这些信息的成本，他们就会自愿地披露。换句话说，公司管理层决定内部报告信息的披露范围、披露时间和内容等问题时，也一样受成本—效益的影响。管理层可能对自愿披露所产生的效益进行评估，并与提供这些信息的成本进行对比。不同公司间和不同时间财务信息和非财务信息披露的差异，应该归因于自愿披露这些内部信息所带来的效益和成本对比的不同。

内部报告信息往往超出了外部监管规制（如会计准则）的最低强制披露要求，很显然，管理层认为额外披露的效益会超出披露成本，那么，超出最低要求的自愿披露能够给管理层带来的潜在效益和披露成本是什么呢？（1）披露效益。公司在资本、劳动力、产出、占领市场等各方面与其他企业进行竞争，这些竞争刺激管理层愿意向外界披露公司有关业绩方面的"好消息"。这些信息可能是新产品的成功生产、消费者对现有产品需求的增加、质量的有效提高或其他事情，通过泄露这些不为别人知道的信息，可以较低的成本筹集资本，或者从供货商那里得到有利的付款条件。这些都将最后有利于做厚管理层的业绩，在业绩与激励性薪酬挂钩的机制下，通过内部报告自愿披露自身业绩将向董事会传递一种管理层积极努力不偷懒的"信号"，从而有利于获得预期的薪酬奖励，同时管理层这种主动自愿披露自身业绩的内部报告行为，也向职业经理人市场传递了管理层"高能力"的信号，有利于管理层人力资本在职业经理人市场的重新定价和索要高价。自愿信息披露可以给管理层带来效益，但是管理层取得这些效益也是有成本的。（2）披露成本。信息披露会带来四种成本：信息搜集、处理和发布成本；竞争劣势成本；诉讼成本；政治成本。①与信息搜集、处理和发布相关的成本很大，尤其是涉及企业文化、社会责任和管理层声誉等这些隐性业绩的披露，需要仔细甄别，广泛采集信息。内部报告的编制和发布成本还包括对业绩评价内部报告的审计成本①，像公司的其他成本项目一样，这些成本最终全部由企业负担。②竞争劣势成本。超过强制信息披露最低要求的自愿信息披露成本是竞争对手可能利用公司发布的信息损害公司，以下几种披露（包括财务信息和非财务信息）会给竞争优势带来不利影响：有关公司战略、计划和其他策略的详细资料，例如新产品、定价策略、新的市场等；公司技术和管理革新的信息，例如新的生产和销售系统、流水线的成功再造和稳定提高产品质量的方法，或者独特高效的市场营销方式；有关公司经营的详细信息，例如某一生产线或某一区域市场的销售和成本数字等。披露某种产品或某一区域的销售和成本资料，可以使竞争对手了解他们所不知道的盈利机会，因此，削弱了披露信息公司的竞争优势。工会和供货商也会利用公司的财务信息加重他们的谈判砝码，从而提高公司成本，降低竞争力。③诉讼成本。是指董事会和其他内部报告的使用者认为管理层信息披露有误，而对管理层提出诉讼而导致的成本。即使对于没有任何依据的诉讼，处理这类事件的成本也很高。除了诉讼费用和最后解决问题所花费的成本外，诉讼还会损害公司的声誉和管理层个人的声誉，分散了管理层的注意力，使他们不能全身心地考虑生产经营以及其他使公司增值的事情。④政治成本。内部报告管理层业绩信息披露还可能产生政治成本，尤其是在一些受到高度关注的行业（如石油和医药等）。政治上易受攻击的高盈利公司往往受到财经报刊和公众报纸的攻击，他们声称公司的高额盈利构成了反竞争的证据。政客们有时会利用这些被渲染过的公众意见，对由于高盈利造成的"危机"提出解决办法，以便获得媒体对他

---

① 由于管理层业绩评价结果直接决定管理层的薪酬，因此管理层为了获得高薪酬，就有动机在业绩评价内部报告中只披露"好业绩"，不披露"坏业绩"，甚至操纵数据，粉饰业绩。因此有必要由审计委员会对管理层披露的业绩评价内部报告进行内部审计。因此，也会产生相应的审计成本。

们的关注，为他们连任或被再次提名打基础。这些"解决办法"往往是一些政治提案，对这些不受欢迎的公司课税。反托拉斯法、环境保护法规、取消进口配额保护等都是政客和政府官僚可以添加给这些不受欢迎的公司和行业的政治成本的例子，内部报告自愿披露信息是政客和官僚们可以用来猎取目标公司和行业的信息来源之一。正因为如此，一些高盈利（但政治上易受攻击）公司管理层可能会有意让别人看起来其业绩水平没有那么高。另外有一种与"过高利润"相反的情况是，政客们为了回应公众对这些受到高度关注的行业巨额亏损的关心，往往会提供如政府担保贷款、征收进口关税以及限制竞争对手的经营活动等帮助（Lawrence Revsine，Daniel W. Collins and W. Bruce Johnson，2002）。

3. 内部报告与财务报告协调原则

内部报告不是对财务报告的替代，而是对财务报告的补充，二者共同构成完整的统一会计报告体系。如图4-2所示。

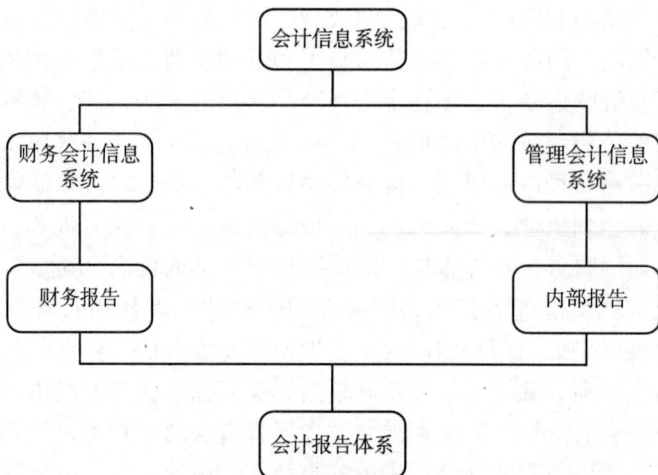

图4-2　财务报告与内部报告组成的统一会计报告体系

一种信息来源的信息含量需要以其他信息来源的存在为条件。这是条件可控性的关键特征，它用来确定契约领域中迟来、公开的信息来源的报告是否存在着信息含量（John A. Christensen and Joel S. Demski，2002）。内部报告是财务报告的数据基础和可靠性保证机制，是获取外部和内部信息，向管理层提供有关与实现企业既定目标相关的业绩的必要报告。内部报告是内部控制的信息传递和沟通机制①，是存在于正常的财务报告途径之外的沟通渠道，是架设于高层管理当局和董事会之间的沟通桥梁。信息系统生成包含与经营、财务和合规有关的信息的内部报告，从而使对业务进行管理和控制成为可能。它们不仅处理内部生成的数据，还处理知情的经营决策和财务报告所需的与外部事项、活动和环境有关的信息。有效的内部沟通必须广泛地进行，自上而下、自下而上地贯穿于整个组织。内部报告是企业内向上传递重要信息的方式（COSO，1994）。内部报告作为企业内部信息与沟通的机制，是内部控制的"血液"，是把内部控制各个组成要素连接成一个有机整体的"黏合剂"。而内部控制，尤其是有效的财务报告内部控制为财务报告的可靠性和相关性提供了程序保证。

财务报告通常都是一种与股东和利益相关者非常乏味而有限的沟通方式。它本质上是史料性的，关注的是过去。它是一份静止的文档，以纸张印制，使用者也不能进行更多的探寻和分析，它报告的内容主要是财务信息。然而，仅仅依靠财务信息并不能勾画出一幅完整的企业健康图。过去的财务报告不透明，而且往往是信息越具体就越难以理解，几乎没有提供任何必要的非财务信息来清晰地呈现当前的经营状况，并可以对未来的表现做出更准确的预测。同时，由于财务报告是纸质的，它也因此成了信息孤岛——无法与其他相关数据以及信息建立关联，而这些信息有助于使利益相关者更好地理解公司或者让管理层更有效地管理公司。由于在全球经济领域和各行业发生的巨大变化以及为 21 世纪重新构建社会的挑战，对公司绩效中的非财务信息的评估和报告已变得非常重要。现在的以财务报告为主体的报告体系是一种过时的甚至是危险的报告体系，公司报告体系发生变革的时候到了。这个未来的报告体系就是以披露非财务业绩为主的内部报告和以披露财务业绩为主的财务报告协调、整合的统一报告体系。我们需要一个可以通过整合报告体系为所有利益相关方提供对事实的唯一版本的全面、网络型、实时而鲜活的报告系统。在这个意义上，对报告重新再做思考也不是件坏事——它是成功的核心因素之一，也是公司乃至全球经济赖以生存的核心因素之一。

内部报告与财务报告有共同的数据源，就是企业的战略和经营业务。因此，内部报告与财务报告的披露内容并没有泾渭分明的边界，二者披露内容上有交叉，如图 4-3 所示。内部报告以披露非财务业绩信息为主，财务报告以披露财务业绩信息为主。内部报告披露的财务业绩信息可以从财务报告提取，同样，财

①《内部控制——整合框架》（COSO，1994）和《企业风险管理——整合框架》（COSO，2004）都把"信息与沟通"作为框架的组成要素之一，内部报告正是属于"信息与沟通"范畴的企业内部信息传递机制和沟通机制。

务报告披露的必要非财务业绩信息也可以从内部报告提取，这种相互供给业绩信息的模式可以避免相同信息重复生成，降低披露成本。正是因为二者在披露内容上有交集，所以在整合的统一报告体系中要注意财务报告和内部报告披露内容的充分协调，管理层业绩评价内部报告中的具有竞争力的财务业绩信息可以从财务报告中直接提取和引用，不必二次采集和生成。内部报告理论框架和系统框架的建立不仅夯实了财务报告的基础，保证了财务报告的可靠性，而且为会计报告变革提供了基础，指明了方向（张先治，2010）。

图4-3　内部报告与财务报告披露内容关系

4. 管理层自愿披露原则

标准代理问题假设行动是不可观察而产出是可观察的，但是对现实中的合同问题而言，甚至业绩也可能难以观察或描述。对于一些隐性业绩，处于信息优势地位的管理层不说，或者没有机制诱使他披露，那么外部人是难以觉察的。不准确的公司治理披露很难被发现，而准确的披露也可能含有很难被揭露的隐藏信息（Björn Fasterling，2006）。对于管理层的行为事前不可观察，但是事后可以验证，信息披露问题面对的是那些一旦被披露就能证明或被验证的私人信息，它的主要问题是让信息拥有方披露它（Patrick Bolton and Mathias Dewatripont，2005）。因此，管理层业绩评价内部报告由管理层自愿披露是帕累托最优选择，根据显示原理（Revelation Principle），在沟通无成本的前提下，针对集权型体制，可以建立起一种诱导管理层"说实话"的机制，在这种"说实话"的机制下，管理层只有如实自愿披露自己的业绩才能得到最大薪酬。董事会所要做的就是设计业绩与薪酬挂钩等机制诱使管理层主动披露其全面业绩，同时设计必要的监督机制防范管理层"报喜不报忧"的机会主义披露行为。

内部报告采取自愿披露原则，而不是强制披露原则，主要基于两点考虑：首先，管理层有动机自愿披露业绩评价内部报告。管理层自愿性信息披露主要是基于代理理论和信号传递理论，具体动因包括降低资本成本、表明管理层经营能力、来自职业经理人市场和代理权争夺市场的压力，以及披露社会责任信息（李明辉，2001）、企业文化和声誉等核心竞争力来源信息。在信息不对称的是世界里，管理层有隐藏信息和隐藏行动两种倾向，隐藏信息导致了一种信息垄断力量，以及类似于垄断引起的配置无效率。隐藏行动导致管理层的行为不可观测，如果管理层自己不说，外部人很难知晓，业绩不凡的管理层出于向董事会显示自己的业绩从而获得相当的报酬和向经理人市场传递自己能力信息从而防止"劣币驱逐良币"的双重目的，有内在动机通过选择"自愿性信息披露"进行信号显示。特鲁曼（Trueman，1986）认为，有才能的管理层会有动机进行自愿性盈余预测以展现他们的风格（Type）。外生强制性披露的不足以及管理层内在动机共同导致了公司自愿性信息披露。因此业绩评价内部报告的最适宜的披露方式就是管理层自愿披露。其次，是外部规制变革成本。现行规制主要是规范可计量的财务业绩的强制披露，如果以披露非财务业绩为主的内部报告采取强制披露原则，那么就要相应变革外部规制，包括会计规制（会计法、会计准则）、公司法、证券法等，而规制的变革向来都是利益集团的博弈过程，有可能触动既得利益集团的利益而面临较大的阻力，短期内司法效率也难以迅速提高。因此，强制披露内部报告在外部规制变革成本上是不经济的，而且效率也不容乐观，因此通过机制设计诱导管理层自愿披露业绩内部报告是相对帕累托替代性制度安排。

（五）基于核心竞争力的管理层业绩评价内部报告的特点

1. 非财务信息为主导的叙述式报告

由于在全球经济领域和各行业发生的巨大变化以及 21 世纪重新构建社会的挑战，对公司绩效中的非财务信息的评估和报告已经变得非常重要。企业的关键成功因素应该既包括财务方面的，也包括非财务方面的。一方面因为财务结果往往属于一种综合性的事后反映，具有滞后效应和短期效应；另一方面因为非财务活动往往是财务结果获得改善的关键动因，许多公司的实践活动已经证明非财务要素的变动最终影响了公司财务业绩（张先治，2004）。传统的业绩评价报告是以会计信息和股价为主的财务信息披露为主，财务信息的特点是易于计量，具有可靠性，且披露成本低，但是过分重视和维持短期财务结果，忽略了公司长期利益和未来价值创造，局限于对过去活动结果的财务衡量，没有站在战略的高度充分揭示经营业绩改善的关键驱动因素。此外，财务指标对无形资产和智力资产无法进行充分的确认、计量与报告，不足以反映企业业绩的全部动因。因此，以核心竞争力为导向的业绩评价内部报告致力于披露反映业绩关键驱动因素的非财务信息，包括社会责任、企业文化、企业声誉。

与财务指标相比，非财务指标有利于提高业绩评价指标的一致性和准确性，但是有些非财务指标无法量化。对于一个公司而言，并不是所有的经营业绩表现因素都能够通过计量的手段加以反映，这样就应该将定量指标和定性指标相互结合，同时采用科学的方法克服"宜量纲"问题（即主观判断所带来的随意性），常用的方法是专家判分法和模糊数学中的隶属因子赋值法（张先治，2004）。对于这些难以量化的非财务关键业绩指标（企业文化、社会责任、企业声誉）应以叙述式报告形式予以披露。报告中的叙述部分常被视为向结构更加紧密的利润表、资产负债表以及注释中所呈现的财务信息提供相关的"情景信息"。这种情景信息——包括公司的战略、实施方案、行业竞争分析以及整体经济环境——可以帮助解释财务结果，并对未来财务业绩的优劣做一些深入洞察。尽管这种叙述性信息也有一定的撰写原则，但都比较概括和宽泛。因此各公司的叙述部分在数量和质量上都存在巨大的差异。在最理想的状况下，它的重要性可以与财务信息相提并论；而在最糟的状况下，它几乎就是一堆关于公司优势和实力的毫无凭证的宣言（Robert G. Eccles and Michael P. Krzus，2010）。

2. 主观业绩评价为主导的多维度业绩评价方法

业绩评价机制可以建立在客观指标上（例如年度会计利润），也可以建立在主观指标上（如管理层对组织的"价值"）。一些岗位，如销售，本身就适合客观地衡量业绩（如用销售收入考核）；但是在大部分岗位上，尤其是对于以智力输出为主、处于组织上层的管理层，业绩无法客观地衡量，因为联合生产和不可观察性意味着个人产出不容易量化（George P. Baker，Michael C. Jensen and Kevin J. Murphy，1988）。由于寻找正确衡量管理层业绩的客观指标，常常是无法完成的任务，因此类似巨大的货币激励等显性激励手段有时会产生意想不到的结果和甚至反生产力的结果，例如管理层报酬若与年度会计利润挂钩，那么管理层就会利用盈余管理等手段提高短期利润和牺牲长期获利能力。因此，企业在对管理层进行必要客观业绩指标评价的显性激励同时，应该使用主观业绩指标，对管理层进行隐性激励，例如声誉激励等，关注企业道德、公平、平等、士气、信任、社会责任和企业文化等隐性指标。迈克尔·詹森和凯文·墨菲（Michael Jensen and Kevin Murphy，1988）以及狄更斯、卡茨、朗和萨莫斯（Dickens，Katz，Lang and Summers，1987）认为，在业绩和薪酬制度上，经济学分析只能走这么远，在某个点上，我们只能屈服于政治压力或接受公平性、社会责任、信任或文化等行为概念。因此，这也就预示着管理层声誉、社会责任及企业文化等隐性激励成为管理层激励契约里不可或缺的重要一极。关于隐性激励业绩指标是否客观存在的问题，迈克尔·詹森和凯文·墨菲（1990）通过对管理层报酬——业绩敏感度的回归分析，得出管理层报酬与市场或会计业绩之间的关系很弱的结论，同时认为报酬在创造管理层业绩中的作用相当有限，由此他们推测在管理层不完备激励契约中存在与管理层报酬高度挂钩的很重要的"无法观察到的业绩指标"。虽然最后迈克尔·詹森和凯文·墨菲（1990）也没有明示这些很重要的"无法观察到的业绩指标"到底是什么，那么这不妨碍我们进行后续的分析。那么是什么原因促使管理层在没有基于业绩的直接报酬激励的情况下，仍然不偷懒努力工作呢？或者说管理层在追求报酬收入最大化之外，还有没有其他的追求目标促使他促进企业价值最大化？长久以来，我们一直忽略了一个问题，就是作为理性个人的管理层试图追求的是效用最大化而不是收入最大化，这是理解不完全市场经济中人类行为的关键所在（Lipton，Michael，1968）。进入管理层效用函数的变量包括官能快乐、财富、受人尊敬、友谊、良好的声誉、权力、虔诚感、行善、仁慈、仇恨、知识、记忆、想象力、希望、结社和痛苦的免除（Becher，Gary S.，1976）。由此可见，作为理性个人的管理层并不只关心物质收益和货币收入。对健康、声誉、快乐以及其他非物质商品的追求，可能诱致个人摒弃他可得到的最大物质利益（Lipton，Michael，1968）。在委托—代理研究领域，尤其关注的是管理层声誉激励，如果考虑经理人市场的声誉激励作用的话，管理层就可能在没有直接基于业绩报酬激励的情况下选择努力而不是偷懒，至少偷懒不会像没有经理人市场的情况下那么严重。在竞争的职业经理人市场上，经理人与整个劳动力市场之间进行的是一个重复博弈；市场根据观察到的业绩给经理人不断重复定价；经理人如果不努力，其业绩表现就会不佳，人力资本的市场价值就会下降；管理层对决定其市场价值的自身声誉的关心足以诱使他为股东努力工作（Fama，1980；Holmstrom，1982b）。经理人必须关心自己的名声，因为信誉好了才会在未来有人愿意聘请他，才能获得更高的报酬。当经理人预期到遵守信誉的长期收益大于欺骗的短期收益时，他就会有积极性珍视信誉，从而努力工作不偷懒（Baker，Gibbons，Murphy，2000）。公司的高级管理人员已经把他们的大部分财富以人力资本（通过他们预期报酬的贴现值来衡量）的形式直接与公司经营状况联系起来。如果公司的经营状况不好，他们的管理声誉就会下降，限制了外部提供工作的机会和报酬上涨的速度（Robert S. Kaplan and Anthony A. Atkinson，1998）。由以上分析可以看出，从某种意义上来说，声誉、社会责任（行善、仁慈、受人尊敬等）、企业文化（知识、习惯、希望等）等产生的隐性激励效应要比货币报酬和物质利益等显性激励效应大，并且更持久。这或许可以解释迈克尔·詹森和凯文·墨菲（1990）没有回答的问题，那就是为什么CEO的显性报酬在与企业业绩无关的情况下，CEO① 仍能恪尽职守地为企业价值最大化做出贡献，是隐性激励在发挥潜在的作用。

综上所述，由于本书以核心竞争力为导向构建管理层业绩评价内部报告，核心竞争力的特质决定了内部报告应以披露业绩动因的非财务因素为主体，包括企业文化、企业声誉、社会责任，虽然这些因素难以财务量化，但是这些业绩驱动力因素的相关性远远重要于精确性，因此采用的是主观业绩评价方法为主导的多维度业绩评价方法。

五、管理层业绩评价内部报告披露机制安排

所有权与控制权分离之后，由于分散的股东没有动机严密监督公司管理层，作为非所有者的管理层能够引导企业追求利润以外的其他目标（Adolf Berle and Gardiner Means，1932），这就是管理层道德风险问题。在发生"经理革命"②，股东由于极度分散化产生集体行动困难③的情况下，难以对存在道德风险的管理层形成有效的激励和约束。在这种情况下，让董事会成为管理层的制衡力量，对管理层进行业绩评价和激励，从而降低代理成本就成为必然的选择。作为内部控制的顶层，董事会对企业运作负有最终责任，最重要的是董事会制定首席执行官的行为规则。董事会的工作就是选任、解雇、激励首席执行官并做他的高层顾问。然而，现实的情况是很少有董事会在没有外部危机的情况下很好地完成对管理层的评价和激励工作，普遍存在着董事会失灵情况。董事会失灵带来的严重后果就是管理层失控，管理层偷懒和机会主义盛行，严重损害了所有者权益和公司价值。

由于本书构建的管理层业绩评价内部报告是呈报给董事会，用于监督管理层受托责任履行的透明度和问责机制，因此在董事会的性质和结构上必须与内部报告机制有效运行相匹配，首先董事会必须保证充分的独立性，为此必须做到"两

① 迈克尔·詹森和凯文·墨菲（1990）把 CEO 定义为薪酬最高的管理人员，属于本书定义的管理层范畴，在行文过程中，管理层和 CEO 这两个词经常同意互换使用，不影响本书主题陈述。

② 所有权和控制权分离所揭示的"经理革命"或"管理革命"的实质，即代理人掌握了"管理控制型公司"或"经理式企业"的控制权。在现代企业中，比"两权分离"更为基本的是股东与经理之间职能的分解。

③ 奥尔森（1965）立足于理性经济人的经济学基础假设，认为由于集体行动的目标是非排他性的集体物品，所以人数众多、成员均质的大集团存在集体行动的困难。极度分散的股东监督管理层的行动成本大于监督收益，因此更倾向于对管理层的监督不作为而"搭便车"。

职分离"和增加独立董事的数量；其次董事会必须下设信息披露委员会、薪酬委员会、审计委员会和核心竞争力委员会，管理层业绩评价内部报告的披露主体是信息披露委员会，该委员会包括公司 CEO、CFO，因此管理层业绩评价内部报告是管理层自我报告①；内部报告使用主体是薪酬委员会和核心竞争力委员会，薪酬委员会根据业绩评价内部报告的结果设定管理层薪酬，核心竞争力委员会根据业绩评价内部报告判断管理层行为是否有利于增强公司的核心竞争力和可持续发展能力，防止管理层的短期行为；管理层业绩评价内部报告的审核主体是审计委员会，由于管理层的自利动机，可能通过盈余管理等手段粉饰业绩评价内部报告，因此有必要对管理层自我报告的业绩评价内部报告由审计委员会进行审核。管理层业绩评价内部报告机制架构如图 4-4 所示。

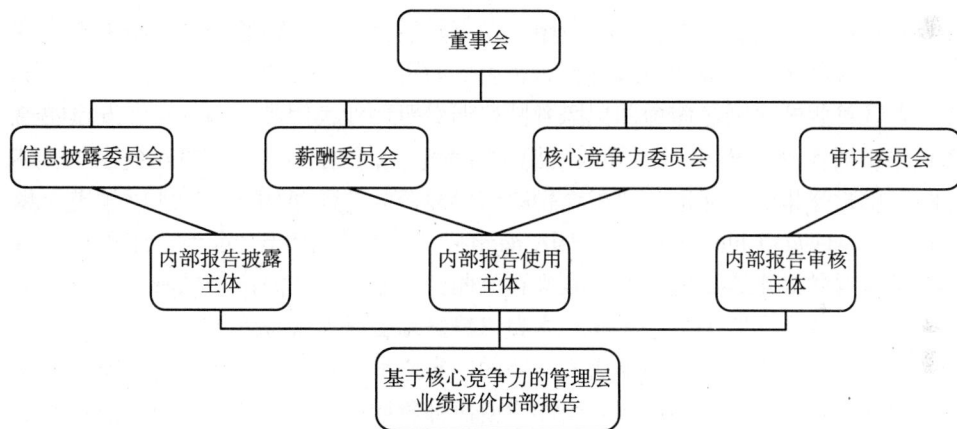

图 4-4　管理层业绩评价内部报告机制架构

（一）管理层业绩评价内部报告披露主体——信息披露委员会

SEC 建议上市公司设立披露委员会，协助公司管理层（例如 CEO，CFO）遵守 SOX302 节关于内部控制和财务报表保证的规定（SEC，2002）。披露委员会应由懂得公司定期备案要求、商业和法律披露实务、披露控制和程序的人员组成。有资格在披露委员会任职的人员是总法律顾问、总会计师、CAE、主计长、风险管理人员、外部法律顾问和投资者关系经理。披露委员会的职责包括（但不限于）：（1）监督所有公开披露及发布公共信息过程的适当性；（2）协助经理人员

---

① 在后文将对管理层业绩评价内部报告的管理层自我报告属性的可行性进行理论和实证分析。

遵守 SOX 关于经理人员保证的规定；（3）协助管理层评价财务报告内部控制的设计和运行的有效性；（4）确保遵守与公司定期备案有关的法律、法规、规定和准则；（5）协助管理层评价内部控制缺陷，以及这些缺陷所属的应通知审计委员会的严重缺陷的类别，或者所属的应该在 SEC 备案文件中披露的内部控制重大弱点（Zabihollah Rezaee，2007）。

从信息披露委员会的构成来看，该委员会是由管理层主导的，也就是说由该委员会披露管理层业绩评价内部报告属于管理层的自我报告和自愿信息披露。为了有效地提高经济运转的效率，外部监管规制一部分信息的披露（强制信息披露），内部管理层决定一部分信息的披露（自愿信息披露）（Paul M. Healy and Krishna G. Palepu，2000）。业绩评价内部报告属于管理层自愿披露范畴，之所以是这种制度安排，是因为信息不对称导致的管理层隐藏信息和隐藏行动，如果处于信息优势地位的管理层不自愿披露，那么处于信息劣势的外部人很难知晓。所以，必须设计出让管理层自愿"说真话"的机制，比如设计薪酬与业绩挂钩机制，但是有自利动机的管理层有自愿披露对自己有利的信息，而不披露对自己不利的信息的倾向。因此，需要在"说真话"机制之中嵌入防止管理层机会主义披露的控制机制，比如审计委员会对业绩评价内部报告的监督和审计，如果管理层知道自己的披露以后被证实是虚假的因而会被严厉地惩罚，这种机制就能够有效地保证信息披露的可信度（Paul M. Healy and Krishna G. Palepu，2000）。皮奥特洛斯基（Piotroski，1999a）的研究证据表明，自愿的信息披露和管理层预测是同样可信的。

需要指出的是，管理层是否有动机自愿披露业绩评价内部报告呢？会不会出现内部报告报不出的局面？通过对相关文献的梳理，笔者发现在业绩与薪酬挂钩及职业经理人市场健全等内外部机制具备的条件下，管理层有内在的动机自愿披露业绩评价内部报告。概而言之，管理层主导的信息披露委员会有如下动机自愿披露管理层业绩评价内部报告：（1）股权激励假说。公司的管理层同时通过很多基于股权的奖励计划直接获得报酬，比如股票期权的授予和股票增值的相关权利。这种激励计划由于体现了薪酬与业绩挂钩的特质，使得管理层具有进行自愿披露业绩信息的激励。若干文献提供了与这一假说一致的研究证据，相关的研究证据包括威迈尔（Waymire，1984）；阿吉可亚和吉夫特（Ajinkya and Gift，1984）发现，对管理层业绩增加的预测会有正的股价反应，而对业绩减少的预测会有负的股价反应。波纳尔和威迈尔（Pownall and Waymire，1989）发现，对未预期到的管理层盈余预测的市场反应和对未预期到的盈余公告本身的市场反应在大小上相似。这表明管理层预测和经审计的财务信息具有可比的可信度。埃米尔和列弗（Amir and Lev，1996）提供了有关自愿信息披露的其他证据。他们发现，诸如市场总体大小和市场渗透度的自愿信息披露，相比于强制要求的财务报表信息，其与股票价格的关系更显著，表明投资者认为自愿信息披露是可靠的。希利等（Healy et al.，1999a）发现公司在增加信息披露的同时，其股价也出现了与当前盈余业绩无关的显著上涨。盖尔布和扎罗文（Gelb and Zarowin，2000）发现，信息披露评级高的公司的股价与同时期及未来的盈利水平之间的相关关系比那些信息披露评级低的公司要显著。这些发现说明，公司的信息披露战略会影响股价对信息作出反应的速度。（2）管理层才能显示假设。特鲁曼（1986）认为有才能的管理层会有动机进行自愿业绩披露以展现他们的风格（Type）。业绩评价内部报告反映管理层在经理市场的业绩，如果管理层发生机会主义行为，其在经理市场上的人力资本价值就会下降。为此，管理层会自愿披露信息，让市场相信他已披露了相关信息，否则管理层是首当其冲的失败者①。公司的市值是投资者对公司管理层对公司所处经济环境未来变化的预期和反应能力的理解函数。投资者越早推测出管理层已经获得的信息，他们就越能很好地评估管理层预期未来变化的能力，公司的市值也就越高。希利等（1999a）发现公司在增加信息披露的同时，其股价也出现了与当前盈余业绩无关的显著上涨。盖尔布和扎罗文（2000）发现，信息披露评级高的公司的股价与同时期及未来的盈利水平之间的相关关系比那些信息披露评级低的公司要显著。这些发现说明，公司的信息披露战略会影响股价对信息作出反应的速度。（3）公司控制权竞争假说。这个假说是由公司董事会和投资者使得管理层对公司当前的股价表现负责任的研究证据衍生出来的。沃纳等（Warner et al.，1998）和威斯巴赫（Weisbach，1988）显示，CEO 的更换频率和低迷的股价表现是相关的。低迷的股价表现同时与导致高的 CEO 更换率的敌意收购的可能性有联系（see Palepu，1986；Morck et al.，1990）。迪安杰洛（DeAngelo，1988）发现，为争取董事会席位而发动代理权之争的股东，经常把低迷的经营业绩作为要求管理层下台的理由。信息自愿披露理论假设，在给定伴随着低迷的股价表现和盈利业绩的失去风险的情况下，管理层通过公司信息披露来降低公司价值被低估的可能性和为低迷的经营业绩开脱责任。

（二）管理层业绩评价内部报告使用主体——薪酬委员会和核心竞争力委员会

管理层业绩评价内部报告的功能有两个：一是为管理层薪酬制定提供依据，

---

① 小约翰·科菲，"市场失灵与强制性披露制度的经济分析"，经济社会体制比较，2002 年，第 1 期。

因此内部报告使用主体是薪酬委员会；二是培育企业的核心竞争力，保持竞争优势，实现企业的可持续发展，使用主体是核心竞争力委员会。①

1. 作为管理层业绩评价内部报告使用主体的薪酬委员会的变革

薪酬委员会作为内部报告的使用主体，利用内部报告提供的管理层业绩信息对管理层进行评价，进而决定管理层的薪酬支付。薪酬委员会必须对管理层采取可达到的、可度量的、特定的业绩度量标准，并将这些度量标准作为评价管理层的基准，尤为重要的是管理层的薪酬应该与业绩挂钩（CED，2006）。但是，现实的管理层薪酬实践是业绩不透明，并且薪酬与业绩不挂钩，甚至是薪酬委员会形同虚设，管理层自定薪酬，金融危机中美国高管天价薪酬的乱象已经把管理层业绩和薪酬脱钩的失败实践诠释得淋漓尽致。因此，要想发挥管理层业绩评价内部报告的预期功效，首先必须对使用它的主体——薪酬委员会的失败实践进行反思进而实施必要的变革。

（1）薪酬委员会作为管理层业绩评价内部报告使用主体的理论分析。董事会下设的薪酬委员会是用来实行和监督董事会的监督职能，特别是在有关设计、检查和实行管理层的业绩评价和薪酬计划的领域。为了做到有效和客观，薪酬委员会应该仅由拥有大量有关薪酬和相关事项人力资源经验的独立外部董事组成。这个委员会应该聘用直接向其报告应由其支付薪酬的外部薪酬顾问，以确保客观性和独立于管理层。从当前公司治理实践来看，薪酬委员会评价管理层业绩的信息来源是外部监管规制强制管理层披露并经过独立第三方鉴证的财务报告、管理层评论（MD&A）和管理层薪酬讨论与分析（CD&A），这三者都需要管理层（CEO 和 CFO）签字保证其内容的真实性和完整性，SOX 有两个关于管理层对财务报告保证的规定。SOX302 节要求公司的主要管理层（CEO、CFO）对上报给SEC 备案的每一份定期（季度或年度）报告进行保证。这也被称为民事保证，因为作保证的管理层如果做假保证的话，可能会承担民事责任。在 SOX906 节的规定下，公司上报的包含财务报表在内的每一份定期报告必须由公司的 CEO 和CFO 进行保证，包括附注、MD&A、CD&A 等。财务报告披露的是管理层的可以客观计量的财务业绩，由此可以看出，在当前的公司治理格局下，薪酬委员会评价管理层业绩的信息源是由管理层提供的外部监管规制强制披露的财务信息，与

---

① 笔者查阅了相关文献，尚未发现在董事会下设核心竞争力委员会的相关描述。但是根据本书对基于核心竞争力的管理层内部报告功能定位，有必要在董事会下设核心竞争力委员会，作为内部报告的使用主体，以内部报告为工具，监督管理层的业绩是以促进核心竞争力的培育为导向的，唯如此，企业才能可持续发展，基业常青。

管理层薪酬挂钩的业绩也是可度量为财务指标的财务业绩，这些计量财务业绩的财务指标包括经济增加值（EVA）、股东价值增加（SVA）、净资产回报率（ROE）、总资产回报率（ROA）、剩余收益（RI）、盈利和现金流增长（ECG）。但是，当前的这种以财务报告为主要信息源的披露体系，仅仅披露财务信息，薪酬委员会仅仅评价管理层的财务业绩，仅仅把可计量的财务业绩与管理层薪酬挂钩的激励机制，已经带来了管理层短期行为泛滥的严重恶果。这种薪酬仅与财务业绩挂钩的管理层评价机制，鼓励了管理层进行盈余管理、注重短期业绩、损害可持续业绩。在基于规则的会计准则环境下，管理层甚至可以"创造"业务来达到预期的报表财务业绩表现，从而套取高额薪酬。而这种财务业绩并不是企业真实的价值创造的表现，而是刻意"做"出来的虚假繁荣，最终损害的是企业的核心竞争力和长期业绩。

科学的管理层业绩评价方法应该以数量的（财务业绩）和质量的（非财务业绩）衡量方法为基础，对管理层的业绩评价形式的选择应当促进公司可持续的价值创造，而不是利用有利的税收或会计处理。鉴于当前管理层薪酬失控和短期行为泛滥，应该停止目前实行的基于财务业绩的评价和激励模式，相反，应该更多地提供透明、及时的，将影响公司及其前景的基本长期驱动因素和经济因素的信息。管理层业绩评价内部报告正是在这一背景下应运而生，它不仅提供财务业绩信息，而且提供作为企业核心竞争力驱动因素的非财务业绩信息，它是一套用来记录和披露公司有关经济、治理、道德、文化、声誉、社会及环保活动等的多重底线业绩（MBL）报告体系。内部报告提供关键业绩指标（KPI）的财务和非财务信息，使薪酬委员会能更好地理解管理层的财务和非财务业绩的度量（市场份额、新产品开发、顾客保有率、社会责任、企业文化、企业声誉、环保业绩）。管理层业绩评价内部报告披露的关键非财务业绩指标或对于定性因素的描述能使薪酬委员会更好地评价可持续商业实务和公司现金流及收益的质量和波动性。[①]当公司的管理层，特别是CEO和CFO，按照董事会确立的愿景建立起适当的目标，并将之用透明和吸引人的内部报告方式与董事会沟通时，创造和增加公司价值的可持续业绩就能够达到（Zabihollah Rezaee，2007）。

薪酬委员会对管理层的业绩评价导向和机制必须发生转变，由单纯评价管理层短期财务业绩转向以非财务业绩评价为主导的综合评价模式。薪酬委员会的业绩评价机制应该提倡可持续的价值创造，而不是利用有利的会计或税务处理营造

---

① Anderson, A., P. Herring, and A. Pawlicki. 2005. EBR: The next step. American Institute of Certified Public Accountants. Available at: aicpa. org/pubs/jofa/jun2005/Anderson. htm.

虚假繁荣。SEC 前任主席威廉·唐纳森（William Donaldson，2004）认为管理层业绩评价由短期财务业绩向长期非财务业绩导向的转变是一场艰难的战斗，具体地，威廉·唐纳森说："太多的人仍然打算维持公司治理的特权，狭隘地注重短期财务业绩，而经常损害了其他目标，诸如综合衡量所定义的健全性和长期业绩。"笔者建议薪酬委员会能够超越财务报告供给的财务业绩的视野，运用公司治理的最佳实务，成为管理层业绩评价内部报告的使用主体并运用内部报告披露的非财务业绩信息对管理层创造的真实的可持续业绩进行全面、科学的评价，以确保可持续的和长久的业绩并创造和增加公司价值。管理层业绩评价内部报告披露管理层关键财务和非财务业绩指标，它被期望用来解释可能影响公司长期业绩和目前业绩状况的主要趋势、关键业绩指标和因素，包括企业文化、社会责任和企业声誉等隐性业绩。管理层业绩评价内部报告注重目前和未来业绩的财务和非财务信息，它被建议用来作为改善财务报告质量、透明度和完整性的另一种方法。

薪酬委员会的管理层业绩评价实践由基于财务报告的财务业绩向基于内部报告的非财务业绩导向转变已经成为全球公司治理的趋势。经济发展委员会（CED）指出了后 SOX 时代美国商界所面临的首要挑战就是上市公司关键财务和非财务业绩指标的报告。传统财务报告囿于自身理论框架的制约难以全面披露关键非财务业绩指标，因此财务报告的相关性和有用性日渐式微。而管理层业绩评价内部报告体系的构建正好可以弥补财务报告的功能性缺陷，可以全面披露管理层的多重底线业绩，除财务业绩之外，还可以披露所有与关键业绩指标相关的更多前瞻性和非财务业绩信息，包括企业文化、社会责任、企业声誉等核心竞争力驱动业绩因素。在非财务业绩评价导向下，薪酬委员会期望有反映公司真实情况的更透明的财务和非财务业绩信息，以及超越公认会计原则（GAAP）披露规定的对关键财务指标的公允表述。管理层业绩评价内部报告整合了管理层业绩的财务和非财务部分，包括关键业绩指标（KPI），以更好地反映公司的机会和风险、现代业务的复杂性，以及收益和现金流的质量。管理层业绩评价内部报告对非财务业绩的侧重披露，正好契合了薪酬委员会对管理层业绩评价向非财务业绩导向转变的信息需求，因此，薪酬委员会自然并必然地成为管理层业绩评价内部报告的使用主体之一。

（2）薪酬委员会失败实践的反思。从目前的薪酬委员会实践来看，最大的弊端在于薪酬委员会缺乏独立性，管理层影响独立董事的提名，许多独立董事都是由 CEO 挑选的，使得他们对 CEO 心存感激，从而使薪酬委员会成为管理层操控的工具，管理层可以对他们自己的薪酬施加重大影响，使得他们可以获得租金。这种观点说明，管理层薪酬和业绩之间没有联系是因为管理权力决定了管理层薪酬。[①] 针对薪酬委员会的失败，管理学大师彼得·德鲁克说："无论在什么时候，如果一个机构像董事会在过去 40 或 50 年里那样，出现几乎囊括一切重大失败特征的功能失常现象，那么责怪人是没用的，是机构本身才导致了功能失常。"允许如此多的 CEO 去获取丰厚的薪酬作为他们平庸绩效的回报，只是董事会在过去十年里的低效率的一个特征。董事会应该出现在它们应该出现的地方去评估管理层的业绩，如果该业绩不那么令人满意的话，应迅速地做出反应（Robert Monks and Nell Minow，2006），但是董事会成员不愿意解雇或在收入上惩罚绩效差的首席执行官，原因是他们自己承担了大部分非货币成本，可没有得到任何货币收益（Michael C. Jensen and Kevin J. Murphy，1988）。董事会对管理层的监督激励不足，导致管理层激励缺位的现象无所不在，于是大型组织演变为无效率的官僚体制，缺乏核心竞争力的造血功能，失去了创造价值的能力。在董事会中担负管理层业绩评价和薪酬支付的就是薪酬委员会。管理层的薪酬计划由董事会的薪酬委员会监督，该委员会的成员往往限制为外部董事和不在薪酬计划内的内部董事，其主要作用是监督和评价内部董事的表现和决定内部董事的薪酬（Michael H. Jensen and Clifford W. Smith，Jr，1985）。但是，有大量证据表明，一些（甚至是很多）公司的薪酬委员会并不是中立的，他们常为了管理层的利益而牺牲股东利益（Robert S. Kaplan & Anthony A. Atkinson，1998）。

迈克尔·詹森和凯文·墨菲（1990）在《哈佛商业评论》上发表了一篇题目为《首席执行官激励：不在于给多少，而在于如何给》的文章，这里的"如何给"强调的就是业绩评价的重要性。CEO 是否有足够的激励为所有者利益经营好公司的问题，与报酬水平（给多少）几乎没有关系，激励来自报酬如何随公司绩效变化（如何给），而与报酬水平高低（给多少）无关。由此可见，管理层业绩与薪酬挂钩机制是激励发挥效能的重要前提，如果薪酬与业绩脱钩，管理层没有取得业绩也可以获得高薪酬，那么自利的管理层就没有动力去创造价值和实现业绩，这就是金融危机中美国华尔街高管一边申请财政救援一边拿着天价高薪和我国企业普遍存在的"穷庙富方丈"的根源所在。由华信惠悦咨询公司（Watson Wyatt Worldwide）在 2005 年对代表 8000 亿美元资产的 55 个机构投资者所做的调查显示：回应者中的大多数（90%）报告说他们公司管理层的薪酬实在是太过分了；大约 85% 的人相信目前的薪酬模式没有与业绩挂钩，并损害了

---

① Core, J., R. Holthausen, and D. Larcker. Corporate governance, chief executive officer compensation and firm performance. *Journal of Financial Economics* 1999（51）：pp. 371 – 406.

美国商界的形象；超过 87% 的人相信经理人员的薪酬受到管理层的影响。[①] 这些调查结果显示，调查的回应者对目前的管理层薪酬、薪酬标准、离职费、薪酬披露实务感到不满，从经验方面证实了薪酬委员会缺乏独立性和薪酬与业绩脱钩的失败实践，引起了监管层、学术界和实务界的普遍反思。

在管理层业绩评价内容披露方面，企业普遍存在两个问题：第一，只披露管理层报酬，不统一披露管理层业绩。披露的前者是果（给多少），没披露的后者是因（为什么给及如何给），这种重报酬披露、轻业绩披露的做法就容易让外部人士产生非议、批判等情绪化反应。人们会自然发问，为什么给管理层这么"高"的报酬？是不是无功受禄在损害企业价值？如果在披露管理层报酬的同时，披露管理层的业绩评价情况，让外部人士看到给管理层高薪的原因（例如：管理层薪酬内部报告显示给管理层 1000 万美元的报酬，管理层业绩评价内部报告显示管理层创造了 10 个亿的利润），那么就可以平息外部的质疑和责难，给管理层看似很高的报酬是物有所值，管理层也是受之无愧，理所应当。"君子爱财，取之以道"的文化无论是在东方，还是西方都是广为认可的，这个"道"就是按绩效支付报酬。我们不但要让外部人士看到管理层取得的"财"（报酬），也要让人们看到管理层取财之"道"（业绩评价），这样才能安抚只看到管理层报酬、没看到管理层业绩的社会团体的不满，减轻薪酬委员会的外在压力，从而更好地制定和贯彻绩效与报酬挂钩的管理层激励政策。第二，目前的管理层业绩评价指标披露大部分都是与股东财富变化密切相关的财务指标，而对除了股东之外的其他利益相关者有关的评价指标几乎没有，尤其是体现企业软实力和核心竞争力的企业文化和社会责任方面的非财务指标基本没有披露。

（3）基于管理层业绩评价内部报告的薪酬委员会变革。薪酬委员会决定着管理层的根据业绩获得报酬的水平，高管薪酬可以看作董事会灵魂的窗口。薪酬决定是董事会所作的最公开化的声明之一，因为他们必须在"薪酬披露与分析"（CD&A）中披露关于商业流程如此之多的数据和分析。我们可以将公开披露的薪酬决定作为指标来了解其他非公开领域决策有效性。一个董事会如果屈从于 CEO 并被其左右，那么从薪酬委员会所批准的薪酬方案中就能看出问题。[②] 薪酬委员会作为管理层业绩评价内部报告的使用主体，以内部报告为信息源对管理层进行业绩评价，挖掘企业价值创造和核心竞争力培育的真正业绩动因，以非财务

---

① Watson Wyatt. 2005. Finding the Right Balance：2005/2006 Survey of institutional investors' views on executive compensation. Available at：www. watsonwyatt. com.

② Paul Hodgson，email correspondence with Robert Eccles，September 9，2009.

业绩（隐性业绩）为主，兼顾财务业绩①，寻求的是企业的可持续发展，而不是刻意迎合投机者的短期盈利及市场对股价急功近利的诉求。管理层业绩评价内部报告评价和报酬管理层功能的有效发挥有赖于其使用主体薪酬委员会的如下相应变革：

①薪酬委员会的独立性。独立性是薪酬委员会的灵魂和必备要件，当前治理实践中薪酬委员会饱受诟病的就是缺乏应有的独立性。许多薪酬委员会的外部董事是由 CEO 挑选的，使得他们对 CEO 心存感激，独立性的丧失导致薪酬委员会监督和评价管理层功能的失去，同时也导致了管理层业绩评价内部报告机制形同虚设。因为管理层业绩评价内部报告是由管理层自我报告并呈送给薪酬委员会，如果薪酬委员会被管理层操控，那么就相当于管理层自我评价并自定薪酬，这也是当前管理层薪酬失控的症结所在。薪酬委员会必须仅由独立董事组成，除了董事会会议费和其他与委员会相关的费用外，他们不能接受公司的任何其他薪酬或有价值的物品。这些董事应当定期轮换岗位、知识丰富或者有责任在有关薪酬和相关事务方面成为知识丰富的人，并能运用应有的勤勉和专业判断来有效地履行职责，警觉地监督管理层（包括公司 CEO、CFO 等）薪酬的所有方面，以确保薪酬公平、非歧视、令人满意和具有前瞻性。

薪酬委员会和顾问的关系是影响独立性的重要因素。薪酬委员会在公司治理中扮演的角色随着管理层薪酬变得更加更加复杂，因此委员会得到更多的外部顾问建议变得越来越重要。薪酬委员会应当有权力和预算资源，在必要的时候聘用专家、顾问和咨询师设计和实行管理层薪酬计划。薪酬委员会和外部顾问的关系是很重要的，特别是当顾问同时给委员会和管理层同时提供建议时。为了确保薪酬委员会的独立性，最佳实务建议薪酬委员会必须确保顾问独立于管理层并向委员提供客观和相关的建议，同一咨询师不应同时被管理层聘用。薪酬委员会必须维持和控制委员会—顾问关系的所有方面和条件，包括顾问的任命、聘请、解雇、工作范围、对其工作的监督和监控。

②薪酬委员会必须坚持按业绩支付报酬的哲学。薪酬委员会必须实行由业绩驱动的按业绩付酬的管理层薪酬计划，对良好的业绩进行奖励。支付给管理层的薪酬应与以数量的（财务的）和质量的（非财务的）衡量方法确定的业绩挂钩（Corporate Counsel，2005）。按业绩支付报酬是管理层业绩评价内部报告披露的

---

① 笔者认为非财务业绩（隐性业绩）是财务业绩的动因，财务业绩是隐性业绩的必然外在表现。管理层在追逐和创造非财务业绩的过程中，尽管没有刻意追求财务业绩，但是非财务业绩的实现，必然最终表现在财务业绩指标上。二者的关系类似于斯密对"看不见的手"原理的论述，人们在追逐个人利益的同时伴随促进了并非本意的社会福利。同理，财务业绩是管理层追逐非财务业绩的非故意结果。

动力机制，内部报告是由管理层自我披露，管理层只有真实、充分地披露其创造的财务业绩和隐性非财务业绩，才能取得与创造业绩挂钩的报酬，管理层不披露或虚假披露其业绩将不能获得预期的报酬，尤其是虚假披露业绩，将受到审计委员会的审计和监督，业绩舞弊者将受到相应惩罚。同时，在业绩与薪酬挂钩的机制下，管理层不披露业绩除了不能获取与业绩挂钩的薪酬外，还会使投资者等外界市场力量做出管理层无能的判断，这种局面将使管理层在声誉市场面临极大的隐形压力，对管理层在职业经理人市场的重新定价和其后续职业生涯产生极为不利的影响，毕竟没有人愿意雇佣一个业绩平庸甚至没有业绩的管理层。如果管理层业绩与薪酬不挂钩，那么自利的管理层将没有动力自我披露业绩评价内部报告，这将直接导致管理层业绩评价内部报告报不出的尴尬局面，从而使本书设计的管理层业绩评价内部报告机制的崩解。因此，薪酬委员会必须坚持业绩与报酬挂钩的薪酬哲学，破除高级经理人员任职终身制——高级经理人员，包括 CEO 和 CFO，不应该享有多年制的合同，高级经理人员的业绩应该每年受到检查，对其续聘或者重新任命应该每年或者每几年予以批准。

薪酬与业绩挂钩机制有两个关键点：

首先，全面、科学地评价管理层的业绩。传统业绩评价机制的缺陷是重业绩的可靠性，轻业绩的相关性，具体表现是仅仅评价可以量化的管理层财务业绩，而忽略难以量化的非财务业绩的评价，这种不健全评价机制直接导致了管理层短期行为泛滥，损伤了企业的核心竞争力和可持续发展动力源泉。从目前管理层业绩评价实践来看，财务业绩主要采取的是会计指标和市场指标，这两类指标都存在短期行为倾向和可操纵性。会计指标（包括 ROE、ROA 等）一直以来就是管理层盈余管理的重灾区，在基于规则的会计准则背景下，管理层甚至可以根据预期达到的财务业绩指标来"创造"业务，创造性会计已经不是新闻；而市场指标（以股价为基础）管理层同样可以通过选择性信息披露等手段加以操纵。因此，财务业绩已经不能真实反映管理层的价值创造能力，而沦落为管理层操纵业绩套取高薪的乐园。基于此，笔者建议管理层业绩评价的思路以业绩相关性为主，可靠性为辅，具体操作路径就是以非财务业绩评价为主导，财务业绩评价为补充。非财务业绩是企业内在长期价值创造的动因，包括社会责任业绩、企业文化业绩、企业声誉业绩。非财务业绩的特点是无形性和难以计量，相关性强而可靠性弱，因此传统业绩评价机制一直回避对管理层的非财务业绩进行评价，但是，在 21 世纪的新经济时代，智力资本等无形资源成为企业价值创造的原动力，非财务业绩成为企业核心竞争力的动因，传统工业经济时代的有形资源在业绩创造过程中作用退居其次甚至变得无关紧要。在这种经济环境下，就不能因为非财务业绩难以计量而对其在价值创造中的主体作用视而不见，在新经济环境下，业绩的相关性重于可靠性，关键业绩指标一词在大多数情况下都是非财务性质的，因为这些用法并非基于会计规则。关键业绩指标涉及的东西包括产品质量、员工流动率、新产品开发成功率、顾客保留；等等。关键业绩指标（非财务业绩指标）与财务业绩的关系可以用一个"因果"模型来描述，非财务业绩是动因，财务业绩是结果，公司的战略可以通过这个模型转换成一套互相关联的衡量标准。一个最佳的例子就是卡普兰与诺顿的平衡计分卡概念。平衡计分卡"从四个角度来审视组织绩效：财务，顾客，内部商业流程，学习和增长"。他们强调应通过三个原则将这些衡量标准与公司战略联系起来：a. 因果关系，b. 业绩驱动力（即关键非财务业绩指标），c. 与财务业绩相联系。下一个重要步骤就是将每项关键非财务业绩指标放入"如果——那么"这样一个可以全面描述整个公司战略的陈述中来审视。① 要想认定哪些关键非财务业绩指标才是财务业绩的主要驱动因素指标并非易事。在对 157 家公司所做的一项调查中，克里斯托弗·伊特纳（Christopher Ittner）和大卫·拉克（David Larcker）发现只有 23% 的公司在"坚持创建并验证因果模型（指能展现战略成功的非财务业绩因素与财务业绩结果之间因果关系的图表）"。更多的时候，公司仅仅只是"采用非财务计量框架的标准模板"。② 为了让关键非财务业绩指标的价值最大化，他们建议公司应当将计量标准与战略关联起来，验证这种关系，设定正确的业绩目标，并使用那些具有统计意义的计量标准。基于重要性原则考虑，经过翔实的理论分析，本书从纷繁复杂的非财务业绩驱动因素中提炼出企业文化、企业声誉、社会责任三项，鉴于非财务业绩难以计量，可以采用叙述式内部报告披露。综上所述，薪酬委员会评价的是管理层的全面业绩，不仅仅是财务业绩，评价模式是以非财务业绩为主导，兼顾财务业绩，对非财务业绩的披露是采取叙述式内部报告。

其次，全面披露管理层薪酬的所有组成部分，不允许存在业绩外灰色薪酬。薪酬委员会应当确保管理层薪酬披露是充分的，披露包括支付给管理层的财务和非财务福利，包括管理层可能收到的额外津贴（例如，个人使用公司的飞机、汽车、房屋；会员费；个人旅行费和其他支持服务的福利）、额外的离职费、其他的离职费（例如，养老金支付和涵盖管理层配偶终身的寿险支付条款）。尽管

---

① 卡普兰和诺顿提供如下例子来阐述非财务业绩驱动财务业绩："如果我们对员工加强关于产品的培训，那么他们将更加了解自己所销售的全线产品；如果员工更加了解产品，那么他们的销售业绩将会提高；如果员工的销售业绩提高，那么他们所销售产品的平均利润率将会提高。"

② Ittner, Christopher, and Larcker, David. "Coming Up Short on Nonfinancial Performance Measurement", *Harvard Business Review*, V. 81, 11, 2003, pp. 91, 89.

SEC 要求充分披露这些隐性薪酬（Regulation S – K），但许多公司都没有报告。例如，高露洁（Colgate）没有披露超过 1.5 亿美元的管理层津贴，泰森食品（Tyson Foods）因没有披露支付给其前主席的 300 万美元津贴而被 SEC 罚款。①这些与业绩脱钩的未能充分披露的隐性薪酬不仅未能提供创造公司价值的高业绩的激励，反而被认为是较差的公司治理和无效的董事会监督。管理层薪酬面临的另一个重要问题是恰当披露所谓的包税及其透明度，即公司支付一笔额外的费用用来支付经理人员个人的税收。许多公司目前正为管理层支付基于薪酬主要项目的所得税，包括股票赠与、离职费、签约奖励，或者报销公司津贴的税款。机构股东服务公司（ISS）的执行副总裁帕特里克·麦克古恩（Patrick McGurn）说："这有点像嗇女王利昂娜·赫尔姆斯利（Leona Helmsley）的论调：只有小人物才付税……公司正将税款从不可避免的人生经历的清单上除去，只留下死亡。"②基于非财务隐性薪酬未能得到充分披露，2006 年 7 月，SEC 采纳了一项修正案，改进了目前表格式的薪酬披露方式，并将之与陈述式的披露结合起来，以增加高级经理人员薪酬披露的透明度，这与本研究主张的以叙述式内部报告披露管理层的非财务业绩的思路是契合的，显示了管理层薪酬和业绩的披露相关性重于可靠性的发展趋势。上市公司被要求采用 CD&A 的形式提供薪酬披露③：（a）说明管理层薪酬计划的目标和实行情况。（b）论述影响薪酬政策和决策的重要因素。（c）必须向 SEC 上报，是须由公司 CEO 和 CFO 进行保证的披露的一部分。（d）要求说明薪酬委员会是否检查和与管理层讨论了 CD&A，并建议将之纳入公司在 10 – K 表上的年度报告和股东代理书中。（e）将"业绩图表"与管理层的薪酬披露分离，移到涉及普通股市价和相关事项的披露部分。（f）将管理层薪酬披露分为三大部分：第一部分是过去三年的薪酬；第二部分是所持有的作为薪酬的与股票相关的利益（是未来利得的来源）；第三部分是退休计划、递延薪酬和其他退休后福利（OPEB）。（g）用表格和陈述的形式提供工资、奖金、股票、股票期权、授予日公允价值和更完整的薪酬情况。④归根结底，薪酬委员会需要承担责任，来理解投资者和公众对于过分的管理层薪酬的担忧，建立合理的、与业绩挂钩并与投资者利益协调一致的管理层薪酬计划，并且取得股东对这些计划

---

① State Board of Florida. 2005. SBA 2005 corporate governance report.

② Maremont, M. 2005. Latest twist in corporate pay: Tax-free income for executives. *Wall Street Journal*, December 22.

③ CD&A（薪酬讨论和分析）部分的主要目的是准确和完整地披露董事会确定管理层薪酬的过程，使管理层薪酬对股东透明化。

④ Securities and Exchange Commission. 2006. SEC votes to adopt changes to disclosure requirements.

的批准。薪酬委员会应当确保管理层薪酬披露是充分的，只有把完整、准确和透明的薪酬与业绩挂钩，才能对管理层产生有效的激励作用，要让管理层明确一分业绩一分薪酬，要想拿高薪酬，必须有高业绩，天下没有免费的午餐，不允许存在超过业绩或与业绩脱钩的隐性薪酬或灰色薪酬。管理层的业绩和薪酬以内部报告的形式透明披露，阳光业绩与阳光薪酬一一对应，唯如此才能重建薪酬委员会的权威并激发管理层的潜能，为实现企业的财务和非财务业绩持续创造价值。

需要指出的是，薪酬委员会在保证独立性和薪酬与业绩挂钩的同时，要注意控制管理层和员工的薪酬差距，坚持效率与公平兼顾的薪酬支付原则。不断扩大的公司管理层和普通雇员收入差距（400∶1）使人们担心管理层薪酬常常既不反映市场状况也不反映个人业绩（CED，2006）。正确地设计和实行公平的管理层薪酬计划能极大地影响管理职能的有效性及员工士气。士气属于企业文化范畴，而企业文化是新经济时代企业核心竞争力的动力源之一，是管理层承担的非财务业绩之一，也将在管理层业绩评价内部报告中予以全面披露。如果管理层薪酬与员工差距过大，必将伤害员工的士气，从而影响企业的执行力，管理层独木难支，最终也将影响企业业绩的创造。因此，在管理层薪酬支付上，薪酬委员会要把握好企业效率与员工公平的平衡点。除了控制与一般员工的薪酬极差之外，还要把握顶层经理人员薪酬的相对平衡。首席经理人员的薪酬与同行相比应该合理，并应该限制在预先决定的倍数内，最好是公司最高级 20 位经理薪酬的较小的一个倍数（5~10 倍）。CEO 薪酬与其他高级经理人员薪酬的巨大差距将被视为 CEO 的个人风险、CEO 职位拥有太多权力以及潜在的继任挑战。

2. 核心竞争力委员会作为管理层业绩评价内部报告使用主体的理论分析及核心竞争力委员会的设置

（1）核心竞争力委员会作为管理层业绩评价内部报告使用主体的理论分析。公司的董事会被赋予公司治理的监督职能，它由股东选举出来用以监督管理层履行受托责任，董事会承担了信托责任来监督管理层以确保他们按照公司的最佳利益行动，良好的公司治理的最终责任是在董事会。然而，在今天不断变化、复杂的商业环境中，传统的仅监督上市公司的财务报告的董事会模式是远远不够的。董事会应该更多地参与公司治理的职能，建立和维护有道德的公司文化来确保公司已做好成功的准备并可创造长期的公司价值。监督只是达到目标的手段，仅有监督职能是不够的，董事会的终极目标是公司的持续价值创造，而保持公司持续价值创造的必由之路就是企业核心竞争力的培育。因此，董事会应竭力寻求在向管理层提供核心竞争力战略决策咨询和监督管理层的决策和行动之间的正确平衡。由此可见，董事会在公司治理机制中担负双重角色，其一是对管理层机会主义行为进行制约的监督者角色；其二是指导管理层为实现公司持续价值创造目标而着力培育企业核心竞争力的战略顾问角色。董事会的监督者角色主要由薪酬委员会承担，而核心竞争力战略顾问角色，鉴于核心竞争力决定着企业的持续竞争优势和持续价值创造，因此应由董事会单设委员会承担。笔者建议在董事会下设核心竞争力委员会，核心竞争力委员会主席由首席或常务董事担任，首席或常务董事使独立董事对监督职能更负责和更加投入（Spencer Stuart Board Index，2005）。在公司治理的发展历程中，也曾经在董事会下设类似核心竞争力委员会功能的委员会。比如在标准普尔 500 强公司中，少数董事会（但数目仍在不断增加）增加了注重科学技术的委员会（5%），环境、健康和安全委员会（5%），以及法律/守法事务委员会（4%），[①] 许多公司在下设提名、薪酬、审计、执行等委员会之后，还设立了其他委员会，这些委员会的作用是确保公司成为好的"企业公民"，它们包括负责公共政策、公司责任以及环境等方面的委员会（Robert Monks and Nell Minow，2006）。经济发展委员会（CED，2006）指出管理层的业绩评价应当提倡可持续的价值创造，而不是利用有利的会计和税务处理。社会责任、企业文化、组织声誉属于企业核心竞争力的源泉，是企业可持续发展和长期价值创造的驱动力，因此这些因素应成为核心竞争力委员会评价管理层业绩的标准。例如美国法律协会（ALI）为董事会制定的职责之一是"监督公司的经营行为，好让董事会可以在一个连续的基础上评估公司的资源是否正在以一种与如下目标一致的方式加以利用，也就是在引导一个合理数量的资源流向公共福利和人道主义用途的同时，于法律和道德允许的范围内增加股东回报。"在 ALI 的阐述中公司的社会责任是排在股东利益的前面的。

核心竞争力委员会扮演的是管理层"管理顾问"的角色，利用核心竞争力导向的业绩评价内部报告帮助管理层识别公司的核心竞争力所在，并纠正管理层偏离甚至损害公司核心竞争力的短期行为。如果说内部报告的使用主体之一——薪酬委员会扮演的是管理层的"监督人"的角色，那么同样作为内部报告使用主体的核心竞争力委员会扮演的则是 CEO"良师益友"的角色，它可以成为 CEO 能够反过来要求获得建议和帮助的"英明可靠的顾问"。董事会在"监督人"和"核心竞争力战略顾问"两种角色之间的恰当平衡，直接影响董事会作用的发挥和信托责任的履行。监督和顾问两种职能相辅相成，相得益彰，为了有

---

① Spencer Stuart. 2006. Spencer Stuart Board Index 2005. CFO Direct（January 12）. Available at: www. cfodirect. pwc. com/CFO – DirectWeb/Controller. jpf? NavCode = USAS6BG34T.

效地履行监督职能，董事应该在两个方面保持正确的平衡，即在参与公司战略决策的同时给管理层以足够的空间运营公司的战略顾问作用，和通过检查管理层的业绩以及管理层提供的财务和非财务信息的质量、可靠性和透明度来履行其信托责任。杜邦公司的董事会主席兼 CEO 查尔斯·霍利迪（Charles Holiday）将董事会的作用描述为"调查但不插手"（Noses in，Fingers out），意思是董事应该具有远见和勇气来质疑管理层，监督管理层的管理决策和行动，同时在战略计划上向管理层提供建议，但不要事事都管。① 核心竞争力委员会扮演的是战略顾问的角色，其目标着眼于企业的终极目标——可持续的价值创造，其一切工作应该立足于培育公司的核心竞争力，打造企业持续竞争优势，为管理层"创造一个超越今天的明天公司"的行动纲领（Hugh Parker，1990），正是因为董事会没有创造一个超越今天的明天公司，才使如此多的著名品牌不断消失在产业中（John Harvey - Jones，1988）。可见，核心竞争力是公司明天价值创造的关键绩效指标（KPI），这也是本书创建核心竞争力导向的管理层业绩评价内部报告，并向核心竞争力委员会呈报的初衷所在。

核心竞争力委员会应该对有关企业核心竞争力的战略计划、决定、行动和业绩的恰当性和合理性保持善意的警觉和建设性的质疑，以确保在经济、公司治理、道德、社会和环保等多方面有可持续和长久的业绩。委员会应该获取有关公司运营及其核心竞争力形成过程的必要信息，并保持对公司业务和报告要求的熟悉。核心竞争力委员会的主要信息来源于管理层业绩评价内部报告，内部报告可以向委员会提供相关、完整、无保留和及时的核心竞争力生成信息，有助于委员会对管理层的战略和经营行为进行鉴别和质询，杜绝管理层的短期行为冲动，使管理层致力于企业核心竞争力的持续创造和保持，最终实现企业永续发展和基业长青。

（2）核心竞争力委员会的设置结构。董事会一般通过委员会来履行其战略顾问和监督的职能，以有效地利用时间和董事个人的技能。委员会的组建和任务取决于公司的大小、董事会及其所承担的责任。董事会委员会是董事会的一部分，正因为如此，它们要处理相关的事项，并提出建议供整个董事会最后批准。董事会委员会通常互相独立地运作，并且应该有足够的权力、资源和职责来有效地协助整个董事会履行其顾问和监督职能。组建这些委员会通常是作为一种促进董事会在某些领域的效果和效率的手段，在这些领域里专业化、懂技术的小组被

---

① Director's College. Boardroom Exchange. Presented by the University of Delaware and PricewaterhouseCoopers. October 27，2005. Available at：www. pwc. com.

认为是必要的和对公司有利的。基于上述考量，笔者认为有必要设置核心竞争力委员会，通过使用核心竞争力导向的管理层业绩评价内部报告提供的信息，在核心竞争力的识别和培育方面向管理层提供战略咨询和决策顾问。核心竞争力是企业生存、获利和持续发展的源泉动力，核心竞争力委员会对实施公司的战略计划以确保可持续的、长久的业绩和成功负责，确保委员会成员董事向着公司使命和达到可持续和长久业绩的战略目标努力。公司治理的终极目标是保证企业的持续发展和繁荣，而培育核心竞争力是达到这一目标的必由路径，因此在董事会下设核心竞争力委员会是有着理论的必然和现实的需求。

决定核心竞争力的主要是非财务信息（如企业文化、企业声誉及社会责任等），非财务信息在当前的外部监管规制环境下并不要求对外强制披露，因此业绩评价内部报告披露的核心竞争力信息及核心竞争力委员会的设置是企业的自我清洁机制，用于纠正管理层的短期行为，促使管理层致力于企业的核心竞争力的创造和培育，从而实现企业的可持续发展。核心竞争力委员会必须对管理层保持适当的警觉，即积极参与战略决策、向管理层提出尖锐问题并加以质询，麦肯锡的一项调查指出，后 SOX 时代的董事正变得更有知识、更多地参与公司的核心业务和价值创造活动（包括战略和财务），关注战略事项和决策，而不是机械地批准管理层的建议。核心竞争力委员会成员董事不能倾向于讨好 CEO，进而成为任凭 CEO 使用的橡皮图章，无论如何，当董事们不能或者不愿意站起来反对皇帝般的没有业绩的 CEO，无益于杜绝管理层的短期行为和企业核心竞争力的培育。为了使管理层业绩评价内部报告真正成为核心竞争力委员会手中的利器，有力地辅佐管理层杜绝伤害企业核心竞争力的短期行为，进而促进企业的持续价值创造，必须保证核心竞争力委员会的独立性和权威性。为此，笔者建议在董事会设首席独立董事，并由其担任核心竞争力委员会主席，这将极大地提升核心竞争力委员会的独立性和权威性，从而避免被管理层操控并提高该委员会向管理层的战略谏言力度。在后公司治理时代，对首席独立董事的需求大量增加，特别是在 CEO 兼任董事会主席的情况下。这种需求产生于对于将太多权力赋予一个人的担忧，因为这种情况可能妨碍董事会的独立性。作为核心竞争力委员会的主席，首席独立董事获得信息的渠道就是本书构建的核心竞争力导向的管理层业绩评价内部报告，首席独立董事的责任包括：主持内部会议；在内部会议上主持讨论；制定议程和议事项目供内部会议讨论；充当董事会和 CEO 的联系人，向 CEO 提供董事内部会议上的反馈；向独立董事传达 CEO 的观点、担忧和问题；充当董事会、CEO 和股东的联系人；与 CEO 合作，主动采取行动处理特殊情况和设立聘任独立董事的程序；管理和协助董事会的公司治理过程；提供独立于 CEO 的一种手段；在关于 CEO 业绩评价和目标设定、CEO 继任计划、董事会及其董事评价等方面采取领先和主动的行动。[①] 在后 SOX 时代，采用首席独立董事来加强董事会的独立性这一做法有上升的趋势，特别是当董事会主席一职和 CEO 没有分离时。2005 年斯明塞·斯图亚特董事会指数（Spenser Stuart Board Index，SSBI）调查显示，在 2005 年大约 94% 的标准普尔 500 强公司的董事会有一个首席独立董事。[②] 除了设置首席独立董事作为核心竞争力委员会主席之外，委员会外部独立董事的私密会议作为促进委员会独立性的手段也被广泛接受。私密会议的主要目的是鼓励非执行董事公开、坦诚地讨论管理、业绩、评估、薪酬、能力和可信度等问题。首席独立董事应该主持会议、提供议程，允许坦诚的和非正式的讨论，做好会议记录，并在必要时向公司 CEO 和其他关键管理人员报告。普华永道 2006 年关于 1300 名董事的调查显示：大约 69% 的接受调查者报告他们的私密会议对董事会非常有效，CEO 清楚地知道其价值。[③]

除了具备对管理层提出质疑和必要干预的独立性和权威性之外，核心竞争力委员会成员董事必须具备识别和培育核心竞争力的知识和技能，他们的经验、知识、信息和决策能力足以对管理层的核心竞争力战略提出建设性怀疑和质询。成员董事应该对公司业务、竞争环境、影响公司业务和运营的社会、法律和技术进步有足够的理解和知识。他们还应该具有公司在执行战略和达成目标时可获得的内部财务和人力资源知识。因此，核心竞争力委员会董事的提名和选举过程对于查核被提名者的教育和经验背景以及选举有能力的董事非常关键。为了有效地履行其核心竞争力战略顾问职责，包括对公司问题的及时回应、对管理层的公开、诚实和有建设性的质询，成员董事应该在背景、技能和知识基础方面有恰当的组合。核心竞争力属于企业的战略和经营范畴，鉴于核心竞争力委员会属于企业的自我清洁机制，因此该委员会应包括内部董事，笔者建议应把首席执行官（CEO）和首席运营官（COO）纳入核心竞争力委员会，因为作为内部人，他们对企业的结构和商业过程、行业和竞争对手等情况有第一手的信息和深刻理解，对于捕捉和培育核心竞争力有天然的优势。同时，考虑到管理层具有短期行为等机会主义倾向，因此核心竞争力委员会由首席独立董事任主席，除了 CEO 和 COO 内部董事外，其他成员皆为独立董事，这种结构安排有利于发挥该委员会的战略顾问角色，不至于沦为管理层的橡皮图章和啦啦队。由于核心竞争力委员会的战略顾问角色和自我纠偏功能，在

① Gross，P. M. Presentation at Stanford Graduate School of Business：Executive education，corporate governance program. June 3，2005. Available at：www. ced. org.

② Spencer Stuart. 2006. Spencer Stuart Board Index 2005. CFO Direct.

③ Corporate Board Member/Pricewater-houseCoopers. 2006 Survey. What directors think.

委员会内部必须形成一个坦诚、信任和合作的氛围，在委员会中建立信任和坦诚的文化能够使管理层预先与董事分享信息、讨论战略问题和决策。委员会内部董事（CEO、COO）和独立董事（作为主席的首席独立董事和其他独立董事）应该互相信任和尊重对方，作为一个团队共同致力于企业可持续的、长久的业绩和成功。为此委员会必须：在其文化、结构和程序改革中确立正确的领导层基调；运用建设性的怀疑主义；接受董事个人的责任；在罕见的情况下，当舞弊流行时使董事个人承担违反信托责任的义务。需要指出的是，核心竞争力委员会由于担任的是战略顾问的角色，因此委员会内部要有允许异议的文化，委员会中建设性的讨论应该把异议视为公开讨论公司战略问题和决策的一种机会，而不应把怀疑当作不忠诚的标志，健康和公开的讨论应该成为委员会的标准。

（三）管理层业绩评价内部报告监督主体——审计委员会

管理层业绩评价内部报告是管理层的自我报告，属于自愿性信息披露，管理层在信息供给过程中存在某些酌情处理权，在不完全契约和道德风险情境下，管理层有可能机会主义地报告其所观察到的信息（John A. Christensen & Joel S. Demski，2006），由于管理层业绩评价内部报告是对管理层业绩的衡量，管理层预计会以一种提高其福利的方式选择和运作会计系统（Myron J. Gordon，1964），设有报酬计划的企业管理层更可能选择可提高当期盈利的会计程序，管理层选择那些可以使其效用达到最大化的会计程序，这些选择还会导致财富在契约团体之间的转移（即影响企业财富的分配）（Watts and Zimmerman，1986）。自愿披露理论是博弈论的一个特例，其核心假设为：一个打算进行披露的主体只会披露有利于该主体的信息，不会披露不利于该主体的信息（Ronald A. Dye，2000）。因此，管理层有较强的动机虚报业绩，弄虚作假，以求保住职位并获得更多的报酬，管理层出于自利动机可能在业绩内部报告中存在"报喜不报忧"的现象。管理层或许会有选择地披露业绩信息，保留对其形象不利的信息，独立董事得到的信息已经被管理层过滤了（Clapman, P.，2005）。此类操纵降低了管理层业绩评价内部报告披露信息的可信度（Shyam Sunder，1997），因此董事会有必要授权审计委员会对管理层自我报告的业绩评价内部报告进行内部审计，对这种信息的验证需要花费成本，甚至是不可能的，董事会需要在内部报告可信度和鉴证成本之间进行权衡，以增加公司价值。

管理层业绩评价内部报告的构建为审计委员会带来了新的挑战和机会。为有效应对这些挑战和机会，审计委员会正在寻求对管理层提供建议和对其在财务报告、风险管理、内部控制、审计活动、法律遵循等的监督这两方面的恰当平衡，寻求建立举报人制度和商业道德守则。在基于核心竞争力的管理层业绩评价内部报告情境下，审计委员会应具备如下创新机制：

1. 举报人机制

为了遏制管理层在自我报告的业绩评价内部报告中的舞弊和欺诈行为，审计委员会应该创造出一种机制激励公司内部人对管理层业绩评价内部报告中的不道德行为进行揭发，这种机制就是举报人机制。SOX806 节为因为披露公司非法行为而受到雇主报复的雇员提供了民事诉讼的权利。SOX 和 SEC 相关的实施法规要求公司的审计委员会设立举报人程序。举报人机制可以确保公司中有"揭发者"站出来，董事会（主要是审计委员会）也可以趁机从员工以外的渠道中获取信息，这种信息的传递是"以一种保密的方式进行的，不用担心受到违反法律者的知情报复"（Robert Monks and Nell Minow，2006）。公司中管理部门，以及监督管理决策体系的很多方面和人们采用相互监督来控制管理层与企业的其他收益要求者之间的矛盾是一致的。在大型公司里，人们往往为提升而竞争。副总裁为被提升为总裁而竞争、部门经理则为被提升为副总裁而竞争。职位较低的经理人员有对其上司进行监督的动机（Zimmerman，1979；Fama，1980）。例如，除主席或 CEO 外的管理层往往也担任董事会董事。副主席之间为了邀功和升职开展的竞争是董事会控制机制的重要信息源泉，这在很大程度上避免了高层管理人员从事违背最大化企业价值目标的活动。除了薪酬委员会的监督之外，管理者之间还有相互监督——不仅是上对下，还有平级之间以及对上的（Alchian and Demsetz，1972；Fama，1980；Fama and Jensen，1983b；Zimmerman，1979）。由于上下层经理们的业务相互联系，而且下层管理人员也希望能够直接跳过能力不及自己的上司，所以由下而上的监督机制也有一定的激励作用。常务副总裁有向董事们举报高级经理的动机，前提是此举可增大自己成为高级经理的可能性（Watts，Zimmerman，1986）。

审计委员会负责监督符合 SOX 和 SEC 相关规定的举报人制度的建立和实施。SOX 创造了秘密提交匿名投诉的机会，要求公司的审计委员会建立接受、记录、保留和处理这些投诉的程序。SOX301 节要求上市公司的审计委员会建立有效的制度和程序来处理举报人的担忧和投诉。[1]随着 SOX 的通过，有关雇员能够报告

---

[1]　Sarbanes – Oxley Act of 2002. Section 301. Available at：www. sarbanes-oxley. com/section. php？level = 1&pub_id = Sarbanes – Oxley.

财务和会计违规行为以及舞弊，而不用担心受到降级、停职、骚扰、威胁、失去工作或者其他形式的报复。为了有效地执行与举报人有关的 SOX 规定，上市公司应该建立保密人制度和程序，使雇员可以匿名地报告所怀疑的违规行为。这些制度和程序包括建立免费的热线电话、接受对方付费电话、设置传真号码、普通邮件地址或邮政信箱以及保密的网站。

举报人机制是员工参与公司治理的现实路径选择。关于公司治理的代理理论主要注重股东、董事会和管理层之间的关系，对管理层机会主义行为的制衡主要是通过董事会的监督实现，传统公司治理机制忽略了员工对管理层的监督作用。在现代公司里，特别是在技术进步的时代，劳动力资源与资本资源一样日益成为公司治理的重要部分。财产权（投资者保护）、管理控制（管理层特权）和雇员参与权（劳动力管理和雇员保护）之间权力和联系的平衡能在公司治理的有效性中发挥重要作用。举报人机制为雇员参与公司治理、制衡管理层舞弊提供操作层面的选择路径。雇员参与公司治理能够影响管理控制和权力，能够影响他们对决策的参与以及在执行决策中的合作。毕竟，是安然的雇员还有其他公司的雇员揭发了公司最高层的普遍舞弊。雇员通过举报人机制参与公司治理、防止管理层虚假披露业绩评价内部报告的优点体现在这种参与可以被视为监督管理层业绩和防止管理层机会主义行为的内部机制。雇员参与的举报人机制唯一的忧虑是雇员治理和监督是否与董事会治理和监督冲突。学术研究表明，这两种形式的治理确实是互补和互利的，因为合作性监督为管理层提供了更多激励来使自己的利益与雇员和股东保持一致（Boatright，J. R.，2004）。

2. 审计委员会工作和责任机制

（1）与管理层的工作关系。管理层业绩评价内部报告采取的是管理层自我报告形式，出于对管理层自利行为的担忧，需要审计委员会对内部报告开展内部审计，以确保管理层业绩评价内部报告的可靠性。审计委员会应该通过向管理层询问有关公司战略、财务和非财务业绩、公司治理结构、内部控制、内部报告、审计活动、法律事务、风险评估、道德守则和举报人制度等相关的、引人思考的问题来与管理层互动。高级管理层（CEO、CFO、总法律顾问）应该通知审计委员会影响公司核心竞争力和风险管理的重大事件和交易。（2）与内部审计师的工作关系。审计委员会对管理层业绩评价内部报告的审计和监督是通过公司内部审计部门来具体执行。审计委员会负责对内部审计部主任或首席审计经理（Chief Audit Executive，CAE）的聘用、解雇、监督和付酬。内部审计师应该向审计委员会直接报告他们的审计发现，并最终对审计委员会负责而不是对管理层负责。这种工作关系需要内部审计师和审计委员会之间公开、易于达成的和坦诚的沟通，且不受管理层的不当影响。审计委员会应该对内部审计政策、过程、实务和发现有清楚地理解。（3）审计委员会的组成和结构。公司应该根据它们的公司治理结构和独特的公司文化和特点来建立审计委员会。审计委员会应该完全由独立的、非执行的外部董事组成，其中至少有一名成员应该被指定为财务专家。在正常情况下，审计委员会应该从管理层和内部及外部审计师处获得财务和会计协助。在有限的情况下，当有重大事项发生，表明会计处理方法过于激进，或者存在涉及管理层或外部审计师的欺诈性财务活动的可能，或者对于复杂会计规则、政策和实务的理解问题时，审计委员会应该可以聘请自己的独立会计顾问或法务调查师。审计委员会应该由至少 3 名独立董事组成，审计委员会的规模通常从 3~6 个成员，SEC 的法规和上市公司的上市标准要求至少有 3 个独立成员。在后 SOX 时期，审计委员会的平均规模仍应保持在每个公司董事会大约有 4 个成员。（4）审计委员会会议议程。审计委员会会议应该提供一个论坛，供委员会成员、管理层、内部审计师和外部审计师之间进行坦诚、公开和建设性的对话。委员会主席应该确定这些会议的性质、内容、实质、流程、项目、有关的讨论、频率和持续时间。审计委员会会议的质量和数量会对其能否有效履行监督职能产生重大影响。通常应该参与会议的人员是审计委员会的全体成员、高级管理层（CEO、CFO、主计长、总法律顾问）、内部审计师（CAE）、外部审计师，以及其他能对会议有贡献或者对所讨论事项负责的人员。如果有重大事项若没有管理层的参与能得到更好的处理，审计委员会还应该在必要时同内部审计师和外部审计师举行私密会议。组合运用有高级管理层出席的正式审计委员会会议和只有内部/外部审计师出席的私密会议，应该能够促进审计委员会监督职能的有效性。人们觉得内部审计师是审计委员会的"耳目"，尤其审计委员会对管理层业绩评价内部报告的监督是通过内部审计部门具体实施的，这表明内部审计部门的主任应该出席所有审计委员会的正式会议，特别是那些有关企业核心竞争力和管理层非财务业绩的内部报告的完整性、可靠性、质量和透明度的会议。审计委员会会议的频率以及成员如参与会议，取决于审计委员会参与公司监督职能的程度、所赋予的责任及其所从事的活动。由于管理层业绩评价内部报告是管理层自我披露的不定期报告，是企业基于可持续发展考量的自愿信息披露，因此针对管理层业绩评价内部报告审计的审计委员会会议频率，可以根据公司核心竞争力战略和经营发展的需要不定期举行，原则上审计委员会每年至少应召开四次会议，对管理层的财务业绩和非财务业绩内部报告进行审核和监督，对构成核心竞争力动因的企业文化、社会责任、企业声誉进行动态监测和审视，对内部报告过程有关的管理层政策的适当性进行评价，检查公司的风险管理，以确保目标已经实现、风险已经得到识别和评估、已设计了正确的政策和程序来最小化风险。

3. 审计委员会对管理层业绩评价内部报告的监督责任

管理层业绩评价内部报告披露的是管理层财务业绩和非财务业绩，财务业绩的审计和审计委员会对财务报告的传统审计内容是重合的，不再赘述。非财务业绩的审计是审计委员会的新兴审计领域，非财务业绩是企业核心竞争力的动因，贯穿于企业整个战略和经营过程，审计委员会对内部报告管理层非财务业绩的监督责任可能包括但不限于以下内容：（1）监督内部报告内部控制的设计和运行的有效性。审计委员会对内部报告内部控制的监督正变得越来越重要，因为管理层对内部控制进行保证并报告内部报告内部控制的有效性。审计委员会应该：a. 了解负有直接责任并最终对管理层业绩评价内部报告披露负责的高级管理层。b. 理解建立和维持充分有效的内部控制的过程。c. 理解内部报告内部控制评价的设计和运行有效性的程序。d. 检查管理层对内部报告内部控制有效性的报告。e. 检查内部审计师对内部报告内部控制有效性的意见。f. 评估所识别的核心竞争力内部控制严重缺陷和重大弱点。g. 对管理层和内部审计师在内部报告内部控制方面的努力和所进行的报告感到满意。h. 确保管理层恰当地处理了已识别的核心竞争力重大弱点并已采取措施进行了纠正；（2）检查管理层关于内部报告内部控制的报告。审计委员会需要通过检查管理层内部报告内部控制报告来监督内部报告过程，包括管理层讨论与分析（MD&A）、内部审计师的建议、评论。审计委员会负责公司管理层业绩评价内部报告披露的完整性、可靠性、质量和透明度；（3）监督公司治理的有效性；（4）监督内部审计职能，包括雇用、酬报和解雇CAE。审计委员会对管理层业绩评价内部报告的审计是通过内部审计部门具体实施的，审计委员会负责监督内部审计活动。审计委员会事先批准所有的审计和允许的非审计服务，对允许的非审计服务的事先批准可以授权给审计委员会的一位成员，他必须把事先批准的非审计服务在常规会议上呈报给委员会全体成员。应该使 CAE 最终对审计委员会负责，并且审计委员会应该接受和检查内部审计师关于内部报告和内部报告内部控制的报告；（5）监督公司道德准则的建立和实行。审计委员会负责监督和执行公司的道德操守准则，以确保有恰当的"领导层基调"政策并得到实施，从而促进全公司的行为符合道德。管理层的道德操守准则属于企业文化范畴，企业文化是企业核心竞争力的源泉，是管理层的隐性业绩，审计委员会应该监控企业文化的氛围，监督管理层遵守建立和披露道德准则的规定，从而塑造一个有利于核心竞争力创造和保持的软环境；（6）监督与内部报告和反舞弊项目有关的管理风险评估。审计委员会负责监督公司的企业风险管理，并确保其适于识别核心竞争力战略和业务及其相关的风险和机会，适于管理核心竞争力风险容忍度，适于公司用来监控管理层业绩评价内部报告完整性和可靠性、使相关威胁最小化所采取的措施。审计委员会因为没有恰当关注公司管理层的风险管理和风险偏好，以及它们对内部报告的完整性、可靠性和质量的潜在影响而一直受到批评。审计委员会对管理层业绩评价内部报告进行警觉的监督，对于防止、发现和阻止管理层在自我披露业绩评价内部报告时的机会主义甚至欺诈行为有着重要作用。审计委员会的监督职能能够在如下方面防止和发现管理层业绩评价内部报告欺诈：a. 评估管理层用来识别和减小欺诈风险以及防止和发现欺诈的程序。b. 支持管理层基调，强调绝不容忍欺诈的政策。c. 评估对有能力和有道德的管理层的招聘机会和程序，包括对关键人员进行背景调查。d. 监督管理层对内部报告的内部控制，包括考虑管理层凌驾于内部控制之上和不适当地影响内部控制的动机和机会。e. 建立举报人制度和程序，以接受、保存、调查保密信息和欺诈及不道德的行为。f. 监督管理层设计、执行、记录反欺诈方案和措施的过程和程序。①

4. 为了保证对管理层业绩评价内部报告进行监督的有效性，审计委员会需做出必要改变

以下六种方法能使审计委员会的有效性得到很大的改进：（1）使工作计划以风险为导向。企业核心竞争力决定着企业的生存、获利和发展，而核心竞争力又受外部市场、技术、行业竞争对手等诸多环境因素的影响，为了保证核心竞争力对环境的适应性，审计委员会应关注重大风险领域，包括关键财务和非财务风险及控制比较薄弱的领域，建立预警机制，防止核心竞争力陷入核心刚性的陷阱；（2）深刻理解业务。由于核心竞争力是嵌入企业的经营业务之中，因此审计委员会若想有效监督基于核心竞争力的管理层业绩内部报告，必须充分了解企业的运营，熟稔核心竞争力的形成机理，特别是在多样化或地理上分散的领域；（3）在内部报告判断时提供客观的观点。由于管理层非财务业绩难以计量，只能以叙述式报告形式披露，因此管理层（CEO、CFO 等）在编制内部报告时不可避免地会采用主观的判断和评价，受自利动机驱使，管理层可能会产生披露的机会主义倾向，粉饰非财务业绩，审计委员会的职责是在必要时质询内部报告的质

---

① KPMG. Forensic fraud survey. 2004. Available at：www. kpmg. com/aci/docs/Fraud% 20Survey_040855_R5. pdf.

量、监督内部报告过程；（4）衡量企业文化的"健康状况"。企业文化是管理层隐性业绩的动因，是孕育核心竞争力的氛围保障，审计委员会应该通过提倡有道德的行为和遵守适用的法律法规和准则树立恰当的领导层基调，来参与公司的道德操守准则和道德指南；（5）跟上时代。不断增加的法律、法规、规则、准则和对上市公司的其他要求使得审计委员会成员必须及时了解这些措施及其与公司的相关性。遵守法规是企业经营的底线，在守法的基础上才能培育和创造企业的核心竞争力，谋求企业的可持续发展；（6）评估业绩。应当定期评估审计委员会的业绩，评估的方法可以是正式的或较不正式的自我评估、同行检查，或通过外部人员协助评估。业绩评估的目的是识别和处理缺陷，改善审计委员会的有效性。

第五章 基于核心竞争力的管理层业绩评价内部报告体系构建

经济发展委员会（CED）指出了后 SOX 时代美国商界所面临的四个挑战，其中首当其冲的挑战就是"上市公司关键财务和非财务业绩指标的报告"。现行财务报告受外部规制和内在理论框架的双重制约，只专注于披露可计量的以会计指标和市场指标为主的财务业绩，难以披露非财务业绩信息。然而，在新经济时代，非财务业绩将成为企业核心竞争力的动因和可持续发展的前提，激励管理层努力创造非财务业绩将是摆在董事会面前的新课题。现行以财务业绩指标（会计指标和股价指标）为主的管理层业绩评价机制已经显示了与当前经济发展和企业价值创造不相适应的诸多弊端，比如鼓励了管理层短期行为和操纵行为。尤其是会计指标的"噪音"相对于其他业绩衡量指标有所增长，那么以会计指标为基础的薪酬契约终将会被替代。研究证据表明，当成长机会增加时，企业更倾向于用其他业绩衡量指标替代会计指标（Robert M. Bushman and Abbie J. Smith，2000）。信息含量原则指出，任何业绩指标，只要能在边际上传递管理者努力水平的信息，都应该被用于合约。因此，对管理层全面业绩的披露是当务之急，也为本书构建财务与非财务业绩并重的管理层业绩评价内部报告提供了研究机会。

大量有理论基础的实证研究都在检验从标准委托代理模型中引申的关于风险和激励的此消彼长的假设。这一假设的主旨是，如果财务衡量指标中的"噪音"相对于其他业绩衡量指标中的"噪音"有所增长，那么以会计数字为基础的薪酬契约就会被替代。研究证据表明，当成长机会增加时，企业更倾向于用其他业绩衡量指标替代会计指标（Robert M. Bushman and Abbie J. Smith，2000）。因此，本书倾向于选择代表企业价值创造源泉动因的非财务指标，兼顾筛选"噪音"较小的财务业绩指标。内部报告系统框架是在理论框架基础上对内部报告的分类。对于内部报告系统的合理划分实际上形成了"内部报告——企业流程——企业经营管理活动"的分析框架，各种内部报告被有机地归入特定的内部报告系统中（张先治，2010）。因此，本研究构建了四类内部报告组成的内部报告体系，这四类内部报告是经过筛选的不容易被操纵的财务业绩评价指标内部报告、企业声誉评价内部报告、社会责任评价内部报告、企业文化评价内部报告，这四类内部报告的共性就是具有核心竞争力特质，是企业持续价值创造的内在动因和几乎不含"噪音"的外在财务表现。基于核心竞争力的管理层业绩评价内部报告体系如图5-1所示。

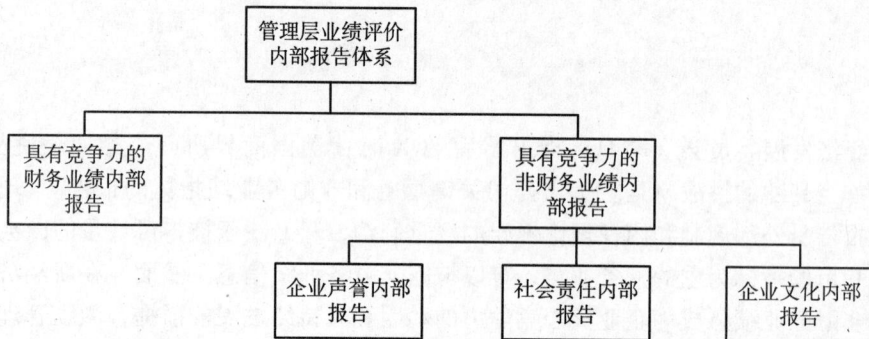

图5-1　基于核心竞争力的管理层业绩评价内部报告体系

一、具有竞争力的财务业绩评价指标内部报告

业绩评价内部报告的披露内容是以核心竞争力为导向，凡是有助于核心竞争力维持和发展的业绩要素都应该在内部报告中予以披露，包括财务指标和非财务指标。当然，由于核心竞争力的特质，内部报告业绩指标主要应是以非财务指标为主，但不排除能够真实反映企业核心竞争力的财务指标。财务指标和非财务指标并不是不相关或者完全割裂的，二者是互为因果的关系，非财务指标反映的是业绩动因，业绩动因在一个可以预期的足够长的期间里必然表现为可以用财务指标计量的财务成果。管理层业绩评价内部报告是一个以核心竞争力为导向的将企业的财务、环境、文化、声誉、社会责任加以整合的、对公司的财务与非财务方面的成功与失败进行持续报告的业绩报告体系。

"要什么，就度量什么并考核什么"（You Get What You Measure and Reward）和"没有度量就没有管理"（No Measures, No Management）已经成为管理圣经为业界所认同，我们要的是激励管理层能不偷懒致力于企业价值最大化的行动逻辑，那么能激励管理层致力于企业价值最大化的因素就是我们业绩评价的对象，也是业绩评价的影响因素，或者说是"评价什么"的问题。能对管理层形成激励效应的因素包括内部因素和外部因素，内部因素包括董事会给管理层制定的报酬和解雇政策（Michael C. Jensen and Kevin J. Murphy，1990），外部因素是指为管理层提供激励的企业外部的竞争力量，包括产品市场竞争（Hart，1983）、职业经理人市场竞争（Fama，1980）和企业控制权市场竞争（Manne，1965）。

（一）传统财务业绩评价指标缺陷解析

1. 对股价指标的评价

由于用来衡量管理层业绩的股价表现本身就有很多干扰因素，管理层对股价其实只有部分的影响力，因此很难用以确定管理层的业绩好坏（Warner，Watts and Wruck，1988），不能依靠股价断定企业的竞争力和经营绩效，正面的或负面的推测都不行，但这恰恰是现在股市上出现的最不理智的情况。股价纵然会受到公司业绩的影响，但是股价亦会受其他很多不可控因素的制约，尤其是会受到经济走势强弱的制约。当经济处于繁荣时期时，股价往往会上扬。即使一家业绩很差的公司的股价亦可能会上扬，虽然涨幅不可能与其成功的竞争对手相同。这种情况会使业绩很差的公司的管理层通过期权得到过多的奖励，而事实上他们不应该得到那么多。相反，由于经济不景气或投资者的悲观情绪，股票市场会低迷。相应地，即使是管理水平出类拔萃的公司亦可能会面临股价下挫的窘境。在这种情况下，管理层本来应该得到奖励，但事实上并没有得到奖励。因此，股价并不是一个理想的评价管理层业绩的财务指标。从股价中只能推论出投资者是否天真、贪婪、恐惧，尤其在一个体制、机制不健全的投机盛行的资本市场里，股价根本不能反映管理层的努力程度。在过去几年中大量的业绩评价已经清楚地表明，竞争力和股价的因果联系不是必然的（Fredmund Malik，2010）。尤其是在我们国家资本市场发育不成熟，股价受政策和内幕消息干扰较大的情况下，股票价格并不能真实反映管理层的努力程度，如果片面强调股价的业绩评价作用，可能会助长管理层的机会主义行为，起到"劣币驱逐良币"的反向作用。

2. 对会计利润指标的评价

用会计利润作为业绩衡量指标以决定管理层的薪酬会直接影响他们对不同会计方法的选择，因为这样能够影响奖金的计算。这意味着管理层薪酬政策会影响会计准则的选择（Michael C. Jensen，1985）。分散的大众股东完全通过会计收益来衡量管理层的业绩，很容易被管理层操纵（DeAngelo，1988）。希利和卡普兰

（Healy and Kaplan，1985）的研究表明企业选择怎样的会计准则会受到会计准则对管理层奖金所起作用的影响。达利瓦、萨拉蒙和史密斯（Dhaliwal，Salamon and Smith，1982），哈格曼和祖米卓斯基（Hagerman and Zmijewski，1981）也发现奖金计划提高了选择将未来账目收入更多地记为当期收入的会计准则的概率。根据会计利润决定首席执行官的报酬，不仅会激励首席执行官直接操纵会计制度，而且会激励首席执行官放弃有大量净现值的项目而选择价值低却有更大的短期会计利润的项目（Michael C. Jensen and Kevin J. Murphy，1990）。因此，会计利润是管理层业绩有噪音的度量（Richard G. Sloan，2000）。

3. 对规模指标的评价

规模大小不应成为企业评价管理层业绩的重要目标，企业需要的不是做大，而是做强。但是，管理层有追求规模的内在冲动。因为，规模可以给管理层带来被称为"豪华办公室"（Plush Office）效用的私人利益，规模越大，"豪华办公室"效用越大（Tim Baldenius，2001）。在任何可以想象的情况下，企业规模也不会有战略上的重要意义。一味追求做大的企业，只是被表面的光鲜外表所蒙蔽，说得形象一点儿，这就好比分不清何谓肌肉何谓脂肪一样。评价管理层业绩的标准应该是面向顾客价值的核心竞争力塑造，而不是一味地追求规模。管理层天然有追求规模的冲动，因为规模越大，权力等级越多，管理层掌控的资源就越多，可以有更多的在职消费，在职业经理人市场上还可以获得良好的声誉。但是，管理层出于自身效用考虑盲目地追求规模，对企业来讲并不是一件好事。对于企业来说，重要的不是规模，而是实力，不是数量，而是速度和质量。企业的规模增长是有极限的，有些时候，进一步发展壮大已经超出了企业的承受力之外，是对企业的苛求；而在很多市场上，由于已经高度饱和，再发展壮大也是不可能的。从这种意义上说，不断保持规模增长并不特别重要，重要的是企业核心竞争力的培育和可持续发展。即使是由于受到市场限制不能再增长的企业也可以继续完善质量，尤其是提高生产率。判断企业规模的增长健康与否，可以用两个测量参数来衡量：第一个是市场地位，如果企业规模增长是市场地位改善的结果，就是健康的增长。第二个也是更加重要的一个参数是企业的生产率。如果销售额增长伴随着总生产率①的提高同时出现，那么这种规模增长就是健康的。

---

① 总生产率是总产量与全部要素投入量之比。总生产率的增长常常被视为科技进步的指标，其来源包括技术进步、组织创新、专业化和生产创新等。

4. 相对绩效指标评价

代理理论的一个主要实证预测是使用相对业绩评价可以减少薪酬合约中的外来噪音（Holmstrom，1982）。然而至今，实证研究仅仅提供了支持这个理论的微弱证据。用行业或市场上的总体绩效衡量企业的相对绩效，再将首席执行官的报酬建立在相对绩效基础上，能激励首席执行官增加股东财富，同时过滤掉首席执行官无法控制的行业范围和市场范围的风险因素（Holmstrom，1982）。合同理论认为，管理层报酬不应该在经理们无法控制的因素的基础上确定，管理层报酬应该根据本企业相对于所有企业或同一行业中的所有企业的绩效确定，而不是根据本企业的绝对绩效确定。但是，霍姆斯特姆（Holmstrom，1999）也认为相对绩效评价体制鼓励采用苛刻的工作标准并惩罚一定比例的"落后"者，破坏了团队合作气氛，搞得大家人人自危，最终影响了工作效率。

（二）具有竞争力的财务业绩评价内部报告指标分析

1. 借鉴关键绩效指标（KPI）的设计思想，评价指标选取要抓住关键业绩的主要方面，力争"少而精"，避免面面俱到地罗列海量指标体系，这样容易导致指标之间的内部冲突，而使管理层无所适从，最终使管理层业绩评价流于形式

在塑造核心竞争力的管理层业绩评价指标选取时，要借鉴 KPI 关键绩效指标的思想，抓住有利于打造核心竞争力的主要方面的关键要素指标，切忌眉毛胡子一把抓，指标过多将使管理层精力分散无所适从，管理层根本不可能对几十个指标给予同等的注意，指标过多也会产生指标体系内部各指标之间存在内在的矛盾，作用削减并化于无形。一个管理者在不失去工作重心的同时一次能追踪多少关键指标呢？除了说 1 个以上 50 个以下之外，这个问题没有正确答案。如果数量过少，管理者就会忽略对于监控战略执行至关重要的指标；如果指标过多，管理者就可能因一次开展多项工作而冒失去工作重心的危险（Robert N. Anthony and Vijay Govindarajan，2005）。因此，要对 KPI 进行进一步的筛选和凝练，以确定企业当期需要重点关注的关键业绩指标。通常用三种方式来选择 KPI：第一种是外部导向法，即标杆基准法，通过选择业界最佳企业或流程作为基准，来牵引本企业提升绩效，这相当于国资委对中央企业负责人业绩考核中要求的"行业对标原则"；第二种是成功关键分析法，即通过提炼本企业历史成功经验和要素进行重点绩效监控；第三种是采用平衡计分卡思想的策略目标分解法，即通过建立包括财务指标与非财务指标的综合指标体系对企业的绩效水平进行监控。

本书的基于创造核心竞争力的管理层业绩评价指标选择的思路是借鉴 KPI 精选指标思想，参照平衡计分卡的财务指标与非财务指标结合做法，但评价范围不只是平衡计分卡的四个方面，而是根据有利于创造并保持核心竞争力原则，把社会责任和企业文化因素也纳入管理层业绩评价范围。

KPI 关键绩效指标的理论基础来源于意大利经济学家帕累托提出的经济学二八原理，即企业在价值创造过程中，每个部门和每位员工的 80% 的工作任务是由 20% 的关键行为完成的。按照绩效考核的二八原理，对考核工作的主要精力要放在关键的指标和关键的过程上，抓住了 20% 的关键指标，就抓住了考核的主体。KPI 的主要目的是明确引导任职者将主要精力集中在对职位贡献最有成效的职责上去，并通过努力及时采取提高绩效水平的改进措施，因此它是最能影响企业价值创造的关键驱动因素。确定关键绩效指标有一个重要的 SMART 原则：S 代表具体（Specific），指绩效考核要切中特定的工作指标，不能笼统；M 代表可度量（Measurable），指绩效指标是数量化或者行为化的，验证这些绩效指标的数据或者信息是可以获得的；A 代表可实现（Attainable），指绩效指标在付出努力的情况下可以实现，避免设立过高或过低的目标；R 代表现实性（Realistic），指绩效指标是实实在在的，可以证明和观察；T 代表有时限（Time bound），注重完成绩效指标的特定期限。指标体系确立之后，还需要设定评价标准。一般来说，指标指的是从哪些方面衡量或评价工作，解决"评价什么"的问题；而标准指的是在各个指标上分别应该达到什么样的水平，解决"管理层怎样做，应该做多少"的问题。最后，必须对关键绩效指标进行审核，审核主要是为了确保这些关键绩效指标能够全面、客观地反映被评价对象（管理层）的绩效，而且易于操作，为下一步的激励提供依据。

2. 管理层业绩评价尽量避免采用基于传统会计学的经营业绩测量方法计算出的会计利润指标体系

在选取评价指标时，尽量避免选取权责发生制基础上的会计利润指标，因为根据会计利润变化决定管理层的报酬，不仅会激励管理层直接操纵会计准则，而且会激励管理层放弃有大量净现值的项目而选择价值低却有更大的短期会计利润的项目（Gibbons and Murphy，1989），这种短期行为对企业的核心竞争力是一种侵蚀，无异于杀鸡取卵。目前，在会计学领域内部，出现了很多反对使用基于会计学的经营业绩测量方法计算出来的会计利润指标（例如每股收益率（EPS）、投资回报率（ROI）、占用资本回报率（ROCE）等）的声音。一些学者指出会计学的经营业绩测量方法并不总能得出正确的答案。例如，埃兹拉·所罗门（Ezra Solomon，1966）认为，当根据现金流折现法（DCF）计算一项投资时，投资回报率（ROI）并不是真实反映该项投资的"经济价值"的一个可靠指标。拉帕波特（1979）认为每股收益率（EPS）是一种评价公司价值的非常不可靠的测量方法。他的理由是：（1）通过使用不同的但被人们广为接受的会计假设（例如存货计价方法的假设，先进先出等），可以人为地操纵每股收益率的计算；（2）每股收益率甚至无法以一种常规方式测量出经营一家公司需要多少投资（如营运资本的要求）；（3）每股收益率并未考虑资金的时间价值这项对确定公司的真实经济价值至关重要的因素。

3. 优先选取现金流指标

由于现金流量不容易被操纵并且比损益表和资产负债表更可信，因此自由现金流总是比其他财务工具更受欢迎，以现金绩效作为度量标准，可以更好地提供关于公司战略和运营状况的表述，不仅是针对现金产生过程而且更重要的是针对管理层对现金的战略应用（HVAJPEK）。现金流量折现，如果被恰当建构，毫无疑问能够提供一种计算企业价值的更精确的方法，使用现金流折现方法可以更准确地预测未来股票市场的价格（Terrence E. Deal and Allan A. Kennedy，2009）。管理层开始重点关注股票价格，把它视为一种重要指标来衡量他们努力的价值。增加管理层业绩评价的现金比率指标，挤压会计政策的可选择空间和稳健性原则等原因导致的业绩"水分"。"现金为王"（Cash is King）已是财务界广泛接受的理念，我们注意到公司业绩评价指标中现金比率指标很少，绝大部分都是基于权责发生制的会计指标。而传统的会计指标由于会计政策的可选择性和稳健性原则的滥用，往往并不能反映管理层的真实业绩，反而成了管理层用来进行盈余管理进而和股东博弈谋取控制权私利的工具。现金流不受会计政策选择和稳健原则的影响，是实实在在的客观存在，而不带有任何主观成分，可以真实地反映企业的资产质量和偿债能力，实实在在地反映管理层的业绩，因此应当在考核指标体系里适当增加现金比率指标，这样可以挤压管理层盈余管理的空间，同时对管理层在职消费也有一定的威慑作用。

4. EVA 是财务业绩评价指标的理想选择

管理层的经营理念必须由追求会计利润的短期绩效评估向追求经济利润（EVA）的长期价值创造轨道上转变。企业的目标是追求股东价值最大化，对国有企业来讲就是追求国有资产的保值增值。但是，传统的以会计利润为基础的业绩评价指标，由于没有考虑补偿权益资本成本，用股东的钱都是"免费的"，所以管理层激励的目标指向并不是真正的股东财富最大化，现实中有很多企业账面会计利润很多，但是一旦考虑补偿股东权益资本的机会成本，则利润就成了负数，也就是说管理层不但没有对股东财富尽到保值增值的受托责任，反而在毁灭股东财富。2010 年公司开始执行 EVA 主导的业绩评价体系，EVA 体系最大的特点就是考虑了股东权益资本成本，核心思想是一个企业只有在其资本收益超过为获得该收益所投入的资本的全部成本（包括权益资本成本和债务资本成本）时，才能为股东带来价值；反之，则表示企业发生价值损失。管理层业绩评价导向从会计利润向 EVA 的转变，体现的是企业由利润管理向价值创造的战略转变，走的是为股东创富的可持续发展的战略轨道。

5. 在职消费评价指标

凯尔斯壮和马修斯（Kihlstrom and Matthews，1990）认为管理层在职消费会使企业价值受损，管理层在最大化企业价值和享受在职消费之间的选择由偏好及相对价格决定。在职消费的价格是管理层的所有权份额的增函数。管理层持股份额的减少使在职消费的价格下降，因此导致了更大的消费数量，企业价值因此下降。由于信息不对称，外部所有者很难监督受雇管理层的在职消费，因此也不能对受雇管理层的在职消费进行直接评价，因此最优的选择是禁止管理层享受某些形式的在职消费（Harold Demsetz，1983）。

盛洪（1991）认为代理人（管理层）和委托人（所有者）在追求的目标上存在着偏差：所有者追求企业利润最大化，代理人则追求自己的效用最大化。二者目标偏差表现之一就是管理层的工作性消费（在职消费），例如布置过于豪华的办公室，雇用漂亮的女秘书，出差住高级客房以及在生意中照顾亲朋好友等。代理人也可能在货币工资既定的情况下，较少努力更多地享受闲暇。作者认为如果对这些偏差不加抑制，这些偏差带来的所有由所有者承担的损失就是代理费用。为了减少损失，所有者就必须对管理层进行监督，或者管理层采取某种行动对委托人（所有者）保证自己的廉洁和忠诚。笔者认为，在职消费是管理层履职过程中不可避免的一项支出，当所有权和控制权分离，股权多元化，管理层不再是唯一的证券所有者，并且缺少某些对偏离激励契约问题的完全的事后清算手段时，管理层将积极谋求得到较激励契约规定更多的工作性消费。管理层发现，在事后的基础上，他能通过规避责任或获取比以前规定更多的额外收入，来赢得这场游戏。由于事后财务结算的不完备，管理层被诱惑去获取比他想要的更多的工作性消费（Eugene Fama，1980）。既然在职消费不可避免，那么我们需要做的就是规范在职消费，使在职消费保持适当的"度"，不至于失去控制而侵蚀企业的价值，关键是在职消费情况要向董事会保持一定的透明度，阳光是最好的杀毒剂，构建面向董事会的在职消费内部报告的曝光机制，就可以使管理层过度在职消费的情况得到遏制，透明度本身就是最好的监督机制，过度在职消费情况的披露，会使管理层的声誉受损，并会遭到董事会的质疑，这会对管理层产生一种威慑效应。

享受在职消费的源泉是管理层的控制权。经营控制权使得管理层具有职位特权，享受职位消费，给管理层带来正规报酬激励以外的物质利益满足。因为管理层的效用除了货币报酬外，还有非货币报酬。在职消费的大部分就是以非货币报酬形态存在的，在职消费是指那些通常不以货币进行支付，但能与货币报酬一样可以给管理层带来效用的消费项目，如豪华的办公室、合意的雇员、到风景胜地公务旅行等。

现实企业中在职消费出现了非货币化和暗箱化两个倾向，非货币收益一般会促使高层经理们采取降低生产率和损害股东利益的行为（Michael C. Jensen and Kevin J. Murphy，1990），在职消费甚至成了腐败的方便之门，因此本书构建的在职消费内部报告就是最大限度地货币化在职消费，并通过内部报告这种披露方式增加在职消费的透明度，使在职消费对管理层起到正向的激励作用，而不是成了侵蚀企业价值的腐败暗门。

在管理层的业绩评价内部报告中，对在职消费等非货币性福利的披露难题亟待破解。在职消费是管理层激励的重要组成内容，国企经营者的主要收益包括薪酬、福利和在职消费。在职消费是个讳莫如深而又被日渐关注的问题，因为其具有不透明、实物化、非规范化的特点，而且在职消费的合理性与非合理性的边界往往比较模糊，同时又缺乏明确的标准和约束，因此难以监督。金融危机期间，陷入财务危机的美国三大汽车公司 CEO 坐着专机去国会请求财政救援的场景，再次将高管在职消费无度的问题放大在世人面前。对于管理层在职消费的监督可以说是全球公司治理的难题，目前尚无合适的激励机制予以制衡，导致了激励效率的低下和股东价值的损害。阳光是最好的杀毒剂，笔者认为治理在职消费问题的钥匙应该是增加其透明度，通过构建一套内部报告体系，对管理层在职消费的各个项目进行详尽披露，接受众多利益相关者的监督，这样管理层在利用在职消费假公济私的时候会忌惮披露的压力而将刻意节制。《中央企业负责人薪酬管理暂行办法》第十九条要求企业应当逐步规范企业负责人职位消费，增加职位消费透明度，有条件的应逐步将职位消费货币化。对礼品费、招待费等公务消费，应当规范预算管理，加强财务监督、审核，接受职工的民主监督；对企业负责人住房，按照属地化原则，严格执行其住房所在地的房改政策；实行公务车改革的企业，可合理确定企业负责人交通费用补贴标准，其补贴暂在基薪和绩效薪金外单列，按月发放；采取包干制等方式支付通讯费的企业，通讯费暂在基薪和绩效薪金外单列，按月发放。企业在报送负责人年度薪酬方案时，应当将企业负责人职位消费的相关材料报国资委。

6. 创新业绩指标

约瑟夫·熊彼特（Joseph Schumpeter, 1934）认为企业可以通过一些创新性活动来获取竞争性优势。在通常情况下，为了保持核心竞争力获取可持续性竞争优势，企业在产品创新和开发方面进行投资，进行强有力的广告宣传，并进行领先的产品研发（Cheng and Kesner, 1997），成功的先行者可以获得巨额收益（Suarez and Lanzolla, 2007）。张瑞敏认为，"创新能力是海尔真正的核心竞争力，因为其不易或无法被竞争对手模仿"（Stephen Chen, 2000），华为公司则信守"对核心技术的掌握能力就是华为的生命"。为了在竞争中保持前列，企业必须持续地研发，甚至改变他们的核心竞争力。如果他们拥有一种竞争力——即拥有一种优势，但是不能对其进行变革，那么竞争者将最终模仿这个竞争力，从而降低，或者减少企业的竞争优势（Michael A. Hitt, R. Duane Ireland and Robert E. Hoskisson, 2009）。创新是企业持续发展的引擎，是企业核心竞争力的源泉，因此应在财务业绩内部报告中体现创新要素。在现行会计准则情景下，体现创新指标的会计科目是"研发支出"和"无形资产"。

二、企业声誉评价内部报告

（一）管理层和企业声誉评价内部报告的内在机理

国际审计与咨询事务所普华永道（PWC）准备提供一项声誉保证服务，事务所的期货交易经理格伦·彼得斯（Glen Peters, 1998）称经营一家公司的声誉将会是未来十年最大的挑战之一，声誉将是企业最重要的资产，企业将需要采用系统的方法来保护声誉。管理层声誉对激励契约的重要性体现在弥补了激励契约的"漏洞"。由于激励契约的不完备，显性条款并不能把经常遇到的不可预见的偶然事件加以约定，由此激励契约出现了天然"漏洞"，管理层行为出现了没有监督和激励的真空地带，那么这时候是什么因素在激励着管理层自觉勤勉而不偷懒呢？是管理层的声誉形成的内在驱动性激励。管理层声誉提供了一个隐含的承诺，承诺在出现激励契约没有包括的事件的时候，进行公平或合理的裁决，声誉填补了激励契约不完备留下的空隙并内在加强了管理层不偷懒的自觉性，是不可或缺的重要隐性激励。

把管理层声誉以内部报告的形式予以披露，作用有两个：一是向董事会表明管理层是一个诚信而勤勉的代理人，反之如果声誉不佳，这种披露就会对管理层形成曝光压力，转而对其形成潜在隐性激励；二是管理层声誉的内部报告披露最终会通过外部化的机制传导至经理人市场，成为劳动力市场对其进行评价的重要依据。好声誉的报告会使管理层在劳动力市场上索要更高的人力资本报价，坏声誉的报告将使管理层的未来职业生涯受损，严重至无人雇佣，这就是所谓的声誉激励（或称职业生涯激励）。尤其是对于所有权分散的大型公司，对管理层的约束和激励基本来自企业内部和外部的职业经理人市场（Manne，1965，1967），声誉激励同时伴随着用以刺激公司运转效率的内部和外部监督手段的协助，伴随着提供最终约束的外部接管市场。

法马（Fama，1980）早就说明了劳动力市场对经理们施加努力可能提供足够的潜在的激励。经理们愿意建立高效的信誉，而做到这一点，他们就应该实施最优的努力，甚至是在没有正式的契约的情况下。按照这种观点，对于良好声誉的欲望可以导致他们努力工作，因而显性的货币激励可能并不起实质性的作用。霍尔姆斯特朗（Holmstrom，1999a）将这个想法模型化了，其中经理的天赋是未知的，而他过去的工作表现受到努力、天赋以及随机噪声的影响。他证明了仅靠信誉无法给代理人提供足够的激励，但是信誉激励又是不可或缺的。由于契约的不完备性，仅仅基于企业业绩的货币激励并不能有效地约束经理（张维迎，2005），隐性激励只能作为显性激励的一个不完备的替代（Jean - Jacques Laffont，2002），因此，完善的激励模式应该是货币激励（显性激励）和声誉激励（隐形激励）的结合。

需要指出的是，声誉效应可以阻止管理层的不负责任的行为，但是，所有这些都是不完善的。如果唾手可得的收益足够大，如果无法迫使经理吐出他们的不义之财，经理仍会对这些措施置之不理（Williamson，1985）。

（二）企业声誉评价内部报告指标分析

企业声誉是企业利益相关者（客体）对特定企业（主体）的总体感知与综

合评价，它反映了社会（客体）对企业（主体）价值的认同。企业声誉被认为是一种稀有的、可持续的、竞争对手难以模仿的无形资产，是决定企业成功的关键性资产。它为企业建立市场进入壁垒、培养顾客忠诚度、吸引投资者、招揽优秀员工以及强化企业竞争优势等诸多方面越来越具有战略性作用（徐金发，2010）。美国学者桑杰·姆德娜（Sanjay Mudnane, 2002）认为，一个企业的声誉是指所有利益相关者，包括社会大众、客户、企业的员工、投资者等对于这个企业的印象总和。企业声誉包括企业的特性、企业所代表的核心价值以及企业的愿景。他还认为，企业声誉是一种能为企业带来价值的资产。斯图尔特·路易斯（Stewart Lewis, 2000）认为，在任何情况下，都应该把企业声誉看成是企业行为、信息沟通和企业愿景等因素综合作用后的一种产物。丰布兰（Fombrun, 1996；2000）认为声誉是以顾客、投资者、雇员和普通大众对企业的情感反应来表达的。他认为声誉可以简化企业绩效的构造，帮助观察者应对市场的复杂性，同时声誉体现了评价企业效率的两个维度：经济绩效和社会责任履行情况。

企业声誉评价内部报告的内容取决于企业声誉的评价指标选择。对企业声誉，虽然很少有人质疑它的重要性，但仍然难以对其界定、评估和量化（徐金发，2010）。北爱荷华大学（The University of Northern Iowa）教授史蒂文·沃提克（Steven Wartick）指出，由于没有一个明确的定义，大部分测算企业声誉的尝试都被引入了歧途。企业声誉测量的方法有好几种，从纯粹的直觉方式——即企业是否让人"感到"值得信赖，到对利益相关集团的调查，并对声誉的各个方面进行一整套复杂的测评，如企业的财务状况、目标、市场领导力以及企业的社会责任感等各方面。《无形的优势》一书的作者约翰·洛认为，有一种测算声誉的方法是把它同商誉一样，归类为一种无形资产。他认为，这么做是符合现代经济状况的，因为像创新、才能和人际关系这样一些无形的、位于传统商业价值标准之外的因素，却在现代经济中起着决定性的作用。大部分学者一致认为对企业声誉的评价不应只是一种"好"或"坏"的综合判断（Poiesz, 1989；Van Riel, 2004），因为这样的评价设计不能有效指导企业的声誉管理实践，而且在多数情况下，声誉并不是唯一的（针对企业声誉的结构成分而言），人们对于一个企业通常会持有各种感受（针对企业声誉的驱动因素而言），它们可能太复杂而不能仅用"好"或"坏"来简单概括（Berens and Van Riel, 2004）。所以，不少学者们正热衷于构建能普遍适用于各种企业的多维的企业声誉评价工具（徐金发，2010）。

需要指出的是，企业声誉与管理层个人声誉密切相关，二者内生于统一的声誉机制之中，并相互促进和影响，管理层个人声誉和企业声誉的根本区别在于企业声誉是一种可交易的资产。企业声誉市场可以通过企业声誉交易，对代理人管理层提供跨越职业生涯的长期激励，因为年轻的代理人因关心未来收入而会主动约束机会主义行为，维护自己的职业声誉，年长的代理人则因看重"出售"企业声誉的未来价值而会尽力维持好企业声誉。这两种声誉机制所提供的激励在本质上是相同的，即良好的声誉能给代理人带来声誉租金（Tadelis，2002）。泰德利斯（Tadelis）模型中，代理人的职业声誉和企业声誉对代理人的隐性激励效应内生于统一的声誉机制之中。因此，企业在设计业绩型薪酬激励方案时，应将代理人的收益和企业未来声誉紧密联系在一起，代理人在分享企业利润的同时，也应该使其成为企业声誉价值的剩余索取者（黄再胜，2004）。汤姆·贝尔（Tom Bell，2001）通过调查众多的 CEO、证券分析师、新闻媒体及政府官员，得出 CEO 声誉占企业声誉的 40% 左右的结论；希尔和诺尔顿（Hill and Knowlton，2006）的研究发现由 CEO、CFO 和 COO 组成的管理层声誉，比董事长、单独的董事对分析家的影响更大。因此，研究企业声誉必须与管理层声誉联系起来。迄今为止，国内外学者设计了许多企业声誉评价指标体系，代表性的成果如表 5 - 1 所示。

表 5 - 1　　　　　　　　　　国内外代表性的企业声誉评价指标体系

年代	创始人	评价类型	指标体系
1963	科恩（Cohen）	利益相关者社会期望评价	产品声誉、顾客待遇、企业领导、防御贡献、员工角色、对个人的关心
1971	布里特（Britt）	企业声誉综合体评价	产地、产品外形、产品包装、公司名、设计、销售地、雇员关系、广告促销
1983	美国《财富》杂志	"美国最受尊重的企业"和"全球最受尊重的企业"排名	长期投资价值，财务健全制度，公司资产的合理利用、管理质量，产品和服务质量，创新能力，人才吸引、开发和使用，社区和环境责任，全球化适应能力
1987	德国《管理者》杂志	企业综合声誉指数	管理质量，创新性，沟通能力，环境责任感，财务和经济的稳定性，产品质量，货币价值，员工导向，成长率，对经理的吸引力，国家化程度
1992	丘（Chew），赛科（Sako）	对公司信任度的评价	可信赖性、仁爱、诚信、契约信任、能力信任、商誉、善行、可靠性、产品质量、道德上的关心
2000	Fombrun 声誉研究所、Harris Inteactive 市场调查公司	"美国声誉最佳企业"的声誉度（RQ）评价	企业感召力，产品和服务，财务绩效，愿景和领导力，工作环境，社会责任（6 个一级指标和 20 个二级指标）

续表

年代	创始人	评价类型	指标体系
2000	科勒（Keller），布罗姆利（Bromley）	对声誉形成的信息来源的评价	产品、人员关系、价值观、可靠、内部品质、外部形象、社会关系、公司文化、市场策略、媒体报道、金钱观
2001	北京大学管理案例研究中心和经济观察报社	"中国最受尊重企业"评选活动	社会责任感，公司形象，创新能力，管理水平，企业伦理和商业道德，战略能力
2002	芬尼斯和布罗孟斯（Fennis and Bloemers）	消费者社会期望评价	产品质量、创新、良好的管理、良好的组织、雇主的吸引力、员工的专业资格、支援性的慈善事业、对自然环境的责任感、对顾客负责任的行为
2003	凯伦和伊丽莎白（Karen and Elizabeth）	企业声誉指数	公司战略、财务实力和弹性、组织文化、道德和诚实、治理过程和领导、产品和服务、战略联盟和商业伙伴、公司创新能力
2003	迈尼昂和费雷尔（Maignan and Ferrell）	消费者社会期望评价	经济责任、法律责任、伦理责任、慈善责任、员工责任、顾客责任、投资者责任、社区责任
2004	戴维斯（Davies）等	企业个性评价	随和性、事业心、竞争力、冷酷、独特性、非正式性、男子气概
2004	曼弗雷德（Manfred）	企业声誉二维模型	企业竞争力（企业绩效，全球化经营能力及在市场上作为领先竞争者的声誉）；企业号召力（对企业的喜爱程度，对企业的认同程度及对企业倒闭表示的遗憾程度）

资料来源：根据相关文献整理而成。

在企业声誉评价指标理论蓬勃发展的同时，与企业声誉具有内在机理的管理层声誉评价理论也取得了长足进展。管理层声誉评价研究，国外有部分文献，包括量化评价和定性分析两类，国内对此问题的研究很少。国内外机构和学者建立的管理层声誉评价指标体系如表5-2所示。

表5-2　　　　国内外机构和学者建立的管理层声誉评价指标体系

时间	创始人	评价内容
1975	*Financial World*	财务业绩，外部环境适应性，管理团队，社会责任
1993	约翰逊·杨和韦尔克（Johnson S. M. Young and M. Welke）	内部声誉，外部声誉
1997	Burson - Marstelle 公司	伦理道德，交流能力，诚信

续表

时间	创始人	评价内容
2001	汤姆·贝尔（Tom Bell）	关注国际市场，关心顾客，诚信，前瞻性，领导一支团队，包容变化，交流
2003	托德·米尔本（Todd T. Milbourn）	在本企业任期，管理层来源，管理层知名度，按行业调整后的企业业绩
2006	孙世敏	管理层业绩（财务，顾客，内部业务流程，学习与成长，政策性目标）；个人素质（伦理道德，知识素质，能力素质，社会影响）

注：表中内容依据徐金发（2010）和孙世敏（2010）整理而成。

1975 年，《财务世界》（*Financial World*）聘请许多行业分析师从财务业绩、外部环境适应性、管理团队以及社会责任四个方面对管理层声誉进行评价。他们认为，声誉良好的管理层应具备下列条件：在任期内用各种标准化的评价工具衡量的企业财务绩效都处于行业领先地位；在不利情形下仍能使企业保持高速成长或者维持原状；能够组建一支具有创造性的管理团队，有效处理企业各项事务，并具有良好职业道德；不仅关心企业产出，而且还能为国家和社会做出突出贡献。可见，《财务世界》对管理层声誉的评价标准不仅考虑企业财务业绩，而且还涉及管理层的社会责任、伦理道德等个人特性。

1993 年，约翰逊·杨和韦尔克将管理层声誉分为内部声誉和外部声誉，并以管理层能力为基础设计声誉评价模型：内部声誉通过管理层以前期间业绩的期望值表示，即：$A_t = E(A_i)$，A_t 为第 t 期期末管理层声誉，A_i 代表以前各期管理层业绩；外部声誉考虑管理层的业绩评价标准，并将不同业绩标准的评价结果进行加权。该评价方法仅仅从企业自身出发，没有考虑宏观经济环境变化对评价结果产生的影响。

1997 年，Burson - Marstelle 公司在美国开展大范围的调查研究，建立了管理层声誉评价的 3C 模型，从伦理道德（Code of Ethics）、交流能力（Communication）和诚信（Credibility）三方面评价管理层声誉。

2001 年汤姆·拜尔依据其对 CEO、证券分析师、新闻媒体及政府官员的调查结果，构建 CEO 声誉评价模型，从关注国际市场、关心顾客、诚信、前瞻性、领导一支团队、包容变化和交流 7 个方面刻画管理层声誉。

2003 年，托德·米尔本从管理层在本企业任期、管理层来源、管理层知名度以及按行业调整后的企业业绩四方面来评价管理层声誉。管理层在本企业的任期越长，说明董事会对他（她）的信任程度越高，意味着管理层声誉越高。企业业绩受行业经营环境、垄断程度等多种因素影响，这是管理层所无法把握和控制的，而按行业平均水平调整后的企业业绩能够代表管理层的能力和努力程度，调整后的企业业绩越高，管理层声誉也越高。

2006 年，孙世敏等针对我国企业特点，从管理层业绩和个人素质两个方面构建声誉评价指标体系。管理层业绩包括财务、顾客、内部业务流程、学习与成长和政策性目标五个方面；个人素质从伦理道德、知识素质、能力素质和社会影响四个方面来刻画。从评价方法看，借鉴国有资本金绩效评价思想，采用主观评价与客观评价相结合的方法：对管理层业绩采用客观评价方法，对管理层个人素质采用主观评议方法。

综上所述，笔者回顾了企业声誉和管理层职业声誉的评价指标体系，董事会在选择声誉评价指标，进而决定企业声誉评价内部报告的披露内容时，应借鉴权变管理思想和 KPI 思路，根据企业所处的不同发展阶段（初创期、成长期、成熟期、衰退期）选择与该阶段相契合的声誉评价指标，而且选取指标的数量不宜过多，如果指标过多，管理层就可能因一次开展多项工作而冒失去工作重心的危险，同时，过多的指标会使业绩评价系统过于复杂，而无法控制（Robert N. Anthony and Vijay Govindarajan，1965）。因此，在企业声誉评价内部报告的披露内容上遵循 KPI 思路，选择那些关键成功因素指标，既要选择企业声誉评价指标，又要选择适量的管理层职业声誉评价指标。一个管理者在不失去工作重心的同时一次能追踪多少关键指标呢？除了说 1 个以上 50 个以下之外，这个问题没有正确答案（Robert N. Anthony and Vijay Govindarajan，1965）。因此，企业声誉评价内部报告的指标数量，董事会要根据企业发展阶段、外部环境、管理层来源、行业特点和企业经营特点等因素权衡考虑，去粗取精，谨慎筛选。

三、社会责任评价内部报告

社会责任的含义是公司作为一个整体对社会应承担的会计责任性，主要涉及公共利益的各个方面，包括社区福利、公共安全和环境问题等。目前，越来越多的大型公司开始披露诸如环境保护、治理等与社会责任相关的信息，这种行为也表明它们正在积极履行公司对社会责任的承诺（Lee H. Radebaugh，Sidney J. Gray and Ervin L. Black，2006）。管理层业绩评价内部报告作为内部控制战略层面对管理层的约束机制，能帮助管理层确保其履行环境、社会和法律责任。它们包括有关员工福利计划的信托规则、劳动安全法规和妥善处理有害废弃物的规则，确保合规可以保护企业的声誉（COSO，1994）。

（一）企业是否应该承担社会责任的争议

1. 反对和质疑公司履行社会责任的观点

需要指出的是，早期的股东利益最大化的积极倡导者是不同意企业履行社会责任的，其中的代表人物是弗里德曼（Friedman），曼勒（Manne）以及迈克尔·廷森和威廉·麦克林（Michael Jensen and William Meckling）。弗里德曼（1962，1970）认为公司对社会的唯一责任是股东回报最大化，企业的社会责任是提高利润。他采纳了纯粹代理理论的观点，认为公司在慈善捐赠上花钱的任何企图，或者满足利益相关者而不是股东需要的企图，都是被误导的。他甚至认为社会责任思想是一种"颠覆性的学说"，弗里德曼承认，很少有一种思想，像要求公司管理者去接受社会责任而不是为股东赚取尽可能多的钱那样彻底动摇我们自由社会的根基。① 可以说，除非社会和环境报告能够提高企业的盈利能力，否则米尔顿·弗里德曼（Milton Friedman）并不是社会和环境报告的有力拥护者。秉承Friedman的思想，曼勒（1972）从四个方面对公司社会责任进行了批驳：一是缺乏可行性。主导大部分行业的竞争不允许个别公司的利他行为。市场不会容忍某个公司的成本比其他竞争对手高出很多。二是缺乏合理性。股东将资金委托给公司管理者，唯一的目的就是最大化股东的回报。将股东的钱用于其他目的就是对股东强行征税，去服务本应由政府出资的社会利益。三是缺乏道德性。污染环境者应该为其行为负责，而不能要求其他公司为了他的行为产生的外部性承担社会责任。四是缺乏实践性。公司管理层并不是社会和政治问题的专家。历来只有两种配置方式——市场和政府。如果给管理层这种权力，他们也无法将私人利益和社会利益区分开来。所以，曼勒再次回到自由经济的立场上，说道："大部分关于公司社会责任的观点的一个根本缺陷就是没有认识到公司是一个经济组织，即使不是完全也是很大程度上，是建立在全体成员的自利动机之上的。"② 迈克尔·廷森和威廉·麦克林（1976）将企业看作是连接个体间一系列契约关系的纽带，企业并不是一个人，它是一个法律虚构，目标各异的人们在这个虚构体中的契约关系框架下经过复杂的过程达到平衡，将"企业具有社会责任"这样将企

---

① Friedman, Milton, Capitalism and Freedom, Chicago：University of Chicago Press, 1962, P. 133.

② Manne, Henry G., 1972, "The Social Responsibility of Regulated Utilities", *Wisconsin Law Review*, 4, pp. 998 – 1001.

业人性化的研究方法非常具有误导性。显然,迈克尔·廷森和威廉·梅克林关于企业社会责任的观点与现在社会责任的倡导者提出的"企业公民"的概念是背道而驰的。社会责任这一概念从产生时起就备受争议。

我国学者张维迎(2010)指出了企业社会责任概念的困惑与悖论,他认为企业社会责任概念,如同利益相关者概念一样,并不能真正让企业承担社会责任。一方面,可以想象,在逻辑上,一个职业经理人要逃避责任的最好办法就是宣布对所有人都负责任。这样其实他可以不对任何人负责。如果企业亏损了,他可以说,这是为了照顾消费者的利益。另一方面,商品提价的时候,他也有充分的理由,因为他不光对客户负责,还要考虑股东利益。当然,裁员的时候,他也有道理,因为他要照顾其他利益相关者的利益。在这样的概念下,"对所有人负责"其实是对任何人都不负责。

2. 当代支持公司履行社会责任的主流观点

管理学大师彼得·德鲁克(Peter F. Drucker,1984)是社会责任的支持者,他给出了社会责任一个具有现实意义的新解释:赚钱行善(To Do Well To Do Good)。因为承担社会责任需要增加公司的支出,所以必须有足够的资源。这种做法的代表人物就是钢铁大王卡内基,他的名言就是"做富人的唯一目的就是为了行善,上帝要我们赚钱是为了让我们去行善"。他在1876~1923年以卡内基公司的名义,捐款5616多万美元,在世界各地修建了2509座图书馆。步其后尘者,包括洛克菲勒和福特。在德鲁克(1984)之前,公司社会责任思想的支持者的确从未明确提出过"赚钱行善"的做法。加尔布雷斯(Galbraith,1971)曾提到:"大公司最大化的不是金钱上的回报而是整个企业组织的全部利益,而金钱回报只是这些利益中的一个。"公司社会责任思想反对将利润最大化作为公司唯一的目标,但并不排斥公司的获利行为。当公司社会责任思想发展到与利益相关者理论相结合,将股东利益作为公司承担社会责任之一时,这点就更加清晰了。彼得·德鲁克(1984)进一步明确了公司社会责任思想与自由经济思想之间的分歧:利润最大化还是利润最优化。公司社会责任的支持者提出用利润最优化取代利润最大化。公司社会责任的支持者用不同的方式否定了自由经济所倡导的将利润最大化作为公司唯一目标的思想,但并没有彻底否定公司赚取利润的目的,他们提出用"利润最优化"(Profit Optimization)或"满足"(Satisfice)利润取代利润最大化,并同时追求社会目标。谢克(Sheikh,1996)明确地提出,要用"利润最优化"取代利润最大化作为公司的行为准则。"公司管理者不再最大化股东的福利,他们通过增加收入并追求对社会有直接影响的非金钱目标来最大化公司总的福利。他们会'满足'利润而不是最大化利润。"①

吉尔·所罗门和阿里斯·所罗门（Jill Solomon and Aris Solomon，2004）主张将公司问责制由传统代理理论仅针对股东的受托责任拓展至对所有利益相关者履行社会责任。他们认为公司治理的内涵日益丰富，以往主要体现为披露财务绩效的公司问责也随之发生变化。狭义的公司问责是有关股东资本主义背景下公司管理层如何让为股东负责的问题。但是这种代理理论框架下股东价值最大化的治理目标并不能涵盖出资者日益宽泛的范畴。他们认为狭义的公司治理和问责的理论基础是代理理论，但该理论正在逐步得到利益相关者理论的补充，从而公司问责的内涵发生了质的变化。总结而言，就是以披露财务信息和重大战略决策为形式的公司问责，正在逐步体现为企业承担范围更广的社会责任的问责体系，因此，公司问责事关公司管理层对公司内外利益相关者负责，并负有向公司所有利益相关者披露非财务风险的义务。他们将公司问责的范畴从财务绩效的信息披露延伸到公司社会责任和环境问题，并以此为基础进一步将这种利益相关者导向的问责体系推广到披露包括社会、伦理、环境以及可持续发展这样范围更宽、深度更深的领域。从而，公司问责更多地指向了基于公司社会责任方面的公司行为，比如公司的环境报告、公司的社会责任投资等。

企业应承担社会责任现在已经逐渐成为全球共识，一些国际组织开始着手制定嵌入社会责任要素的全球趋同公司治理原则、规则或最佳实务。2005 年联合国秘书长邀请了来自 12 个国家的 20 个投资机构代表来为承担社会责任的投资原则（PRI）建立一套全球最佳实务。② 为承担社会责任的投资确立原则的过程由联合国金融计划和联合国全球盟约进行协调和监督。PRI 是自愿的而不是必须的。它为在投资决策和所有权中融入环保、社会和政府（ESG）的事项提供了一个框架。遵守 PRI 不仅会带来更多的可持续财务回报，而且将使股东的利益与全球社会的利益更接近。PRI 由六项原则组成：（1）将 ESG 事项融入投资分析和决策过程。（2）将 ESG 事项融入投资所有权政策和实践。（3）促进机构投资者所投资的公司恰当披露 ESG 事项。（4）促进在投资行业内对此原则的接受和执行。（5）在机构投资者中进行合作以提高执行此原则的有效性。（6）报告执行这些原则的计划、活动和过程。

---

① Sheikh, Saleem, *Corporate Social Responsibilities*：*Law Practice*, London：Cavendish Publishing Limited, 1996, P. 33.

② United Nations Environment Programme Finance Initiative and the UN Global Compact. Principles for responsible investment. April 27, 2006. Available at：www. unepfi. org/principles or www. unglobalcompact. org/principles.

　　蒂姆·希伊（Tim Sheehy，2005）认为即使缺乏监管，公司也会受到激励，提高社会和环境绩效，社会责任不再是问题。他认为真心实意地履行公司社会责任的政策可以为公司创造价值、建立消费者的信任、促进创新——这些都会给予公司竞争优势，并在长期经营中树立坚定、积极的公司形象。

（二）企业社会责任评价内部报告指标分析

　　由于在社会责任评价报告领域缺乏总体规范和可接受的概念框架，在实务中，有许多不同的报告形式，单靠财务会计的规则和程序难以提供合理的机制来发现并呈报企业社会责任，[①] 社会责任评价内部报告在认知与测量方面不具备与财务报告的相似之处，因为二者的要素是不同的。在当前的财务报告框架中，公司合法地拥有或控制它所报告的资产。很明显，企业社会责任内部报告所涉及的资源（比如说自然环境）不能像财务资产那样被拥有或控制。因此，社会责任内部报告完全不同于财务报告（Jill Solomon and Aris Solomon，2004）。如果财务会计的实务不能有效地发现并呈报企业社会责任，那么就有必要去开发其他的（或附加的）社会责任报告机制。近来公布的一个新的公司标准——AA1000标准（AccountAbility1000，1999），标志着 SEE 信息披露的重要性正在提高，这个标准为履行社会责任的公司提供了一个改进和披露自身绩效的框架。

　　从目前的学术和报告实践来看，社会责任绩效报告的披露主要有两种指导机制：一种是三重底线报告机制；另一种是由全球报告行动组织（GRI）制定的更具影响力（更详细）的社会责任报告指导概念框架。三重底线业绩报告前文已经做过述评，由于其局限性，在实务中很难操作。尽管传统的财务报告和三重底线报告在捕捉和反映组织的社会责任信息上的能力不足，但很多组织仍设计了不同的实务，设法报告广泛的社会责任绩效信息。管理层对特定利益相关者团体信息需求的认知决定了对外披露包含哪些特定项目（Solomon and Lewis，2002），此外，还要参考其他公司公认的最佳报告实务。在全球范围内，已经在社会责任报告领域占据主导地位的报告指南之一是全球报告行动组织的《可持续发展报告

---

　　① 格雷（Gray，2005）针对财务会计和可持续性的关系提出了更深刻的批评。他认为，以财务报告所衡量的指标（诸如增长销售、利润和成长性等）最大化为目的的经济组织体系对地球的可持续性最具有破坏性。我们的地球希望获得可持续发展这个理由比其他任何理由都更能反驳财务报告和它的修饰性调整。

指南》（经常称为《GRI 指南》）。① 这些指南因其代表了目前的"最佳实务"而被广泛接受。因此，全球报告行动组织（GRI）很可能成为社会责任报告的概念框架。《GRI 指南》的第一个版本是在 2000 年发布的。《GRI 指南》的第二个版本（经常被称为 G2）是在 2002 年发布的。《GRI 指南》的第三代（被称为 G3）是在 2006 年发布的，这一版本的制定是 2004 年和 2005 年众多利益相关者通力合作的结果。《GRI 指南》为企业提供了 49 个"核心指标"和 30 个"补充指标"。根据 GRI（2006）：通过 GRI 众多利益相关者的共同努力，制定出了核心指标，旨在识别出对大多数组织都很重要的公用的指标。组织应该报告核心指标，除非根据 GRI 的报告原则这些指标不具有重要性。补充指标是指新兴的实务，或是用来解决那些对某些组织重要，但对其他组织不重要的议题。② 社会责任绩效指标（既有"核心的"又有"补充的"）按经济绩效、环境绩效和社会绩效分类排列（社会绩效指标又进一步分为劳动管理实务和体面工作绩效指标，投资和采购实务、社会绩效指标，以及产品责任绩效指标）。在每个类别下都要求有"管理方法披露"（包括政策、责任和目标等）。在这些披露之后是各类指标（我们已经说明过，分成"核心"指标和"补充"指标）。

　　虽然很多人认为《GRI 指南》促进了社会责任报告的完善，但必须承认的是，由于不是强制规定，很多企业对用于报告的指标随意挑选。然而，这样的企业可能仍然宣称它们在使用《GRI 指南》，并由此获得了指南带来的"合理性"。艾伦·威利斯（Alan Willis）是 GRI 程序委员会的前任委员和测试工作组的成员，他极力主张："GRI 需要对公司滥用指南或程序提高警惕——宣称他们的报告'遵守'了指南，实际却不是这样；这些报告不完整、不准确、令人误解或者不恰当。"

　　GRI 提供了用于披露社会责任绩效信息的类别以及相关的绩效指标。G3 指南草案中的主要类别和小类，以及各个类别中涵盖的"指标侧重点"的具体内容列示如表 5 - 3 所示。③

---

　　① 详细了解 GRI 以及《可持续发展报告指南》，参见网站：www. rprogress. org。根据 GRI 的网站，截至目前（2008 年底查看的），全世界有超过 1500 家企业，其中有许多世界知名企业，已经宣布自愿采用了该指南。随后，G3 指南成为真正意义上的全球报告标准。GRI 是联合国环境规划署的合作中心。

　　② 指南在确定某一项目的"重要性"时提到了许多外部因素（如利益相关者提出的问题，以及本地、国内和国际监管）和内部因素（如组织面临的主要风险，组织价值观、目标和意图）。

　　③ 指标提供了一种衡量方法，通过指标的衡量结果，可以对其做出评价和决策。在 G3 的指南中，将"指标侧重点"定义为"关于某一具体指标类别（例如，能源耗用、童工、顾客）的通用信息"。

表 5 – 3   **《GRI 社会责任报告指南》的指标类别**

A. 经济绩效

可持续发展在经济方面关注组织对其利益相关者经济条件的影响，以及对本地、国内和国际层次的经济体系的影响。

经济绩效指标①

- 侧重点：经济绩效（四个核心指标）
- 侧重点：市场份额（两个核心指标和一个补充指标）
- 侧重点：间接经济影响（一个核心指标和一个补充指标）

B. 环境绩效

可持续性在环境方面关注组织对有生命的和无生命的自然系统的影响，包括生态系统、土地、空气和水。环境指标的构成涵盖了投入（原料、能源、水）和产出（废气、废水、排放物）方面的绩效。除此以外，指标还包括生态多样性、法规及其他相关信息，诸如环境支出和对产品和服务的影响方面的绩效。

环境绩效指标

- 侧重点：原材料（两个核心指标）
- 侧重点：能源（两个核心指标和三个补充指标）
- 侧重点：水（一个核心指标和两个补充指标）
- 侧重点：生态多样性（两个核心指标和三个补充指标）
- 侧重点：废气、废水、排放物（七个核心指标和三个补充指标）
- 侧重点：产品和服务（两个核心指标）
- 侧重点：法规（一个核心指标）
- 侧重点：交通运输（一个补充指标）
- 侧重点：总体情况（一个补充指标）

C. 社会绩效

可持续性在社会方面关注组织对组织所在的社会系统的影响。GRI 社会绩效指标确定的关键绩效包括劳动管理实务、人权和更广泛的影响顾客、社区及其他社会中的利益相关者的问题（不像经济和环境绩效，G3 指南将社会绩效分为四个子绩效指标）。

社会绩效指标

C. 1   社会绩效：劳动管理实务和体面工作绩效指标
- 侧重点：员工雇用（两个核心指标和一个补充指标）
- 侧重点：劳动力/管理层关系（两个核心指标）
- 侧重点：职业健康和安全（两个核心指标和两个补充指标）
- 侧重点：培训和教育（一个核心指标和两个补充指标）
- 侧重点：多元化和平等机会（两个核心指标）

C. 2   社会绩效：人权绩效指标
- 侧重点：投资和采购业务（两个核心指标和一个补充指标）
- 侧重点：非歧视（一个核心指标）

---

① 限于篇幅所限，本书未能将具体指标的详细内容列出，有兴趣的读者可以去看 GRI 指南（www. globalreporting. org），查阅每个侧重点具体指标的详细内容。

续表

- 侧重点：结社自由与集体谈判权（一个核心指标）
- 侧重点：童工（一个核心指标）
- 侧重点：强迫与强制劳动（一个核心指标）
- 侧重点：安全保卫工作（一个补充指标）
- 侧重点：土著人权力（一个补充指标）

C.3 社会绩效：社会绩效指标
- 侧重点：社区（一个核心指标）
- 侧重点：腐败（三个核心指标）
- 侧重点：公共政策（一个核心指标和一个补充指标）
- 侧重点：反竞争行为（一个补充指标）
- 侧重点：遵守法规（一个核心指标）

C.4 社会绩效：产品责任绩效指标
- 侧重点：消费者健康和安全（一个核心指标和一个补充指标）
- 侧重点：产品和服务的标志（一个核心指标和两个补充指标）
- 侧重点：营销宣传（一个核心指标和一个补充指标）
- 侧重点：消费者隐私（一个补充指标）
- 侧重点：遵守法规（一个核心指标）

资料来源：全球报告行动组织（2006）。

全球报告行动组织（GRI）成立于1997年，由30000个强有力的利益相关者网络组成，通力合作提高可持续发展报告的实务水平。全球报告行动组织（GRI）率先制定了在全世界最为广泛使用的社会责任报告框架，并承诺将继续完善框架以适应全世界各个角落的组织应用。该框架订立了组织可以用来计量并列报其经济、环境和社会绩效的原则和指标。根据GRI框架编制的社会责任报告可以用于组织在法律、规范、法规、绩效标准和自愿行动方面的绩效标准；表明组织对可持续发展做出承诺；并纵向比较组织绩效。GRI提倡并发展了这一标准化的报告方式，以刺激对可持续发展信息的需求——有益于做出报告的组织，也有益于那些使用报告信息的相关者。GRI报告框架意在成为报告组织的经济、环境和社会绩效的公认报告框架。任何规模、部门或地域的组织都可以使用，框架考虑了广泛的不同类型的组织——从小企业到遍及全球各地的大公司——面临的实际问题。GRI框架描述了由全球广泛的利益相关者认同的一般和具体部门的内容，并可以通用于对外报告组织的可持续发展绩效。

需要指出的是，企业社会责任信息纷繁复杂，并不是披露的越多越好，否则除了信息披露成本之外，还会带来信息过载的问题，因此，在决定和筛选企业社会责任评价内部报告的披露内容时，需要遵循一定的原则。笔者根据文献梳理总结出社会责任评价内部报告内容的披露原则如表5-4所示。

表 5 – 4　　　　　　　　企业社会责任评价内部报告内容披露原则

一、界定报告内容的原则

1. 重要性
报告中的信息应该包括能反映组织重大的经济、环境和社会影响，或对利益相关者的评估和决策有实质性影响的内容和指标。
2. 完整性
报告中涉及的重要的内容和指标，以及报告范围的界定，都应该充分反映经济、环境和社会影响，并使利益相关者能够评估组织在报告期的绩效。
3. 利益相关者包容性
对外报告的组织应该确定其利益相关者，并在报告中解释它如何回应利益相关者的合理期望与利益。
4. 可持续性范围
对外报告的组织应该在较大的可持续性范围内呈报组织的绩效。

二、界定报告质量的原则

1. 平衡性
报告应该反映组织正面和负面的绩效，以便能够对组织的总体绩效进行合理的评估。
2. 可比性
事项和信息应该经过筛选、汇编和报告这一系列过程。报告的信息呈现的形式应该使利益相关者能够分析组织的绩效前后的变化，并可以与其他组织的绩效相比较。
3. 及时性
要及时、定期地发布报告，利益相关者能够获得报告的信息，并在充分了解情况后做出决策。
4. 明晰性
使用报告的利益相关者应该能够获得并理解报告中的信息。
5. 可靠性
在编制报告时使用的信息和程序的搜集、记录、汇编、分析和披露方式应该能经得起检验，这也确保了信息的质量和重要性。
6. 准确性
报告的信息应该精确，并足够详细，使利益相关者能够在充分了解情况后做出决策。

资料来源：笔者根据相关文献整理。

综上所述，我们已经了解到财务会计实务存在诸多局限性，使其难于报告企业的社会责任信息绩效信息。鉴于这些局限性，学者们提出了其他的替代程序。很多人拥护三重底线报告，认为它在提供主体的经济、社会和环境绩效信息方面是一种很完善的方法。然而，正如前文述及，目前存在这样的疑虑："底线"的概念能否应用于现实的社会和环境绩效中。另一种社会责任报告的替代方式是制定结构化的指南，如 GRI 的《可持续发展报告指南》规定了大量的与社会责任相关的关键绩效指标（KPIs）。笔者认为，我国的社会责任评价内部报告在披露内容上应该与 GRI 接轨，根据我国国情和企情对 GRI 规定的社会责任 KPIs 进行适当的删节和补充，最终形成既与国际趋同、又兼具中国特色的社会责任内部报告模式，约束管理层的短期行为，促进企业和谐发展，走向持续的繁荣和成功。

四、企业文化评价内部报告

（一）企业文化的隐性业绩作用机理理论分析

企业是作为不同个体间一系列复杂的隐性及显性契约的纽带的法律实体（Jensen and Meckling，1976），企业文化就是企业内部存在的隐性契约之一，这种隐性契约既能对管理层形成隐性的潜在激励，同时又是促进企业可持续发展的核心竞争力。相关文献认为企业文化具有对管理层的潜在隐性激励效应，并在公司治理机制中以隐性心理契约形式对管理层不可观察的行为发挥激励和约束作用。

1. 企业文化的隐性业绩和激励属性理论分析

莱本斯坦（Leibenstein，1982）把管理层的努力选择和董事会对待管理层的方式看作囚徒两难博弈，在这一博弈中，可能不只有一个均衡，他认为结果是由规范或习惯而不是理性决定的。相对高的和相对低的努力习惯都可能持续存在，这取决于管理层的主动性和其他因素的历史表现。市场的"看不见的手"和管理层的"看得见的手"都不一定能促使企业达到效率结果。与莱本斯坦（1982）一样，乔治·贝克、迈克尔·廷森和凯文·墨菲（George Baker，Michael Jensen and Kevin Murphy，1988）也认为管理层努力选择问题具有囚徒两难特征，社会或公司文化等非经济因素可能决定最终所实现的均衡。张维迎（2003）认为公司治理结构具体由一系列的契约所规定，所有这些契约可以划分为两大类：一类是正式契约（Formal Contracts）；另一类是非正式契约（Informal Contracts）。非正式契约是指由文化、社会习惯等形成的行为规范（Norms），这些规范没有在正式的合同中写明，从而不具有法律上的可执行性，但实实在在地起作用。相对于产权制度、管理制度等"硬件"来说，企业文化属于"软件"。企业制度再完善也总有失灵的时候，这时就需要企业文化发挥弥补作用。建立管理层的企业文化激励机制，主要是在企业内部形成等级差别观念、效率至上观念、团队观念、服务观念和忠诚观念。

弗雷德蒙德·马利克（Fredmund Malik，2010）认为企业文化具有超越常规意义上物质激励的极限激励的效果。当组织陷入了异常艰难的境地，生存受到威胁，组织中每个人必须发挥出各自创造力的极限才能渡过难关，常规物质激励已经起不了作用而目标仍然没有达到的时候，此时管理层创造业绩和绩效的力量从何而来？无论如何，其中的一个核心要素就是我们常说的企业文化。文化激励不同于普遍意义上的激励概念，而是构成了所有激励行为的基础。

管理层的决策考虑，是受一定的文化熏陶下形成的价值观和偏好影响的，而在很多情况下，这种影响是形成不同的公司治理结构以及不同的利益取向的决定性因素。市场经济中屡屡出现的诸如安然、世通等商业丑闻，越来越说明伦理文化因素对于管理层行为激励中存在的不可或缺的重要作用。管理层的偏好和委托人的目标存在差异，偏好的差别，可能是由于历史传统、伦理文化、意识形态等等因素造成的，而不一定仅由物质因素造成的（樊纲，1993）。由此可见，文化伦理在公司治理结构、管理层的动机和行为取向等方面起着潜在的、甚至是决定的作用。这也是本书把企业文化以内部报告的形式予以披露的动机所在，企业文化不但是公司治理的基石，而且是管理层最后的激励屏障，当制度激励滞后或者存在漏洞不起作用的时候，是企业文化在激励和约束管理层做出符合公司利益的理性行为。

2. 企业文化的心理契约作用机理分析

企业文化作为隐性业绩对价值创造的促进作用是通过心理契约机制实现的。心理契约最早由阿吉里斯（Argyris）提出，他在1960年所著的《理解组织行为》一书中，用"心理契约"来描述下属与主管之间的一种关系。这种关系表现为，如果主管采取一种积极的领导方式，雇员就会产生乐观的表现；如果主管保证和尊重雇员的非正式文化规范（如让雇员有自主权，确保雇员有足够的工资、稳定的工作等），雇员就会有较少的抱怨，而维持高的生产效率。1962年，莱文森（Levinson）等人在一个公共事业单位的个案研究中，将心理契约描述为"未书面化的契约"，是组织与雇员之间相互期望的总和。他被用来强调产生于双方关系之前的一种内在的、未曾表述的期望。科特（Kotter, 1973）认为，心理契约是存在于个体与其组织之间的一种内隐契约，它将双方关系中一方希望付出的代价以及从另一方得到的回报具体化。科特提出，"心理契约"是个人与其组织之间的一份内隐的协议，协议中的内容包括在彼此关系中一方希望给另一方付出什么，同时又该得到什么。罗宾逊和莫里森（Robinson and Morrison, 1997）指出心理契约一般被定义为一个雇员对其与组织之间的相互义务的一系列信念，这些信念建立在对承诺的主观理解的基础上，但并不一定被组织或者代理人所意识到。对于心理契约的重要性，施恩（Schein, 1980）指出：虽然它并没有写明，心理契约在组织中的作用有三个方面：一是可以减少雇佣双方的不安全感，因为正式协议不可能涉及雇佣关系的方方面面，而心理契约可以填补正式协议留下的空白；二是可以规范雇员的行为，雇员以组织对自己所负的责任来衡量自己对待组织的每一行为，以其作为调节自己行为的标准；三是可使雇员对发生在组织中的事件产生情感性的反应。贝克（Baker，1985）也对其进行了深入的研究，认为心理契约在员工愿望与其绩效表现之间起着重要的调节作用（波特·马金，2000）。

（二）企业文化评价内部报告和管理层的内在机理分析

企业文化并不是虚无缥缈的东西，更不能肤浅地理解为是嘴上的口号或墙上的标语，企业文化实实在在地存在着并且实实在在地影响着管理层的行为和企业的绩效，企业文化是企业的核心竞争力，是企业"软实力"[①] 的体现。21世纪企业的竞争将是文化的竞争，杰克·韦尔奇说："我相信在21世纪最有效的竞争者，是学会如何使用共享价值观驱策员工情感动力的组织。"企业文化是支撑企业可持续发展的另一只"无形之手"，许多高层管理者在制定经营规划时把企业文化放在了与公司战略同等关注的地位，在制定战略之后，理解非正式沟通以及组织文化等关于控制的非正式与柔性机制是非常重要的，这种非正式且巧妙的机制可能是未来管理全球公司的关键所在（Lee H. Radebaugh，Sidney J. Gray and Ervin L. Black，2008）。麻省理工学院的《组织文化与领导》（*Organizational Culture and Leadership*）一书的作者埃德加·施恩（Edgar Schein）认为管理层所做的唯一真正重要的事情，就是创造并管理企业文化。因此，作为企业领导者的管理层的独特才干在于和文化打交道。实证研究证据表明，强文化的公司通常以极大优势胜出那些缺乏文化气质的普通公司。1995年，《财富》（*Fortune*）发布了一份关于企业声誉的调查报告，该报告得出的结论是："人们越来越认识到，公司并不仅仅是靠那些财务数字而生存的。那些在调查中名列前茅的公司都具有一个共同之处：有着充满活力的企业文化。"在一个凝聚力很强的企业文化中，生机盎然的企业文化能够为一个深刻而持久的共同目标做出贡献。无独有偶，《基业长青》一书中，研究了一部分建立时间至少50年甚至上百年、长期保持良好业绩的企业，发现强有力的组织文化是其中多数企业成功的关键要素，真正伟大的

---

① 哈佛大学肯尼迪学院院长、美国国策咨询专家约瑟夫·奈认为"软实力"主要表现为文化和意识形态的力量，它是一种"同化式实力"。在力量的运用方式上，硬实力主要靠诱惑（"胡萝卜"）或者威胁（"大棒"）；而软实力主要靠思想吸引力或某种机制构成的框架性力量。

愿景公司都拥有强有力的、独特的和几乎是排外的文化（Collins *et al.*，1994）。由此可见，企业文化对于优异的经营业绩的重要性。这也是本书力图使企业文化通过内部报告予以显性化，并固化为对管理层的正式激励机制动因之一。

概括而言，构建企业文化内部报告的动因在于三个方面：一是企业文化和管理层的嵌套互动关系，表现在管理层主导企业文化的建立和维护，企业文化反过来又对管理层形成以心理契约为表现形式的隐性激励；二是企业文化是企业的终极核心竞争力，21世纪企业之间最后的竞争就是文化的竞争，文化竞争力是所有企业最后的底牌；三是企业文化能够促进企业业绩的增长，企业文化和企业业绩是正相关关系，只有文化强大，才能业绩长虹，基业长青。由此可见，企业文化对企业的可持续发展是如此之重要，对管理层的隐性激励力量是如此之强大，所以有必要建立企业文化的内部报告机制，增加企业文化的透明度，使激励管理层的"无形之手"变为"有形之手"，使企业文化由墙上落到地上，由嘴上落到脚下，由管理层的可选项变为必选项。企业文化是管理层的隐性激励场，是核心竞争力的动力源，是企业业绩的助推器。

（三）企业文化评价内部报告的内容

企业文化内部报告的内容解决的是企业文化内部报告披露什么的问题，披露标准是影响企业文化对管理层的隐性激励、对企业业绩和核心竞争力形成的诸多因素都应该在内部报告中予以披露。

1. 战略环境匹配

约翰·科特和詹姆斯·赫斯克特（1992）认为企业文化的强度对于卓越财务业绩的取得十分重要，但是企业文化对经营业绩促进作用的发挥，有一个重要前提条件就是企业文化必须和企业的战略环境相匹配，也就是说企业文化正向影响企业业绩的一个因素是环境适应性，因此企业文化与环境的匹配性应该在内部报告中予以披露。两位作者主要比较了同一行业中两家公司的经营业绩：一家公司拥有与企业环境在"战略上相关"的文化，另一家公司的文化与企业环境不太吻合。他们的研究样本包括21家公司，结论显示企业文化和企业环境吻合度高的公司的经营业绩和竞争实力都显著高于环境吻合度差的公司，而且，当企业环境发生改变，而企业文化尚未或难以做出调整时，那么这些曾经为企业经营业绩做出贡献的企业文化似乎对业绩起到了反作用。两位作者最后强调，为了能在利润上创造奇迹，企业文化必须与它所在的环境的要求步调一致。由此可见，企业文化环境匹配的重要性。

企业文化和企业战略是相互依存的共生关系，把企业的战略行动和文化行动综合起来看，二者呈现这样的规律：文化（人们头脑中根深蒂固的行为模式）和战略（关于如何竞争的一种理念）是不可分割的。文化的变革非常缓慢，但是，要想使战略迅速取得成功，它必须利用文化的惯性。它必须将人们的精力引导到他们习惯实施的行为当中。如果战略要求人们去做那些他们感到不自然的或完全是外行的事情，则注定是一次缓慢的死亡过程。战略（很可能产生新想法和迅速的解决方案）和文化（变化相当缓慢）之间的关系是非常密切的。优秀的战略家深知这种关系，并且选择把战略建立在自然的和文化的力量基础上。很多战略家的失败就是因为他们忽视了战略和文化之间的共生关系。他们幻想华丽的战略转变，但这些战略在现实世界的检验中却失败了。这些战略从来没有发挥过作用，因为它们与公司存在的文化现实相矛盾。我们希望，组织中的柔性方面（涉及像企业文化之类的无形内容）能够与硬性的战略方面（涉及数字和财务等内容）相互融合。

2. 利益相关者利益维护

约翰·科特和詹姆斯·赫斯克特（1992）发现成功的公司会始终监控着它的关键利益群体，一旦发现任何一个群体未能获得优质服务时，会立刻做出调整。他们通过深度访谈和调查问卷方法要求行业分析专家对目标公司就问题"企业文化在多大程度上重视它的顾客、股东和员工？"在七级量表中打分，结果表明，重视顾客、股东和员工所有这三种利益群体的企业文化，在经营业绩上均超过对照组的比较对象。在行业分析专家的眼中，低绩效公司的管理层经常最关心的是他们自己。而且，许多经营业绩优异的公司同样高度重视对当地社区以及社会做出贡献。企业的文化价值观有助于使管理层对经营业绩链条中所有重要的链接（包括股东、顾客、员工、社区、自然环境等）都得到平衡维护。因此，不难看出，企业文化报告中也应该披露对利益相关者利益的维护情况，因为这直接关系到企业的经营绩效的实现。

在企业文化报告中，对众多利益相关者利益的保护必须要均衡，不能顾此失彼。利益相关者作为企业经营的内外部环境构成要素，忽视任何一方的利益都将影响企业的环境适应力，从而影响企业的经营业绩。在快速变化的环境中，企业文化很容易失去平衡，在青睐某个群体的同时忽视了其他群体的利益。本书的主张是强调顾客利益优先导向的核心竞争力的塑造，反对股东利益唯一最大化的美国式治理导向。但是，如果一家公司强烈地以顾客为导向，缺乏对员工或者股东的足够关注，其结果是使企业缺乏促进经营业绩的适应力。在这种情况下，管理层会千方百计地满足顾客不断变化的各种需要，即使这意味着显著降低利润空间和花费员工相当长的工作时间。这种战略有时候在短期之内能够发挥作用，但是最终，它会缺乏足够的资本投资于必要的新产品或服务。另外，员工们会逐渐产生被剥削的感觉，因而不再那么努力地为顾客提供服务。因此，这样的公司会发现自己越来越难以满足顾客不断变化的要求。当任何一个利益群体获得了比其他群体更多的照顾时，同样的连锁效应就会出现。文化价值观能够为企业提供必要的关注，从而使经营业绩链条中所有重要的链接都得到维护（约翰·科特和詹姆斯·赫斯克特，1992）。

五、管理层业绩评价内部报告的实现
机制——基于 XBRL 平台搭建

对管理层业绩和激励报酬信息的披露，迈克尔·廷森和凯文·墨菲（Michael Jensen and Kevin Murphy，1990）担心的一个问题是信息披露的成本问题。普特曼（Putterman，1984）也指出了监督激励和监督技术的相对重要性。信息化浪潮已经席卷全球，在快速出现的新型商业模式、客户的力量、全球业务和网络时代全新技术的推动下，大部分企业已经借助 ERP 实现了信息化的跨越，"在这样一个时代，所有文档中93%以上都以电子方式生成，而且这些文档中的75%从来没有进行过打印，所以用于诉讼或法规遵循目标的'确凿证据'很可能存在电脑中，而不是藏在档案柜里"，在这样普遍信息化的环境中，信息技术（IT）能在改善公司治理的效率和效果方面发挥重大作用，IT 是为规划、监督和报告目的，发布及时、准确信息的有效手段（Zabihollah Rezaee，2007）。所有公司治理职能的有效运作取决于 IT 职能所提供的支持的质量。IT 职能使得其他公司治理职能可以实时在线运作，以促进同步决策、持续监督、即时评估电子报告和连续审计。遵守 SOX 404 节（实时披露）和 802 节（对篡改文件处以刑事惩罚）必须使用 IT 解决方案，以及时获得安全和完整的业务文件。IT 治理被定义为"公司所使用的通过信息管理建立 IT 战略以及评价和改善其业绩来管理风险和创造价值的一套政策、程序和实务"（Canadian Institute of Chartered Accountants，2005）。IT 及其与所有公司治理职能的整合能够确保更及时的财务信息、更有效的法规遵循（SOX）、更有效率的 IT 系统，以及更有效率和效果的软件程序应用。许多公司仍然还在使用基于独立系统的 IT 基础结构来实现它们的目标。

IT 基础结构中的新问题是基于网络服务将 IT 服务和业务流程进行整合。网络服务是建立在 Web 驱动的可扩展标记语言（XML）的描述性分类之上的。IT 在提高公司治理有效性，特别是在财务报告和披露方面所能发挥的重要作用，还没有在商业文献和财务报告过程中得到充分认识。信息技术，特别是互联网和电子商务的使用，已经对公司运作的方式从而对公司治理产生重要影响。SEC 最近已经接受上市公司在自愿的基础上，在电子数据搜集、分析和检索（Electronic Data Gathering, Analysis, and Retrieval, EDGAR）系统下用可扩展商业报告语言（XBRL）格式上报财务报告和其他法定备案文件（SEC, 2005）。

新兴的监管和公司治理改革要求更可靠、更及时和更透明的商业信息（包括财务和非财务信息），而信息披露必须依托 IT 技术平台，这就为业绩评价内部报告的构建提供了 IT 技术实现路径，而 IT 技术的采用，必将极大地降低内部报告的披露成本，同时提高内部报告的时效性和决策参考价值。IT 与公司治理的关系已作为一个问题被很多学者提出，IT 治理是公司治理的重要组成部分，IT 能力是企业竞争能力的重要支撑，IT 资源的利用必将带来公司治理的变化，具体地说，就是 IT 将在报告中占据一席之地（Boer and Van Sommeren, 2000），IT 治理结构对透明度非常重要，在信息披露这个领域，可能的突破口就寄希望于使用"可扩展商业报告语言（XBRL）"（Jaap Bloem, Menno van Doorn, Piyush Mittal, 2008）。

（一）XBRL 及 XBRL 在中国的发展

被美国证券交易委员会称为"交互式数据"的可扩展商业报告语言（Extensible Business Reporting Language, XBRL）是一种可免费获取的开放式标准信息格式，它通过对每一条信息附加电子"标签"（类似于产品的条形码），以一种标准的电子格式来呈现商业信息，使用户可以更方便地获取和分析信息。每一条商业信息（如收入或短期负债、创新或战略、成吨的碳排放或耗时的突发事件等）均可有一个电子标签（被称为"元数据"，Metadata），使该信息可从网上获取。可扩展商业报告语言是可扩展标记语言的一个特定应用程序或一种"方言"，旨在增强商业信息流程。通过 XBRL 存取内部报告或财务报告中的信息方便而快捷，例如，如果你在利润表的毛利率一行中应用毛利率的标签，一个可以识别可扩展商业报告语言的工具将告诉你哪个排列项是毛利率，它是如何定义的，结余情况如何，使用何种货币结算，准确性如何，所涵盖的时间以及是哪家公司。

　　SEC 正在推进使用具有标记的财务报告数据，即可扩展商业报告语言（XBRL），以使投资者和其他市场参与者能从不同软件平台接触和分析财务数据。可扩展商业报告语言以互联网为技术支撑，可以生成在线实时报告，处于不同地理位置的报告使用者，可以根据自身信息需求特点自助定制生成个性化报告。XBRL 报告的实时在线特点，同时也为持续审计的实现提供了可能性。XBRL 使产生、汇集、验证、分析财务和非财务信息更加容易，XBRL 的这些特点将提高财务和非财务信息的质量、完整性、可比性和及时性。2006 年 9 月 25 日，SEC 宣布签署三项独立的合同，总价 5400 万美元，把备案披露系统从表格基础的电子文件柜转换到具有交互能力的动态实时系统。这三份合同用来：（1）使 EDGAR（网上备案和披露系统）数据库能够使用 XBRL 语言的交互数据；（2）通过准备能为所有行业的所有公司使用的 XBRL 分类体系，完成按照美国公认会计原则（GAAP）编制的财务报表的 XBRL 代码编写；（3）建立交互数据工具，使投资者能够在 SEC 网站上查看和分析 XBRL 的公司财务数据。

　　在 XBRL 语境中，信息使用者可以直接从公司的数据库中提取所需的数据，不需要公司提供的经过多次处理的二手或 N 手数据，极大地减少了中间环节数据操纵的空间，降低了信息"噪声"。和数据提供商一样，信息使用者也可以将这些从公司数据库中提取的数据直接下载到他们的分析模型中。然而，这里有两个很大的区别。第一个区别是信息可以直接从其源头以电子格式获取，而不通过任何中间媒介。第二个区别是这些信息就是"原模原样"的公司所报告的那些财务报表或内部报告信息，而不是从数据提供商那里得到的被再次格式化的信息。

（二）　以 XBRL 平台披露业绩评价内部报告的可行性分析和路径选择

　　尽管我们对可扩展商业报告语言（XBRL）应用的关注主要集中在公司的财务报告方面，但它也可以在内部报告中使用，使公司可以更方便廉价地将来自迥异的内部系统的数据进行合并，而非使用传统的公司资源规划系统（ERP）。一旦 XBRL 被应用于内部报告系统中，它在财务报告中的应用也将更加便捷，因为数据均已被格式化。[①] 如果有些制度的设计能够最小化总的披露成本并且能够承诺只生产和披露最相关或最必要的信息的话，它就是最优的制度（Patrick Bolton and Mathias Dewatripont，2005），无疑 XBRL 就是可以借助披露内部报告的技术

---

①　Willis，Mike，and Sinnett，William M. XBRL：Not Just for External Reporting，*Financial Executive*，V. 24，2008（4），pp. 44 – 47.

和制度平台。

为了在管理层业绩评价内部报告中使用可扩展商业报告语言（XBRL），我们有必要为所提供的信息类型创建一套完整的标签分类体系。XBRL 国际联合会（XBRL International. Inc.，Ⅻ）是一个非营利性机构，负责可扩展商业报告技术语言。然而，由于这是一套公开的标准，任何组织都可以创建可扩展商业报告分类法。该联合会提供了一套认可程序，以确保分类法符合可扩展商业报告技术语言的标准。① 这些分类法都是基于隐性的内容标准创建的。XBRL 所谓的"分类法"或"商务词典"都是依据一套潜在的标准创建的，例如美国通用会计准则或国际财务报告准则，而它们都拥有各自的可扩展商业报告语言分类法。美国通用会计准则分类法已经包含了财务报表注释披露中常用的披露元素。已有提议称国际财务报告准则分类法也应被扩展，以涵盖财务报表注释。尽管要求很高，但"管理层讨论与分析"（MD&A）的披露中也已创建了分类系统。可扩展商业报告语言可以使用户更加便捷地发现并快速使用其所搜寻的某条信息，甚至可以快速地通过链接查看其定义。XBRL 使公司的报告从纸质文档转变为更多细小层级的电子报告，里面的每一条信息披露都具有独一无二的标签。

核心竞争力导向的管理层业绩评价内部报告披露的主体内容是企业业绩驱动力的非财务因素信息，同财务信息一样，XBRL 与非财务信息也有关联。与财务信息一样，每条非财务信息也都有唯一的电子标签。对非财务信息标签的分类法可以被视为财务信息标签分类法的扩展。例如，一家公司可以在其财务报表中采用国际财务报告准则所采用的 XBRL 分类法，而在其涉及社会责任、企业声誉、企业文化等非财务信息的内部报告中使用另一种兼容的 XBRL 分类法。此外也可包含一些公司管理层认为具有重要战略意义的公司自己的衡量标准。内部报告披露的非财务信息，在 XBRL 语境下的分类问题解决之后，那么内部报告以 XBRL 格式予以披露的技术障碍就解决了。富士通公司首席技术官花冈和彦（Hanaoka Kazuhiko），在 2008 年第 18 届可扩展商业报告语言国际联合会大会上做了关于在内部报告中采用可扩展商业报告语言的优点的演讲②，他指出，如果可扩展商业报告语言被广泛用于公司的内部报告，那么同样格式的公司外部报告（财务报告）就成为一项简单的扩展了。有些公司发现在内部报告中使用可扩展商业报告语言可降低成本，这可能促使公司最终在外部报告（财务报告）中采纳它。例如，通过使用可扩展商业报告语言，联合技术公司削减了筹备外部报告（财务报

①　"About the Organization，" http：//www. xbrl. org/About The Organization/，2009（8）.

②　参见："How XBRL Transformed Fujitsu's IT Platform，" http：//18thconference. xbrl. org/sites/ 18thconference. xbrl. org/files/hanaoka. pdf，2009 年 9 月信息。

告）所需的大量人工程序，并在采用可扩展商业报告语言的两年后使公司报告流程的时间和成本降低了 25%。①

可扩展商业报告语言（XBRL）是一种商业（非财务）和财务数据电子通讯语言，它非常有利于商业信息的筹备、分析和交流。它为提供及使用财务和非财务数据的人节约了成本，提高了效率、准确性和可靠性（XBRL 指南，2009）。XBRL 格式能通过附着在数据内的"电子标签"使信息使用者更便捷地获取和分析公司内部报告中的信息。XBRL 的互动性可让信息使用者通过点击业绩评价内部报告的每个条目来查看其具体的定义，可自动生成各类图表，且通过一次点击就可将财务和非财务信息下载到电子数据表中加以分析。通过使用传统的纸质表格或电子文档，信息使用者还需以人工方式将数字逐个输入到表格中，这种方法出错的概率很高。

在这里有必要强调的是，可扩展商业报告语言和超文本标记语言（HTML）一样，都只是一种让信息的搜集、报告和再次使用更加便捷的信息标准。它是一种更便于存取和使用信息的格式标准。它并不能获取新信息。XBRL 使透明度增强了，因为我们可以更便捷地查看公司提供的所有信息的全部细节。因此，尽管 XBRL 并不能直接解决复杂性问题，但却是协助管理这个问题的好工具，本质上与 HTML 语言使互联网上的信息复杂程度降低的道理相似。在与艾博思·克鲁斯的讨论中，可扩展商业报告语言国际联合会（XII）主席及普华永道会计师事务所合伙人麦克·威利斯（Mike Willis）曾解释道与其他互联网标准一样，可扩展商业报告语言使商业信息流程变得趋于流线。

六、管理层业绩评价内部报告的防护机制

对管理层业绩和报酬信息的披露能防止管理层的（与"听话的"董事会合谋进行的）"掠夺"行为（Michael C. Jensen & Kevin J. Murphy，1990）。在委托—代理关系中蕴含着代理人合谋掠夺委托人利益的危险（即代理风险），如果这种代理风险过高，在代理关系中的"掠夺"行为（即分配性努力）过多，会使企业成为一种鼓励分配性努力抑制生产性努力的无效率组织形式，从而失去活力（盛洪，1991），董事会被管理层收买而与之合谋的威胁更为人们所关注（董志强，2009）。更为严重的是，本书致力于构建的管理层业绩和激励内部报告，第一使

---

① Stantial, John. "ROI on XBRL," Journal of Accountancy, V. 203, 2007（6），pp. 32 – 35.

用主体就是董事会，董事会通过内部报告这种与管理层的内部沟通机制，实现对管理层的高效监督和激励，防止管理层的败德和机会主义行为，如果管理层和董事会实现合谋（不管是通过权力操纵，还是收买形式），那么直接导致本书构建的用于董事会激励和约束管理层的内部报告机制形同虚设而崩溃，所以管理层和董事会合谋的问题必须予以解决。

（一）管理层和董事会"合谋"的理论分析

合谋是在解决多代理人缔约问题时的一个棘手问题，它会严重影响机制的实施效果。梯若尔（Tirole，1986）在纵向的委托人—监督者—代理人结构中讨论了合谋问题，他证明了在金融经济学中，有许多资料表明董事会与管理层之间存在着合谋现象（Tirole，1992）。在利帕马基（Leppamaki，1998）与拉丰和梅柳（Laffont and Meleu，1997）的模型中，合谋是作为一种相互支持的交易来处理，也就是监督者通过隐瞒对代理人不利的信息来交换代理人隐瞒对监督者有害的信息。如同一些评论家所认为的，在股权分散的企业，董事会更像是一个"橡皮图章"而不是真正独立的对 CEO 的权力进行法律检查和制衡的机构，董事会被管理层收买而与之合谋的威胁已经引起了学术界的关注。由于 CEO 对董事会成员的选择有巨大的影响，而且作为内部人的 CEO 拥有更优越的信息，再加之董事会成员在公司里通常只具有极其有限的利益，导致其不大可能全力监督，最终是董事会常常被 CEO 挟制而形成被动合谋态势。尤其是普遍流行的"两职合一"治理实践为二者"合谋"提供了组织结构上的便利条件。董事会的主要职责之一，在于评价公司高级管理层，特别是评价 CEO 的工作。但是，对很多公司而言，其董事会主席同时也担任着公司的 CEO 一职。在道·琼斯30种工业股票（基本上是美国最主要的公司）的公司中，只有10家公司拥有独立的 CEO 与董事会主席。在财富500强公司中，只有10%的公司由非公司经理人员担任董事会主席。在这些情况下，管理公司的人亦同时负责董事会的会议与日程，并且控制着提供给董事会的信息内容。这种制度安排，使董事会与管理层之间的界限过于模糊，难保董事会的独立性，事实上也难以评价 CEO 业绩或对 CEO 提出质疑，"两职合一"的制度缺陷造成了董事会和管理层的事实"合谋"。更为悲观的是，即使 CEO 并非董事会主席，他也不一定会处在一个更为严厉的监控之下。因为大多数董事会拥有很多的独立董事，但是，大多数这些所谓的独立董事也许与公司的 CEO 有着某些商业上的或个人的联系。独立董事不独立，使防范二者"合谋"的最后一道机制屏障也形同虚设。

伯利和米恩斯（Berle and Means, 1932）指出，现代公司由管理层来经营，而他们一般不会对分散的股东负责。分散的所有权结构容易引发"权力真空"，由于股东的分散化，导致集体行动的困难，管理层占有了企业实际控制权，企业管理层可以通过对董事会的精心安排（Hermalin and Weisbach, 1998, 2001）来强化自己的地位，董事会在实践中往往成为管理层的"橡皮图章"。管理层通过控制董事会成员或控制会计程序在数据上造假，使管理层薪酬契约的执行发生扭曲。有证据表明，董事会是由管理层控制的（Bhagat and Black, 1998）。董事会和管理层从性质上来说都是终极委托人股东的代理人，董事和管理层可能存在一个不惜牺牲股东利益来保护自己利益的天然倾向（Robert Monks and Nell Minow, 2006）。亚当·斯密（Adam Smith, 1937）在谈到董事会时指出："由于是管理别人的财富而不是自己的财富，我们很难指望他们像私人合伙企业里的个人那样满腔热情地监督别人的财产。"在缺乏监督激励的情况下，如果出现管理层的寻租行为，董事会就可能出现和管理层合谋侵蚀投资者的利益。尤其是当股权极其分散时，对管理层的监督会成为一种公共物品，每一个股东都希望别人花费时间和资源去监督管理层，自己坐享其成（张春霖, 2003）。于是"搭便车"的情况发生了，股东们陷入了集体行动的困境，管理层和董事会中的内部董事（一般是CEO)①里应外合，合谋侵害外部股东的利益。

公司治理合谋行为不仅在我国是一个突出问题，在很多转轨经济中都是一个引人注目的问题（青木昌彦、钱颖一, 1995）。然而，公司治理分析的经典委托—代理框架（Jenson and Meckling, 1976）是无法分析公司治理结构中的合谋行为的。在一个委托人多个代理人的框架中，合谋是潜在的，但经典的委托—代理框架缺乏防范合谋（Collusion-proof）的概念，因此合谋问题被不恰当地忽略了。现在，由于博弈论中防联盟均衡的提出（Bernheim, Peleg and Whinston, 1987；Tirole, 1986)，使得我们可以分析合谋行为并尝试寻求其防范机制，从而对公司治理合谋行为展开正式研究已经是可能的了。具体地，公司治理领域合谋行为的研究可借鉴梯若尔（1986, 1992）和拉丰特等（Laffont *et al.*, 1999, 2003）发展起来的合谋分析框架进行分析，这一分析路径完全有可能使我们更深入地理解到合谋行为或潜在的合谋威胁将如何影响公司治理结构安排，毕竟，组织合约设计对于

---

① 在美国，大约70%的上市公司的CEO同时也担任董事会主席。在美国的公司文化中，关于"独立主席"是否明智的争论持续不断。一个证据就是在美国流行CEO和董事会主席的双重身份，公司一般不愿意把二者分开。尽管在欧洲公司中CEO和董事会主席分开更普遍，这是英国吉百利准则中的一条，但美国是个例外。不过，这两个职能确实明显不同，因此存在着把二者分开的趋势（J. Dahya, A. Lonie, D. Power, 1996）。

合谋行为是相当敏感的（董志强，2009）。

（二）"合谋"的治理机制——董事会独立性

董事会作为一个整体最终对履行监督管理层的职能负责，包括使管理层为公司的业绩负责（Zabihollah Rezaee，2007）。业绩评价内部报告是董事会监督和评价管理层受托责任的透明度工具，这种透明度工具发挥预期效能的前提是董事会必须独立于 CEO 为代表的管理层。也就是说业绩评价内部报告机制有效运行的前提是必须防范董事会和管理层"合谋"，如果二者"合谋"，将会导致董事会成为摆设，管理层业绩评价内部报告亦形同虚设，进而形成管理层自己评价自己的业绩，并自定薪酬的无效治理困局。因而，化解"合谋"之道就是必须建立一个与管理层业绩评价内部报告机制有效运作相匹配的独立的董事会结构，防止管理层对董事会的操控或者收买。管理层与董事会"合谋"在治理实践中的常见表现形式是管理层绑架董事会，使董事会成为为管理层控制权私有收益背书的橡皮图章。因此，防止合谋的前提是必须构建一个强大而独立的董事会。公众普遍认为，如果一个董事会拥有较高比例的独立董事，则该董事会将能更高效地监督公司管理层。这个假设的内在逻辑其实十分简单。例如，董事会的基本职责之一在于对 CEO 进行业绩评价，决定其报酬，甚至有可能决定是否解雇该 CEO。如果董事会的基本成员如下：该公司的 CFO、CEO 的朋友、CEO 的亲戚以及 CEO 的商业伙伴。则董事会能起到怎样的作用呢？董事会很有可能不会解雇业绩较差的 CEO。因此，股东与监管人员通常认为独立董事在评估公司管理层方面会显得更为客观。学术研究的结论也证实了这一假设。如果公司业绩糟糕，那么由较多独立董事构成的董事会更倾向于解雇 CEO（Kenneth A. Kim and John R. Nofsinger，2006）。一个强大的董事会必须具备：一个来自公司外部的独立主席；一个提高董事效力所需的相对较小的董事会；所有董事，除了 CEO 外都是外部人；董事在公司里拥有实质的股票所有权；CEO 没有进入董事会下属的关键委员会；取缔连锁董事的做法。只有这样，董事会才能够完全根据公司的利益来充满激情地行事①，而不必成为"合谋"的傀儡。为防范"合谋"而建立一个强大而独立的董事会关键取决于两点：一是 CEO 和董事长"两职分离"，这是避免管理层操控董事会的必选项；二是保证独立董事的独立性和其在董事会中的绝对优势。

---

① Testimony of Benjamin M. Rosen, before the Subcommittee on Telecommunications and Finance, Committee on Energy and Commerce, United States House of Representatives, April 21, 1993.

1. CEO 和董事长"两职分离"

监督必须是异位的,同位监督没有任何意义。公司的内部报告是提供给董事会用于监督管理层受托责任履行,防范管理层偷懒和机会主义行为的信息披露机制,因此发挥内部报告这种监督和评价管理层职能的前提条件就是董事会必须保持对管理层的独立性,尤其不能让管理层操控董事会,否则就是管理层利用内部报告监督自己。CEO 同时担任董事会主席,意味着 CEO 被放在了评估自己业绩的位置上,它好比允许考生给自己的考试打分,隐藏着公司背景下可能存在的诸多风险(Egon Zehnder, 1989)。由于作为主席的 CEO 在董事会里的特殊地位,董事在大多数情况下是根据 CEO 的喜好来发挥作用的,董事会很难成功地做到对管理层的有效监督。当然,这不是说董事什么事情也没做,也不是说他们不能控制权力的滥用。不过可以肯定的是,董事会在大多数情况下是被动地做出反应,而不是主动对公司的事务进行干预(Robert Monks and Nell Minow, 2006),从而和管理层形成事实上的"合谋"。

在公司治理实践中,较早提出"两职分离"的西尔斯·罗巴克股东对"两职分离"的原因有过深刻的阐述:"我认为,如果让一个人同时去担任董事会主席和 CEO 的话,他将不可避免地存在一个利益冲突,这个冲突造成的损失是西尔斯股东所无法继续承受的。而这个冲突,在我看来,产生于权力的明显集中以及这两个职位的合一所带来的责任缺位。因为 CEO 是公司的最高级管理者,他负责执行公司的策略,因此如果让同一个人去担任董事会主席的话,这意味着他要代表股东的利益来监督作为管理层的自己,这种自己监督自己的做法显然是站不住脚的。"① CEO 和主席的角色分离,也得到了众多治理积极主义行动者的支持。例如,机构股东服务公司的主席杰米·海德(Jamie Heard)说:"这样做无非是让董事会找回自己的权力而已,它不是有意剥夺 CEO 的权力。"② 哈佛商学院的简·罗奇也认为这种分离是一个公司的董事会要做的"最重要的事情"。③因此,董事长和 CEO 两职必须分离,从而避免管理层控制董事会,形成管理层自评业绩、自定薪酬的"裁判员兼运动员"业绩评价失控局面。就像国际电话电报的前 CEO 和主席哈罗德·杰宁(Harold Geneen)所说的:"CEO 是职业经理,他不可能在董事会中代表股东利益的同时,又能公正客观地自己评价自己。"

---

① Sears, Roebuck & Co. proxy statement, 1992, pp. 16 – 17.

② Editorial Roundtable, Chair and CEO: Should the Jobs Be Split? *The Corporate Governance Advisor*, April – May 1993.

③ Judith H. Dobrzynski, Chairman and CEO: One Hat Too Many, *Business Week*, Nov. 18, 1991, P. 124.

CEO 和主席的分离将导致对 CEO 的更加客观地评估，并且可以创造一个在更大的程度上承担责任的环境。就像一个外部董事所说的，当 CEO 也是主席的时候，他的行为将不可避免地存在"巨大的保护 CEO 的职业利益的动机"。已经有不仅一项研究表明，CEO 和董事会主席相分离的公司的经营绩效整体来说要优于两权合一的公司（P. L. Rechner and D. R. Dalton，1991）。为此在董事会的结构上必须避免首席执行官兼任董事长的"两职合一"情况，"两职合一"的董事会结构将直接导致内部报告向董事会呈报用以监督管理层的功能失效，相当于代表管理层的 CEO 自己评价自己的业绩，自己给自己发薪酬，这也就是金融危机中美国华尔街高管薪酬为什么在公司濒临破产边缘仍能拿到天价薪酬的原因所在。高管薪酬失控的原因就是管理层操控了董事会，董事会丧失独立性，成了管理层手中的木偶，尽管最近的公司治理进行了改革，但还是由管理层决定谁担任董事，因此，董事具有支持对高级管理层有利的薪酬安排的激励，比起与股东，董事与 CEO 更一致，过分的管理层薪酬将会继续增长，直到股东有能力轻易地开除董事（Hymowitz，2006）。在美国公司中，首席执行官任董事长非常普遍，这种做法受到了尖锐批评，在许多公司，双重身份会导致低绩效和对变化的反应迟钝（Sen and McWilliams，2001）。董事长的功能应该是负责召集董事开董事会，监督对首席执行官的任命、辞退、评价和支付过程。显然，作为董事长的首席执行官无法很好地履行这一职责；而没有了独立的董事长的引导，董事会的重要作用就更难发挥。因此，为了董事会能起到应有的作用，由不同的人来担任董事长和首席执行官非常重要（Michael Jensen，1993）。同时"两职合一"的董事会结构也不利于内部报告对管理层业绩和激励信息的披露，董事长兼任总经理以及外部董事的比例与信息披露负相关（Gul and Leung，2004）。越来越多的盎格鲁—撒克逊治理标准开始促进董事长和 CEO 的分离。这是因为董事长和 CEO 两职合一可能导致"偏见"的 CEO 滥用职权，忘记他们需要对所有者负责（Peter Wallace and John Zinkin，2005）。

　　实际权力实际上是一种信息控制权，信息是权力的来源，具有信息优势的个人掌握着实际有效的权力（Aghion and Tirole，1997），拥有超级信息的个体具有巨大的潜在利得（比弗，1998）。CEO 作为企业内部最高管理层，拥有相对于其他个体更强的信息权利。Forker（1992）研究发现，一个人身兼董事长和 CEO 两职被认为具有管理权威，管理权威将抵消监督并降低信息披露质量。也就是说，由于一个人身兼董事长和 CEO 两职拥有更大的信息权利从而更可能左右信息披露决策，降低信息披露质量（王雄元，2008）。在英国，最主要的调整者和产业家对公司治理进行了一项长达 18 个月的研究，并于 1992 年出版了《卡德布理报告》（*Cadbury Report*）。该报告提出了许多建议，其中包括使首席执行官和董事长的职衔分离开来，增加独立董事在审计和薪酬委员会中的权力和公开经理人员的工资等。

在营利性组织中分离董事长及首席执行官有两个主要好处：（1）董事会的定位是正确行使对 CEO 的监督职责，通过建立一个制衡制度减少独裁管理的风险，并促进有益于董事会商议过程的动力。（2）CEO 侧重于业务管理，而董事长侧重于董事事务管理，各自有所侧重，能减轻繁重的工作。事实上，CEO 是为代表股东利益的董事会而工作，表面上看是分离董事会监督职能及 CEO 管理职能的主要依据。正如《金融时报》的一位撰稿人所说的那样："担任监督公司管理层的董事会的领导人与公司高级管理层之间有着明显的利益冲突。"对于权力过分集中在一个人身上的担忧得到了广泛认同。引用约翰·C. 怀特黑德的话来说就是："独裁专制不是好事。一个人同时担当 CEO——董事长的角色会在被收缰勒马之前就造成巨大破坏，并且往往为时已晚。"而分离董事长和 CEO 的角色就是解决这一问题最显著的方法。保罗·沃尔克（Paul Volcker）对此表示赞同，他以其特有的直接方式写道："董事会不可避免的以及主要的职责就是聘请及解雇 CEO。解雇的任务困难重重，而且通常会出现延迟现象。在董事长自己、董事会及 CEO 看来，董事长有更大的权力及更强的责任感。"根据这种相互制衡观点，一些管理专家曾称"公司的灾难可以归咎于高层的权力集中"。迪克·德布斯（Dick Debs）是"八位性情乖戾老头"中的一名，他们领导了对摩根士丹利的反抗，导致菲利普·帕赛尔被剥夺 CEO 兼董事长的职位。迪克·德布斯得出结论说："我们的斗争说明了美国公司治理系统中的断层。现在我们指定一个人同时担任老板、CEO 及董事长，他可以将其朋友及盟友网罗至董事会，提供高薪及大量额外津贴来取悦他们，使其独立于那些为公司工作的员工。"

董事会的责任是为股东的利益监督管理层，而这项监督职能在主席不担任管理职务时将会更有效（Zabihollah Rezaee，2007）。董事长和 CEO 分离已经成为公司治理的全球趋势，本书的内部报告机制发挥对管理层的监督和评价作用也有赖于两职分离的董事会结构。

2. 保证独立董事的独立性和在董事会中的绝对优势

独立董事能为董事会提供必要的知识和客观判断，维持董事会运作的平衡，从全体股东利益出发监督公司管理层，防止公司管理层操纵董事会（胡汝银，2000）。权威接管律师马丁·利普顿对董事会提出的"五年任期"计划"把监督管理层的经营绩效的主要责任寄托在外部独立董事的身上"。他认为，通过深化独立董事行使职责的动机（由于存在失去董事会席位的巨大风险），以及帮助他们克服获取经营信息的当前障碍①，这个计划加强了独立董事的作用。因此，独立董事机制是防范管理层和董事会合谋侵害股东利益的现实选择，实践证明，独立董事与公司价值相关。美国《商业周刊》发表的一篇调查报告表明：最佳的董事会趋于由独立董事占支配地位，这类公司的年度平均收益比同一产业的其他公司更高。如果董事会由外部董事来控制，当经营业绩不佳时，高层管理层就可能被更换。适宜的选择是在董事会增加独立董事数量，理想的结构是董事会只有代表管理层的 CEO 一人。一般而言，由于董事会的消极性，其运作效果并不明显（Kaplan，1994a）。实践中，独立董事往往成了唯一管理层马首是瞻的"花瓶"角色而形同虚设。此外，在所有权比较集中的公司中，当存在控股股东时，独立董事不仅要独立于 CEO，也要独立于控股股东。因为在所有权比较集中的公司，独立董事必须保护小股东免受 CEO 和大股东的攫取（Becht，Bolton and Roell，2002）。鉴于此，为了充分发挥独立董事防范管理层和董事会合谋的"防火墙"作用，还原独立董事的本来机能，必须对现行独立董事实践进行反思和创新。

股东积极主义行动者罗伯特·蒙克斯和内尔·米诺（Robert Monks and Nell Minow，2006）根据自己的实践经验，在谈到董事会的独立性时指出，为了确保董事会能够在正确信息的基础上提出正确的问题，应任命一个外部董事来作为董事会的兼职主席的做法是合理的，如果不能做到这一点，那么可以退而求其次，通过任命"首席董事"来帮助外部董事把重心放在议项以及公司治理关注的其他问题上。此外，还应当定期召开外部董事执行会议，这样的会议每年应该至少有两次。一定要避免管理层操控决定董事会独立性的两大要素——构成和议项。要保证董事会的结构能够帮助董事提出正确的问题并找到正确的答案。从历史上来看，一个不能同时拥有 CEO 和董事会主席的职位的独立董事会领导结构，使得董事会能够更有效地监督高层管理者的决定和行动，尤其是和公司财务业绩有关的决定和行动（Daily & Dalton，1995）。麦克·詹森（Michael Jensen，1993）认为有效的治理结构是董事会规模通常不超过 8 人，CEO 通常是唯一的内部董事，CEO 很少任董事长。2005 年斯宾塞·斯图亚特董事会指数（SSBI）的调查显示：在几乎 100% 的标准普尔 500 强公司董事会中，三个强制性委员会（审计委员会、薪酬委员会、提名委员会）全部由独立董事组成。

独立董事机制存在的一个主要问题在于大部分"独立"董事（非管理董事，

---

① 笔者查阅的大量文献显示导致董事会对管理层的监督效率低下的其中一个重要原因就是董事会缺乏必要的信息流支持，往往在信息和董事会议题上被管理层牵着鼻子走，因此本书构造的管理层业绩评价内部报告就是致力于解决信息不对称导致的董事会监督和决策信息供给不足机制障碍。

外部董事）并非真正独立。他们和公司高层执行官有着私人的友谊关系或与其他董事会成员之间有着千丝万缕的联系。因此，正是基于这样的联系，他们才被选入董事会，而不是因为专长或独立的原因（Michael A. Hitt and R. Duane Ireland，2006）。这些关系会影响到独立董事对公司管理层的监督和建议，许多对公司治理的批评指出 CEO 与董事会成员有社会关系或友谊往来会使股东处于风险之中，因为这种关系使董事会不能有效地监管 CEO。因此，为了保持董事会的独立性，严禁管理层操控董事会成员的选聘和董事会议程的制定，防止管理层将它自己的同盟引入董事会中，以致形成"灰色董事"或"裙带董事"等组成的丧失独立性的花瓶董事会。董事会成员由管理层决定或受管理层影响，这导致董事会的独立性的妥协。管理层制定董事会议程引起管理层管理治理者而不是治理者治理管理层。主席或执行委员会权利高于董事会意味着董事会不能认为他们的权利最重要。主席和首席执行官的权利集于一身使治理和管理之间的区分陷入困境。另外，保证董事会独立性的一个需要注意的问题是避免"连锁董事"局面的出现。我们经常会看到一个公司的独立董事是另一个公司的 CEO，这意味着监督一个公司管理层的是另一个公司的管理层，这种"董事连锁"现象带来了普遍的利益冲突，这些冲突的源头就在于大量的管理者交叉坐在对方的董事会中。这种"连锁董事的做法"被布兰代斯法官认为是"许多罪恶的根源"（Louis Brandeis，1913）。薪酬委员会的连锁惯例进一步破坏了 SEC 要求下的外部董事的独立性，因此 SEC 在 1992 年推出新的披露规则，要求公司在管理层薪酬披露中必须披露它的薪酬委员会的连锁情况。

为了防止管理层和董事会"合谋"，导致内部报告的第一使用主体董事会成为附和高级管理团队建议的橡皮图章或者成为管理层的"啦啦队"角色，从而使本书构建的用于监督和激励管理层的内部报告机制形同虚设，必须在独立董事机制上解决两个问题：

（1）首先必须解决的是董事会中独立董事的独立性问题，也就是独立董事的产生机制问题。必须避免的是由管理层来确定独立董事的人选，福克公司（Faulk）在它的关于独立董事与公司绩效的关系的报告里认为，应界定要求独立董事候选人不得与 CEO 有任何接触，这些界定的理论根据是，如果独立董事是 CEO 的朋友，他们将在客观监督管理层的绩效方面拥有与公司员工一样的难度。在独立董事的遴选机制上，斯坦福大学的罗纳德·吉尔逊（Ronald J. Gilson）以及哈佛法学院的里奈尔·克拉克曼（Reinier Kraakman）建议机构投资者创造一个"独立董事市场"。为了创造这种市场，他们具体建议机构投资者"招募能像杠杆收购发起人和综合银行那样积极监督上市公司的外部董事来积极监督它们自已的公司"（Ronald J. Gilson and Reinier Kraakman，1990）。他们建议，机构可以通过某个协调性实体，比如机构投资者委员会或机构股东服务公司，来开发这种把同时担任 5 个或 6 个公司的董事当做自己的职业义务的专职董事。他们还指出，机构拥有使这样做成为可能的投票权。这种协调性实体还可以由美国公司董事协会来担任，美国公司董事协会是一个总部设在华盛顿的交易协会。这个协会向公司提供课程、研究、调查、资料以及东道主会议，并召开工作小组会议来讨论包括管理层薪酬、CEO 和主席的绩效评估，以及立法的追踪报道和评论等在内的主题。它公开发表的刊物包括《董事月刊》（*Director's Monthly*）。这个协会也评估董事会，并创建了一个有关董事候选人信息的数据库。也有许多观察家建议采纳英国的"非执行董事促进会"的模式，这是一个专门为董事会提供合格的独立董事（"独立"在英国就是"非执行"的意思）的交换所或猎头公司。它始建于 1982 年，由一部分金融和产业机构来发起，这些机构包括英格兰银行、机构股东委员会（ISC）以及英国工业联合会（CBI）。凯德伯瑞担任这个协会的主席，他把这个团体的任务描述为以下三个方面：

①通过公开宣传和其他方面的措施来推动公司广泛使用非执行董事；为非执行董事所要履行的职责制定一般指导原则；促进当前社会各界对公司董事会结构、非执行董事的角色以及这个方面的立法和其他发展（包括欧共体的未来发展）的思考；主持各种研讨会和座谈会，探讨非执行董事的角色和工作的方方面面；

②详细登记那些人品好、从业经验丰富以及资历过硬的实际和（或）潜在的董事候选人的名字；

③向那些需要非执行董事的公司提供具有合适的资历和背景的候选人，以供它们选择之用；帮助公司评估个体候选人的总体能力，以及他们是否具备完成特定使命的能力。

笔者认为，借鉴美、英治理经验，根据中国国情和公司治理实践，独立董事产生机制的一种适宜选择是由监管层证监会牵头成立独立董事行业协会，也就是实行独立董事职业化。一个董事会要想真正独立和负责，除了应该拥有独立强大的董事会主席的无可争议的领导外，还要具备一个真正独立的外部或非执行董事构成的硬核。而前一个因素，就像前面论证的，绝对需要实行董事会主席与 CEO 职位的分离，这种分离无论什么时候都可以实现，只要股东想去做。不过，后一个因素却是一个较难实现的目标，需要花费较长的时间。一个看起来值得尝试的观点是，对独立董事实行职业化，从而让更多合格和真正独立的外部董事进入上市公司的董事会。

　　为了真正发挥独立董事防范代理人"合谋"、维护公司价值的监督作用，要把那些最有可能成为积极监督的候选人考虑进来（Robert Monks and Nell Minow, 2006）。罗纳德·吉尔森和雷尼耶·克拉克曼（Ronald Gilson and Reinier Kraakman, 1990）认为学者是担任独立董事角色的理想人选，此外，还有会计师事务所和管理咨询公司里的高级合伙人。除了这种渠道外，其实还有一种潜在的杰出候选人没有被识别或系统地开发出来。这些人就是来自成功公司的备受尊崇的CEO，这些CEO或是快要退休，或是因为各种原因而去考虑在完全退休以前，进行最后一次职业生涯的变化，只要这种变化能给他们提供一个有趣的值得应对的挑战，让他们有机会成为一名成功的执业管理者。如果CEO转而担任董事，他将像英国的一句俗语所说的，由"偷猎人变成猎场看守人"。而正是因为曾经有过的"偷猎人"经历，才使他在担任董事时拥有大多数学者和顾问所无法比拟的优势。笔者建议在独立董事的人选上还应该适当增加媒体和草根力量，引入舆论监督和民众监督，在信息时代，舆论监督的力量要优于其他监督形式。

　　独立董事职业化管理全过程可以分为四个流程：第一个流程是独立董事的从业资格遴选。通过资质考试，把那些符合独立董事市场准入条件（包括专业和道德）的候选人信息登录统一数据库，并授予个人独立董事从业许可证。新型的职业独立董事在执业资质上应具备下列特征：①充分理解董事会以及它的成员的法定权力、职责和义务的真实内涵；②准备好按照高职业标准来投入必要的时间和精力到董事工作中；③由一个独立强大的董事会主席领导，在某些情况下也可以自己去担任主席；④具备作为一个合格的职业董事所需的相关履历、个人品质以及必要的培训；⑤拥有高效履行独立董事职责的强大动机；⑥能够获得和了解一切所需的信息来参与和投入到董事会的所有讨论、议题以及决策中。这一系列标准乍看起来可能难以同时满足，但是所有这些标准加起来是实现董事会绩效的数量级提高的底线。第二个流程是独立董事提名和目标公司股东差额投票选举。由独立董事协会根据需要独立董事的公司的行业特点和企业性质，综合考虑数据库符合条件的独立董事人选，并向目标公司推荐符合条件独立董事候选人大名单，然后由目标公司股东进行差额投票选举决定最后进入董事会的独立董事正式人选。独立董事协会掌握的独立董事信息数据库相当于一个独立董事市场，对独立董事能起到声誉激励的作用。第三个流程是独立董事执业过程跟踪监督和建立诚信档案。独立董事协会承担着对独立董事的后续教育、监督绩效评估、职业道德评价等行业监管职责，并负责为数据库内每个独立董事建立相应诚信档案，记录历史执业业绩、职业道德遵守、后续教育培训等情况，诚信档案将作为协会推荐和目标公司股东投票选举的重要参考依据。第四个流程是独立董事退出机制。对那些监督业绩低下、违反职业道德、不接受职业后续教育，甚至与所在目标公司管理层"合谋"侵害广大股东利益的独立董事，协会将剥夺其独立董事资质，将其从独立董事市场清除出去，违规情节严重的，可以实施终生禁入惩戒。综上所述，独立董事协会对独立董事实行市场准入、提名和目标公司股东差额选举、执业过程跟踪记录、市场退出四位一体的全过程行业监管，独立董事市场能进能出，声誉激励和竞争约束相结合，不留监管盲区，并且整个过程不给目标公司管理层任何插手操纵的机会，这种独立董事职业化设计机制必将极大地增强独立董事的独立性，从而有力地防范独立董事和目标公司管理层"合谋"的风险，并提高独立董事的监督管理层绩效。

（2）其次就是独立董事的监督激励问题，设计独立董事激励机制要着重考虑"谁来监督监督人"的无限循环监督机制困境。"独立"在另一个方面意味着"无关"，尽管独立董事可能在乎自己的名声和个人荣誉，但是他们可能缺乏足够的动力去保持自己在评估和监督管理层上的进取心。为了确保董事会在拥有独立董事的同时能够使它们的董事更加有效地监督管理层，必须解决独立董事的监督激励问题，也就是独立董事的薪酬激励问题。

①独立董事传统薪酬方案监督激励不足，独立董事独立与动力的两难协调。传统和当前的独立董事薪酬方案可以用"向名义的服务支付名义的报酬"来形容，换句话说，独立董事没有获得足够多的报酬，是因为没有付出足够多的劳动。独立董事的总年薪一般来说是4万美元左右，这笔酬金一方面对某些董事来说显得太少，从而无法激发他们成为真正有效的董事，而另一方面对其他董事来说又显得太多，从而无法激发他们冒险成为真正独立的董事（Robert Monks，2006）。此外，这种薪酬安排还有一个缺陷，那就是无论它是多么的微薄，它都是由公司支付。因此，从这个意义上说，独立董事其实也是公司的一个员工，从而最终是CEO的员工。一言以蔽之，当前以年薪和出场费的形式表现出来的独立董事薪酬制度内在地缺乏动力，它不利于提高独立董事监督管理层的积极性，从而会损害公司的生产效率和长期价值。

独立性是独立董事监督管理层的先决条件，但是仅有独立性是不够的，还必须解决独立董事的监督动力问题，只有独立和动力二者兼备，才能保证监督机制流畅运行。但是，独立和动力（监督激励）似乎存在着二律悖反，因而将监督机制陷入两难境地。"独立"外部董事的兴起是董事会在过去20年里的发展特征。尽管在"独立"二字的界定上众说纷纭，但是大多数人一致认为，"独立"意味着董事除了在董事会工作外，不得与公司之间发生其他任何的关系。福克公司（Faulk）在它的关于独立董事与公司绩效的关系的报告里认为，任何董事如果持有公司5%或5%以上的股份都不是独立的。这是一个非比寻常的界定，一个被大多数人认为是扭曲结果的界定。因为"独立"是一个抽象的概念，外部董事不能被保证是独立的，他们中真的能做到独立的人，比内部董事多不了几个。其实，个性往往发挥重要的作用。一个意志坚定的CEO兄弟可能能够评估该CEO的绩效，相比之下，一个微词颇多的独立董事却很可能无法做到这一点。那么，为什么董事不能做到独立？这正是因为他们除了担任董事以外，没有与公司发生任何的经济联系。换句话说，董事能不能独立，关键不在于这个随意定义的"独立"概念，而在于能否把他们的利益与股东的利益联合起来。如果一个董事想代表股东的利益，他必须分享那些利益，他必须密切关注那些利益。一句话，他必须是股东。总之，好的董事会的关键在于所有权。每个董事应当把他们的个人财富与公司的财富密切地联系起来。一项调查表明，独立董事在没有持有公司股票的情况下没有提出针对公司的任何问题。所有实证研究一致地显示，独立董事股票所有权与董事的卓越绩效之间存在一个强有力的正相关关系（Robert Monks and Nell Minow，2006）。这几个问题解决好了，就能使独立董事真正独立，并能有足够的动力监督管理层，成为董事会的"看门狗"，有力地遏制管理层和董事会的合谋倾向，有效地保护外部股东的合法权益免受管理层和董事会合谋的掠夺。同时，研究表明高比例的外部独立非执行董事有利于加强董事会对信息披露质量的监督（Forker，1992），因此独立董事既是防范"合谋"机制，又是内部报告披露的信息质量保证机制。

传统付费型董事监督激励方案的弊端在于独立董事的薪酬与公司的绩效（当然也与董事的绩效）没有任何的联系。无论公司的绩效发生了什么变化，董事将照旧收到他们的聘金和会议费。他们的薪酬不会因为公司的盈利而增加，也不会因为公司的亏损而减少。这样的薪酬方案无法为他们提供半点的激励作用。股票在董事的薪酬包里所占的比重很少能大到让他们提供半点的激励作用。股票在董事的薪酬包里所占的比重很少能大到让他们去关注公司的绩效问题。因此，不但大多数董事没有把他们的私人财富中的巨大部分用来购买公司的股票，而且他们也没有要求董事薪酬方案的设计把他们的利益与股东的利益联合起来。也正基于此，美国公司董事协会下属的董事薪酬委员会在1995年的一份报告中建议，董事薪酬的一个巨大部分应该采取发放公司股票的形式，而其他所有的顾问费用、人寿和健康保险以及慈善捐赠都应该被取消。

②独立董事基于"合谋"防火墙作用的监督激励方案设计。独立董事要想成为某个公司的合格董事，必须在该公司里拥有实质性的经济利益。同样，这也绝对不是一个新的观点，不过它迄今为止还没有被认真地检验过。也许，现在是

时候立刻这样做了。除了成为一名股东，没有什么能让独立董事像股东那样去思考和行事（Robert Monks，2006）。阿尔奇安和德姆塞茨（Alchian and Demsetz，1972）在研究团队生产的激励问题时认为，由于团队成员的努力程度（投入成本）无法观察以致报酬只能根据联合产出，这就导致了无法发现欺骗的团队成员"搭便车"问题，解决问题的机制是引入监督者，并给予其监督激励报酬，但是谁来"监督监督者"呢？为了解决监督无限循环的困境，阿尔奇安和德姆塞茨（1972）安排了一位终极监督人，并赋予其剩余索取权。因此，赋予作为监督人的独立董事以股权激励，就是赋予其剩余索取权，从而解决两个问题：一是独立董事的监督动力不足问题；二是监督机制的无限循环问题。

为绩效支付薪酬对管理层有多重要，就对独立董事有多重要。和管理层报酬一样，董事报酬中的关键问题不在于"支付多少"，而在于"如何支付"。当然，承担风险是应该被补偿的。如果独立董事准备把他们自己的财富与公司的绩效挂钩，他们应该收入会更多。没有哪个股东反对独立董事赚取更多的钱，如果他们也跟着赚更多的话。玛西亚·刘易斯（Marcia Lewis，1992）准确地指出独立董事薪酬应当更多地与公司绩效联系起来，她也确切地得出了更大的股票所有权可以提高独立董事绩效的结论。并且对于如何让独立董事持有更多的股份，她提出的机制是"给独立董事限制性股票"。需要指出的是，如果没有经过仔细设计的话，股权激励[①]可能会鼓励董事想方设法去提高股票的短期价格，甚至不惜牺牲公司的长期生存能力，例如，大幅度减少研发投入。为了纠正这个问题，公司可以在推出限制性股票的时候，把独立董事对限制性股票的行权能力限制在他们从董事会退休后的 12～36 个月内。而在当前，为了督促独立董事关注公司的长期发展，出现在公司中的一个与日俱增的趋势是采取延期支付的方式，也就是以当前股票市场价格的 50% 为基准，把独立董事的聘金和会议费折算为股票数量，然后在规定的年限期满后，再以股票形式支付给激励对象。总之，这里之所以将董事的未来报酬中的足额部分置于风险的浪尖上，主要是为了让他们能够像股东那样去思考，同时也是为了克服"谁来监督监督者"的无限循环监督机制的困局。以布朗兄弟哈里曼（BBH）投行的劳伦斯·塔克尔（Lawrence Tucker）所在的一个董事会为例，这个董事会的其他所有董事在公司里的平均投资额接近 100 万美元。"相信我，"塔克尔说，"这是个关心公司经营的董事会……我活到现在，还从来没有看到过哪个公司的袖珍计算器能生产得如此之快。"[②]

---

① 表现为股票期权和（或）无条件赠予的形式。

② Lawrence Tucker, Investor's Business Daily, *Finance*, July 7, 1993：P. 4.

可见，独立董事薪酬是摆在董事会和公司面前的最敏感也是最复杂的任务之一。也正是因为这个原因，才使包括美国公司董事协会在内的许多观察家建议董事会采取程序性的保护措施来确保独立董事维持他们的信誉。这些措施有：加强独立董事薪酬的信息披露和审查，从专门构建以股票为基础的薪酬方案出发，取消顾问费、人寿和健康保险以及慈善捐赠。保护措施还应该把董事薪酬的完全披露包括在代理声明中，并给出支持性的数据来证明这样做是合理的。除此以外，独立董事薪酬计划还应该不时地交由一个独立专家（不是公司或董事会的薪酬顾问）来审查，并把审查的大概结果公布在代理声明中。股东大会应仔细审查独立董事的薪酬披露，并提交相关决议来确定独立董事薪酬计划被设计用来寻求独立董事与股东之间的利益联合。

以股权为基础来设计独立董事的监督激励机制，意味着独立董事将由传统付费型董事向职业投资型董事转变。职业投资型董事的最佳候选人不仅要有亲自运作过某个公司的真实经历，而且还要有一个强大的个人收支平衡表去显示他的这些素质。在实践中，有过成功的 CEO 职业生涯的人是担任公司独立董事的恰当人选，现实中应当有大量的这种人存在，我们可以把他们"播种"到大量的董事会中，只要这些董事会需要和能够从一个由这样的投资型董事组成的"硬核"（由 3 个或 4 个董事构成）中获得好处。经验表明，这样的"硬核"能够有效地影响董事会，即使它没有数量上的绝对优势。换句话说，分量在这里比数量更加重要。当然，从法律上讲，这些董事所拥有的真实权力和责任与其他董事没有区别，唯一的区别在于他们的补偿方式的特殊性：他们是职业投资型董事，而不是传统付费型董事。

总之，把那些拥有强烈动机的职业董事引入到低绩效的董事会里，这样做的好处是显而易见的。首先，它不需要对现行的法律、细则以及规章进行大幅的调整，甚至根本就不用调整。其次，它可以从一个很小的规模开始——最初可能是6 个这样的董事被介绍到 2 个或 3 个经过仔细挑选的董事会里——接着，如果成功的话，再逐步扩大。最后，这种尝试既不会给公司带来任何的损失，也不会给股东带来任何的损失，如果成功的话，股东甚至可以从中获得好处。对这种做法来说，它需要的仅仅是公司在一段足够长的时间内，愿意投入足够多的资源去测试和检验它，以证明它确实是有效的。

第六章 基于核心竞争力的管理层业绩评价内部报告与企业财务绩效实证分析

一、理论分析与研究假设

（一）社会责任内部报告与企业绩效理论分析和假设提出

在 20 世纪 80 年代之前，研究人员力图发现企业社会责任与可赢利性之间的联系。霍华德·博文和阿奇·卡罗尔（Howard Bowen and Archie Carroll, 1953）都注意到响应社会需求的代价至少在短期内会很高。约书亚·马戈利斯、希拉里·埃尔芬拜因和詹姆斯·沃尔什（Joshua Margolis, Hillary Elfenbein and James Walsh, 2009）开展了一项针对 251 项研究的元分析，这些研究在过去 35 年间出现在 214 份原稿中，他们分析了企业社会绩效（CSP）与企业财务业绩（CFP）之间的关系，并在做结论时说"绝大多数的证据表明两者之间存在适度的积极关系"，"企业社会绩效似乎并没有对公司进行财务惩罚，亦没有破坏其经济职能"。他们还发现"与表现优异相比，表现糟糕一旦被发现，对财务业绩的影响更加明显"① 他们的发现与许多人的观点一致：与其说企业社会责任关乎消极风险管理还不如说关系到业绩的极大提高。

---

① Margolis, Joshua D. , Elfenbein, Hillary Anger and Walsh, James P. "Does It Pay to BeGood… And does it Matter? A Meta - Analysis of the Relationship between Corporate Social and Financial Performance", March 2009, working paper, Harvard Business School.

国外学者的大量实证研究表明：没有足够的证据表明一个企业积极承担社会责任会明显降低其经济绩效。企业社会参与和企业经济绩效之间存在一种明显的正相关关系。美国"企业社会责任促进会"的一份报道显示，一个对社会负责的企业能获得很多利益。其中业务增长率是其他企业的 4 倍。虽然企业承担一定社会责任，会发生相应的社会责任成本，给自身的经营带来一定影响，但同时也为企业提供足以弥补其所付成本的利益，如提高销售额和顾客忠诚度、提高生产力、减少常规性的错误、增加企业的盈利、提高企业声望、树立良好的企业形象、扩大品牌效应、增加销售量、提高消费者和员工的忠诚度等诸如此类的企业无形资产，可赢得社会广大消费者和投资者的认同，并最终给企业带来长期的、潜在的利益（范林根，2010）。

罗伯特·艾克尔斯和迈克尔·克鲁兹（Robert Eccles and Michael Krzus，2010）认为"为善者，诸事顺"，企业履行社会责任是"善行"的象征。然而，现实中很多公司其实是"赚钱又作恶"，做假账、不公平的劳动法规、企业的遮遮掩掩、垄断行为、成本外部化以及针对环境的不光彩行为——这一切都可能触及底线。更别提企业管理层通过发放天文数字的红利也能显示其"诸事顺"，哪怕是已在公司垂死挣扎之际。但如今，这一切都在发生变化。2009 年金融体系的崩溃和全球经济危机给整个世界注入一针清醒剂。显然，在一个衰退的世界里根本谈不上商业的成功。我们需要一套新的原则和行为的基础上重新思考和构建过去的许多组织和机构。社会责任正在崛起，不仅仅是出于法律或单纯的道德因素，更是因为它具有经济意义。公司要为善——履行社会责任——不仅是为了确保一个健康的商业环境，更是为了实现它们自身的可持续发展和竞争优势。那些能够体现社会责任、伦理价值、开放和诚实的公司已经发现它们可以由此变得更有竞争力、盈利更多。社会责任的倡导者宣称，如果公司涵盖企业公民目标，则公司将使自己远离激进主义分子的活动，并将建立起利益相关者对公司管理的信心，提高公司的声誉，并会将公司的工作重点放在预防而不是纠错行动上。由于这些活动的开展，许多公司发现它们的善意帮助它们打开了许多新社区的门户，并带来新的销售额（Kenneth A. Kim and John R. Nofsinger，2006）。

越来越多的文献内容表明，在公司社会或环境绩效和财务绩效之间存在一种正相关的关系。布雷迪（Brady，2003），德怀尔（O'Dwyer，2003）和安永（2002）的研究结果表明履行公司社会责任是获得长期（可持续性）利润的必要条件，这也是履行社会责任的正当理由，这些理由经常被解释成双赢的结果，对社会和环境有益的也对股东的财务回报有益。因此，从长期来看，以可持续的财务利润为目标的公司需要确保它们（以及其他企业）在社会和环境中也是可持续的。在公司和股东团体间有这样一种观念正在形成，即在社会、道德和环境方面表现良好的公司在财务方面也会表现得很好。美国投资调查公司 Innovest Strategic Value Advisors 根据广泛的社会、环境和公司治理问题，对 50 多个行业中的公司进行等级排序，结果证明，拥有良好的社会和环境等级以及更好的公司治理的公司，同时也拥有绩效最好的股票（Pensions Week，2003）。学术文献给出了在公司社会责任和公司财务绩效之间可能具有正相关关系的许多原因。公司财务绩效可能与公司 SEE（Social，Ethical，Environment）绩效正相关的一个原因源于下述观点：如果公司管理层按照对社会负责的方式行事，那么他们更可能拥有使公司运营良好、改善财务绩效、成为一项吸引人的投资的能力（Alexander and Buchholz，1978）。我们自己基于广泛的访谈和问卷调查的研究结果，已经清楚地显示出，英国机构投资团体通常把 SEE 管理视作公司管理质量的重要指示器（Solomon and Solomon，2002）。公司管理层希望把他们自己同 SEE 问题联系在一起的另一个原因是：对社会不负责任的行为能对他们的财务绩效产生负面的影响。格拉德（Guerard，1997）认为社会责任可能是更好的管理和更高的财务利润的标志。

根据 G3（2006）、SA8000、《企业内部控制应用指引第 4 号——社会责任》等的阐述，本研究将调查问卷社会责任部分的问题和指标分解为六个方面：环境责任（节能减排，废水、废气、废渣的排放情况）、产品质量责任（售后服务、三包和召回制度、客户投诉）、员工责任（员工培训、公平晋升、薪酬发放、高管与员工的收入差距）、慈善责任（抗震救灾、扶住社会弱势群体等的捐赠活动）、安全生产责任（安全事故发生频率、员工安全生产教育）社会责任内部报告披露责任（内部报告形式包括正式的内部报告和内部网站、内部会议、电子邮件、备忘录、告示板通知和录像带等形式）。

由此提出本研究的第一个假设：H1：企业社会责任与财务绩效正相关；H1a：环境责任与财务绩效正相关；H1b：产品质量责任与财务绩效正相关；H1c：员工责任与财务绩效正相关；H1d：慈善责任与企业财务绩效正相关；H1e：安全生产责任与财务绩效正相关；H1f：社会责任评价内部报告的披露责任与财务绩效正相关。

（二）企业文化内部报告与企业绩效理论分析与假设提出

企业文化是企业业绩一般性、基础性的驱动因素，是确保企业长期成功及其可持续性的核心因素（James W. Smither and Manuel London，2009）。

首次对企业文化和企业经营业绩的关系进行系统阐述的是哈佛商学院的两位教授约翰·科特和詹姆斯·赫斯克特（1992）共同撰写的《企业文化与经营业绩》一书。他们在1987～1992年进行了四个连续性的实证研究，对200多家公司进行了深入探索，并得出了以下结论：企业文化能够对公司的长期经营业绩产生显著影响；未来10年（指的是1992～2002年），在决定公司的成败上，企业文化很可能是一项更为重要的因素；能够抑制公司的长期经济效益的企业文化并不罕见，这种情况很容易出现，即使公司里全都是理性和有才智的员工，也会如此；虽然很难改变，但还是可以使企业文化发生变化，来提高公司的绩效。他们运用调查问卷的方法对202家公司的10年（1977～1988年）的相对文化强度和财务业绩进行分析，研究显示强文化公司比弱文化公司在财务业绩（以净收入的平均年度增长、投资的平均年度回报、股票价格的平均年度增长三个指标表示财务业绩）上表现得更加出色，也就是说企业文化和企业业绩是正相关的关系。对企业文化和企业业绩之间的关系进行的第二个主要研究是詹姆斯·柯林斯与杰里·波拉斯于1994年撰写的《基业常青：愿景公司的成功习惯》，他们针对36家可以追溯至20世纪20年代的公司，考察了这些公司的发展历史和财务记录，这两位作者列举了能够解释愿景公司的卓越经营业绩的十个特征。而第一个也许是最重要的一个发现是，建设强文化的公司（而不是开发新颖的想法或者赚取巨额的财富），是过去岁月里成为企业神话的商业领袖背后的驱动力量。由此可见，企业文化不但是企业业绩的最重要推动因素，而且也会对管理层产生巨大的激励力量。这也印证了本书把企业文化内部报告作为管理层隐性激励报告组成部分的合理性。

企业文化对于企业的可持续发展是如此之重要，而管理层对企业文化的建立和维护又起着主导作用，企业文化同时又对管理层有隐性激励的反作用，因此有必要把看似无形的企业文化激励显性化，把企业文化对管理层的隐性激励作用机制通过内部报告的形式固化，由非正式激励变为正式激励，让这种看似无形的企业文化隐性激励具有可视性、可计量（评价）性、可操作性，通过内部报告对企业文化激励予以披露使其保持一定的透明度无疑是达到上述效果的最优选择。通过内部报告把企业文化显性化、具体化的意义在于降低管理层在做出有关企业文化决策的"自由裁量权"，因为过多的自由裁量权容易导致机会主义行为，尤其是面对企业文化这种内隐性问题，很容易被管理层以其不可见性、不可计量性为借口而形式化为嘴上口号、墙上标语。企业文化内部报告机制的建立，可以使企业文化对管理层的柔性激励性质向刚性激励方向转化，使企业文化的隐性非正式激励机制变为显性正式激励机制，或者至少是半显性正式激励机制，从而对管理层产生更大的激励效应。由于企业文化内部报告的披露，管理层的决策和行为是否符合企业文化的要求，董事会一目了然，这种透明度产生的威慑会使管理层更加努力工作，做出符合企业文化、有利于企业目标实现的决策和行为。

根据约翰·科特和詹姆斯·赫斯基（John Kotter and James Heskett，1995）、特伦斯·迪尔和艾伦·肯尼迪（Terrence Deal and Allan Kennedy，1999）、西蒙·多兰和萨尔瓦多·加西亚（Simon Dolan and Salvador Garcia，2006）、《企业内部控制应用指引第5号——企业文化》（2010）等的阐述，本书将调查问卷企业文化部分的问题和指标分解为以下几方面：共同愿景和使命（广泛认同的5~10年的战略发展目标）、员工士气（心情愉快、主人翁意识、凝聚力和向心力）、英雄人物和仪式（先进榜样、集体活动，如庆祝会、会议和表彰大会等）、核心价值观（共同的信条、理念，如简短口号等）、管理层基调（管理层的理念和经营风格，如诚信道德、赏罚分明、任人唯贤等）、企业文化评价内部报告披露（内部报告形式包括正式的内部报告和内部网站、内部会议、电子邮件、备忘录、告示板通知和录像带等形式）。

根据以上分析，提出如下假设：H2：企业文化业绩与企业财务业绩正相关；H2a：共同愿景和使命与企业财务业绩正相关；H2b：员工士气与企业财务绩效正相关；H2c：英雄人物和仪式与企业财务业绩正相关；H2d：核心价值观与企业财务业绩正相关；H2e：管理层基调与财务业绩正相关；H2f：企业文化业绩评价内部报告与财务业绩正相关。

（三）企业声誉内部报告与企业绩效理论分析与假设提出

实证研究表明，良好的声誉对财务业绩有积极的影响。邓巴和施瓦尔巴赫（Dunbar and Schwalbach，2000）对德国市场的研究以及科代罗（Cordeiro，2000）对印第安市场的研究都表明，在企业声誉上的投资对于企业的未来财务业绩有积极的影响。Roberts和Dowling（2002）的研究发现良好的企业声誉有利于保持长期的超额利润，企业利润总是会随着声誉的改善而增加，所以那些有着难以被模仿的良好声誉的企业也更可能成功地维持出众的财务业绩。我国学者张四龙、周祖成（2002）也认为良好的企业声誉能提高经济效益，而糟糕的企业声誉会损害经济效益。

在竞争性对抗中，企业声誉是指"基于竞争者过去的竞争性行为，竞争者所获得的正面或负面的品质保证"（Smith，Ferrier and Ndofor，2007）。尤其是对于消费产品制造商来说，良好的声誉可能会使企业获得超额利润（Rindova，Petkova and Kotha，2007）。安永（2002）进行的一项研究采访了全球 1000 强企业中 147 家的高级主管，这项研究发现与公司社会责任问题相关的公司声誉影响 70% 的消费者的购买决策。所以，企业的良好声誉具有战略价值（A. D. Smith，2007），并会影响竞争性对抗。尤其在网络经济时代，信息以光纤的速度在传递，突发的声誉风险事件足以给企业致命打击。经验证明，影响企业声誉的 SEE（Social，Ethical，Environment）问题和事件可能导致公司重大的财务损失。SEE 事件所带来的声誉风险是巨大的，糟糕的 SEE 新闻会立刻导致股价的下跌（Solomon and Solomon，2002），三鹿、霸王洗发液、味千拉面、双汇火腿等声誉危机无不使企业遭受重创，有的甚至土崩瓦解。企业声誉不仅影响企业的财务绩效，甚至决定企业的生死存亡。声誉风险属于非财务风险，《特恩布尔报告》（*Turnbull Report*，1999）开创了在非财务和财务风险领域改善内部控制的进程。《特恩布尔报告》的建议集中于 SEE 管理的风险驱动（Risk-driven）方法，重点在于防范声誉风险。《特恩布尔报告》不仅涉及财务控制，还涉及社会和环境问题。这些观点通过"声誉风险"（Reputation Risk）的途径整合进公司以风险为基础的框架之中。换句话说，社会和环境问题对公司而言是重要的，原因在于它们可能造成损害公司形象的严重声誉风险。无独有偶，普华永道会计公司的约翰·布朗（John Browne）讨论了管理声誉风险的重要性。在布朗任普华永道会计公司董事的生涯中，他自己从根本上致力于防范声誉风险和财务损失。他相当详尽地考虑了公司与利益相关者"合作"是多么的重要。企业声誉不佳，社会和伦理记录糟糕的公司，它的股权能够体现出巨大的受托风险（Fiduciary Risk），因为这样的公司会招致联合抵制、诉讼或者劳工行动（Labor Activity）（Monks，2001）。机构投资者也开始意识到在可靠性或者声誉等领域，环境和社会问题能够对投资造成重大的财务影响（Mansley，2000）。通过避免不负责任的行为（比如环境事件和人权迫害）所造成的声誉风险，公司可以确保更加稳定的盈利能力（Solomon and Solomon，2002）。

根据法马（Fama，1980）、塔德雷斯（Tadelis，1999）、弗布鲁姆（Fombrum，2000）、曼弗雷德（Manfred，2004）、张维迎（2005）、徐金发（2010）、孙世敏（2010）等的阐述，本书将调查问卷企业声誉部分的问题和指标分解为：品牌声誉（LOGO 的知名度、企业口碑、市场占有率等）、管理层职业声誉（员工的评价、职业经理人市场的评价，如社会影响、能力素质）、顾客忠诚度（顾客行为忠诚，如顾客回头率；顾客情感忠诚，如口碑传播）、企业伦理和商业道德（丑闻曝光、违法受罚、信托责任）、企业号召力（对企业的喜爱程度，对企业的认同程度及对企业倒闭表示的遗憾程度）、企业声誉评价内部报告披露（内部报告形式包括正式的内部报告和内部网站、内部会议、电子邮件、备忘录、告示板通知和录像带等形式）。

根据以上分析，提出以下假设：H3：企业声誉与财务绩效正相关；H3a：品牌声誉与财务绩效正相关；H3b：顾客忠诚度与财务绩效正相关；H3c：管理层职业声誉与财务绩效正相关；H3d：企业伦理和商业道德与财务绩效正相关；H3e：企业号召力与财务绩效正相关；H3f：企业声誉评价内部报告与财务绩效正相关。

二、问卷设计与实施

（一）问卷设计

本研究问卷设计是为了验证基于核心竞争力的管理层业绩评价内部报告与企业绩效的相关关系，也就是企业文化、社会责任、企业声誉内部报告与企业财务绩效的相关性分析。本研究问卷主要采用文献检索和深度访谈相结合的方法自行设计，问卷设计采用李克特5点量表（Likert-type Scale）。一般认为5点量表是最可靠的，选项超过5点，会造成鉴别上的困难，对于没有足够鉴别力的人而言，使用7点量表法，会导致信度的丧失（芮明杰，2008）。因此，本研究采用了常规的做法，选用5点量表。

在问卷设计和指标选取上，借鉴关键绩效指标（KPI）的设计思想，评价指标选取要抓住关键业绩的主要方面，力争"少而精"，避免面面俱到地罗列海量指标体系，这样容易导致指标之间的内部冲突，而使管理层无所适从，最终使管理层业绩评价流于形式。在塑造核心竞争力的管理层业绩评价指标选取时，要借鉴KPI关键绩效指标的思想，抓住有利于打造核心竞争力的主要方面的关键要素指标，切忌眉毛胡子一把抓，指标过多将使管理层精力分散无所适从，管理层根本不可能对几十个指标给予同等的注意，指标过多也会产生指标体系内部各指标之间存在内在的矛盾，作用削减化于无形。一个管理者在不失去工作重心的同时一次能追踪多少关键指标呢？除了说1个以上50个以下之外，这个问题没有正确答案。如果数量过少，管理者就会忽略对于监控战略执行至关重要的指标；如果指标过多，管理者就可能因一次开展多项工作而冒失去工作重心的危险（Robert N. Anthony and Vijay Govindarajan，2005）。因此，要对 KPI 进行进一步的筛选和凝练，以确定企业当期需要重点关注的关键业绩指标。通常用三种方式来选择 KPI：第一种是外部导向法，即标杆基准法，通过选择业界最佳企业或流程作为基准，来牵引本企业提升绩效，这相当于国资委对中央企业负责人业绩考核中要求的"行业对标原则"；第二种是成功关键分析法，即通过提炼本企业历史成功经验和要素进行重点绩效监控；第三种是采用平衡计分卡思想的策略目标分解法，即通过建立包括财务指标与非财务指标的综合指标体系对企业的绩效水平进行监控。

本书的基于创造核心竞争力的管理层业绩评价指标选择的思路是借鉴 KPI 精选指标思想，参照平衡计分卡的财务指标与非财务指标结合做法，但评价范围不只是平衡计分卡的四个方面，而是根据有利于创造并保持核心竞争力原则，把社会责任和企业文化因素也纳入管理层业绩评价范围。

KPI 关键绩效指标的理论基础来源于意大利经济学家帕累托提出的经济学二八原理，即企业在价值创造过程中，每个部门和每位员工的 80% 的工作任务是由 20% 的关键行为完成的。按照绩效考核的二八原理，对考核工作的主要精力要放在关键的指标和关键的过程上，抓住了 20% 的关键指标，就抓住了考核的主体。KPI 的主要目的是明确引导任职者将主要精力集中在对职位贡献最有成效的职责上去，并通过努力及时采取提高绩效水平的改进措施，因此它是最能影响企业价值创造的关键驱动因素。确定关键绩效指标有一个重要的 SMART 原则：S 代表具体（Specific），指绩效考核要切中特定的工作指标，不能笼统；M 代表可度量（Measurable），指绩效指标是数量化或者行为化的，验证这些绩效指标的数据或者信息是可以获得的；A 代表可实现（Attainable），指绩效指标在付出努力的情况下可以实现，避免设立过高或过低的目标；R 代表现实性（Realistic），指绩效指标是实实在在的，可以证明和观察；T 代表有时限（Time Bound），注重完成绩效指标的特定期限。指标体系确立之后，还需要设定评价标准。一般来说，指标指的是从哪些方面衡量或评价工作，解决"评价什么"的问题；而标准指的是在各个指标上分别应该达到什么样的水平，解决"管理层怎样做，应该做多少"的问题。最后，必须对关键绩效指标进行审核，审核主要是为了确保这些关键绩效指标能够全面、客观地反映被评价对象（管理层）的绩效，而且易于操作，为下一步的激励提供依据。STERN – STEWART 公司认为多重目标即是无目标，相互冲突的指标和目标容易引起组织内部冲突和混乱，使得业绩指标与企业价值不相关联。因此，本部分在设计问卷时，针对业绩评价内部报告体系的四个方面（企业文化、社会责任、企业声誉、财务业绩），平均每个内部报告选取 5 个指标，构造五个问题，这样整个问卷共计 20 左右个问题，严格遵循了问卷设计的简约原则，避免问卷冗长使答卷者疲惫不堪而胡乱作答，从而影响问卷的质量，问卷的质量又直接影响了研究质量。

（二）问卷实施

1. 问卷预测试研究

在正式发放调查问卷和收集资料之前，为更好地提高各变量测量的信度和效度，本研究进行了问卷预测试（Pilot Testing）。在预测试阶段，本研究考虑了问卷建立和开发的主要因素，如检验测量问题的内容是否恰当，问题的类型是否恰当，有无位置偏差现象，问题措辞是否清晰易懂，问题次序是否合乎逻辑，问题尺度是否恰当等。预测试的目的在于早期发现研究设计及测量工具的缺点并作修正，以免在大规模、正式的调查进行之后枉费许多时间、精力和费用。

笔者作为山东省属单位会计人员后续教育培训教师和济南市内部审计学会会员单位内部审计人员后续教育培训教师，利用现场授课时机，在小范围之内向学员现场发放预测试问卷，预测试对象都是企事业单位对信息披露情况比较了解的会计人员和内部审计人员，目的在于希望他们提出衡量工具的意见，了解他们对于问卷设计问题的理解程度，判断问题是否合理有效、语句是否得当，以此作为改进的参考。预测试之后发现了一些问题，首先，被试者对内部报告包括哪些形式不甚理解，很多被试者都通过本单位的内部信息传递渠道了解了本单位的企业文化和社会责任履行情况，但不是正式的书面内部报告，关于什么是"内部报告"及其范围引起了被试者的迷惑。针对这一问题，笔者根据《内部控制——整合框架》（COSO，1994）和《企业内部控制应用指引第 17 号——内部信息传递》（财政部，2010）的阐述，将内部报告的外延扩展到正式的书面报告和诸如政策手册、备忘录、电子邮件、内部会议、内部网络、告示板通知和录像带等形式。这种内部报告的外延扩展贴近于企业的实际，利于被试者理解和填制问卷。其次，笔者预测试时关于财务业绩指标的选择是以文献回顾中的主流观点 EVA 为主，兼顾研发费用、管理费用、净现金流，但是从预测试过程中学员的反馈来看，大多数学员对 EVA 一无所知。笔者重新查阅相关法规发现，国资委下发的《中央企业负责人经营业绩考核暂行办法》规定从 2010 年起对央企负责人的业绩考核将以 EVA 为主，也就是说 EVA 考核结果最快也得在

2010 年末出来，而笔者预测试时间是在 2010 年初，所以几乎不可能有 EVA 数据，因此，笔者对财务业绩指标进行了修正，用投资回报率（ROI）取代 EVA，从而使问卷增强了可理解性和用户友好性。在问卷形式上，为便于被试者更容易理解，在参考被试对象的意见基础上，对 Likert 量表的设计形式进行了修改，使其更加简洁明了。

总之，在预测试阶段，本研究考虑了被试对象提出的意见和建议，并在初步数据分析的基础上，对调查问卷的语句、问题、形式等做了修改和调整，为最终的问卷发放和收集奠定了基础。

2. 问卷的发放与搜集

企业的财务部门是企业信息的枢纽和集散地，信息披露事项基本集中于财务部门，内部报告基本也是由财务部门编制并披露，由于内部审计部门具有监督财务部门的职能，因此可以和财务部门共享信息，因此问卷调查的对象选择以财会人员和内部审计人员为主体。笔者是山东省财政厅和济南市内部审计学会特聘会计和内部审计人员后续教育培训教师，因此发放问卷的方式选择在培训会议上现场集中发放，集中收回，利用培训教师的权威和在会场的主导地位，可以监督学员认真填制问卷，保证了 100% 的回收问卷。根据盖伊（Gay，1992）的理论研究结果，样本的大小应根据研究种类来确定。作为相关研究，样本数至少应在 30 人以上才能够探究变量间有无关系存在。巴特利特等（Bartlett *et al.*，2001）的观点是：带有回归分析（Regression Analysis）的，样本总数和自变量个数之比不应低于 5：1，最好是 10：1，带有因素分析（Factor Analysis）的，样本总数应不低于 100。吴明隆（2003）认为，在 SPSS 统计分析中，200 人以上的样本是比较理想的。由于本研究的目的是探寻核心竞争力的动因企业文化、社会责任、企业声誉及其内部报告与财务绩效的相关关系，因此在进行研究设计时计划搜集 600 个以上的样本。被试者来自济南市省属和市属企业单位的财务和内部审计工作者，他们来自不同的企业和行业，没有明显的群聚效应，基本满足随机抽样的要求，这使得统计结论具备较大的普遍性。

本次调研在不同培训会议分批进行，持续时间为两个月左右。共发放问卷 650 份，回收问卷 650 份，问卷回收率 100%。对于回收的问卷，首先进行了删减，如果全部问题填写相同答案或者只填写了极小一部分问卷时，本研究视为无效问卷，经过人工检测后删除的无效样本有 70 份。在扣除无效问卷样本后，本研究的有效样本共计 580 份，有效率 89%，处于较理想的水平。

三、描述性统计

（一）数据描述和变量确定

如果问卷的构建和管理恰当，那么问卷可以是获得大规模、高质量数据的来源（Diamond，2000；Dillman，1978，1979）。为了实证检验核心竞争力的构成要素社会责任、企业文化和企业声誉与企业财务绩效的相关关系，本问卷构建了四个维度（财务业绩、企业社会责任、企业文化、企业声誉），且每个维度又分为若干个子题，共计23个问题，其中财务业绩维度包括5个问题，包括税前利润、投资报酬率、研发费用①、市场占有率②、净现金流；社会责任、企业文化和企业声誉三个维度共计18个问题（即前文述及的18个假设）。问卷的数据描述和变量确定如表6-1所示。

表6-1　　　　　　　　　　数据描述和变量名称表

维度	题项及变量名称	备注
财务业绩	1. 股东权益增长率 2. 收入增长率 3. 税前利润 4. 投资报酬率 5. 净现金流	请根据贵公司近五年来（2007～2011年）的实际情况判断左边各项：1. 非常低；2. 低；3. 一般；4. 高；5. 非常高。
社会责任	6. 环境保护 7. 产品质量 8. 员工责任 9. 慈善责任 10. 安全生产 11. 社会责任评价内部报告的披露	请根据贵公司近五年来（2007～2011年）的实际情况判断左边各项：1. 非常低；2. 低；3. 一般；4. 高；5. 非常高。

---

①　之所以把"研发支出"作为一个财务业绩指标，是因为按照企业会计准则的规定，"研发支出"科目反映的是企业进行研究与开发无形资产过程中发生的各项支出，该科目在一定程度上反映了企业进行技术创新的情况，是一个现实中可计量的反映企业创新能力的财务指标。而创新是企业核心竞争力的源泉，因此"研发支出"指标在一定程度上反映了企业的核心竞争力的培育情况。

②　弗雷德迈德·马利克（Fredmund Malik，2010）认为企业核心竞争力的源泉在于为顾客创造价值，谁能让顾客满意，谁就能实现企业的价值。市场占有率在一定程度上反映了企业的顾客满意度，因此也是企业核心竞争力的间接衡量指标。

续表

维度	题项及变量名称	备注
企业文化	12. 共同愿景和使命 13. 员工士气 14. 英雄任务和仪式 15. 核心价值观 16. 管理层基调 17. 企业文化评价内部报告披露	请根据贵公司近五年来（2007～2011 年）的实际情况判断左边各项：1. 非常低；2. 低；3. 一般；4. 高；5. 非常高。
企业声誉	18. 品牌声誉 19. 顾客忠诚度 20. 管理层职业声誉 21. 企业伦理和商业道德 22. 企业号召力 23. 企业声誉评价内部报告披露	请根据贵公司近五年来（2007～2011 年）的实际情况判断左边各项：1. 非常低；2. 低；3. 一般；4. 高；5. 非常高。

（二）问卷各题项的描述性统计结果

问卷各题项的描述性统计结果如表 6-2 所示。

表 6-2　　　　　　　　　　问卷各题项的描述统计结果

题项及变量	N	全距	极小值	极大值	和	均值		标准差	方差
	统计量	统计量	统计量	统计量	统计量	统计量	标准误	统计量	统计量
问题 1	580	2	3	5	2752	4.74	0.018	0.444	0.197
问题 2	580	3	2	5	2824	4.87	0.016	0.376	0.142
问题 3	580	2	2	4	1421	2.45	0.021	0.501	0.251
问题 4	580	2	1	3	1317	2.27	0.024	0.568	0.322
问题 5	580	3	2	5	2669	4.6	0.023	0.553	0.306
问题 6	580	3	2	5	2460	4.24	0.019	0.448	0.201
问题 7	580	2	3	5	2649	4.57	0.021	0.513	0.263
问题 8	580	3	2	5	2499	4.31	0.023	0.551	0.304
问题 9	580	3	2	5	2375	4.09	0.022	0.538	0.29
问题 10	580	3	2	5	2526	4.36	0.021	0.5	0.25
问题 11	580	2	3	5	2449	4.22	0.02	0.492	0.242
问题 12	580	3	2	5	2644	4.56	0.023	0.547	0.299
问题 13	580	3	2	5	2417	4.17	0.017	0.405	0.164
问题 14	580	3	2	5	2500	4.31	0.036	0.868	0.753
问题 15	580	3	2	5	2710	4.67	0.02	0.488	0.238

续表

题项及变量	N	全距	极小值	极大值	和	均值		标准差	方差
	统计量	统计量	统计量	统计量	统计量	统计量	标准误	统计量	统计量
问题16	580	2	3	5	2322	4	0.03	0.732	0.535
问题17	580	3	2	5	2332	4.02	0.034	0.825	0.68
问题18	580	3	1	4	1554	2.68	0.039	0.95	0.902
问题19	580	4	1	5	1666	2.87	0.041	0.982	0.965
问题20	580	3	2	5	2085	3.59	0.04	0.953	0.908
问题21	580	3	1	4	1295	2.23	0.037	0.879	0.773
问题22	580	2	1	3	1103	1.9	0.032	0.781	0.61
问题23	580	4	1	5	1331	2.29	0.054	1.293	1.673
有效的N（列表状态）	580								

四、信度与效度分析

信度是指对同一事务进行重复测量，所得结果的一致性程度，它反映了测量工具的稳定性或可靠性。通常采用内部一致性系数（Cronbach，1951）作为测量信度的指标，这个指标准确地反映出测量项目的一致性程度和内部结构的良好性（王重鸣，2003）。信度分析主要运用SPSS17.0版本对问卷进行可靠性检验，得到的结果如表6-3所示。

表6-3　　　　　　　　　　　问卷信度检验结果

案例有效（N）	题项数	Cronbach系数	基于标准化项的Cronbach系数
580	23	0.848	0.863

通过软件检验结果可知，本问卷的Cronbach系数达到了0.848，基于标准化项的系数为0.863。对于信度检验，一般认为Cronbach系数值大于0.70即可接受（Nunnally，1978；DeVellis，1991），因此，本问卷的信度检验结果表明，本次调查问卷设计比较科学，所有因素的相应题项之间具有很强的一致性，处于信度较好的区间，使用本次调查问卷收集的数据进行后续分析得到的结论可靠并且稳定，本研究得出的结论有意义。

本书量表设计程序经过严谨的论证过程。从大量的文献回顾之中抽丝剥茧，得出核心竞争力的源泉是企业社会责任、企业文化和企业声誉，由此从四个维度构建调查问卷，每个维度包含题项和指标的选择并不是随意的，而是经过海量的文献回顾，以理论文献来作为选用问卷指标的基础，参考以往学者类似研究的问卷内容加以修订，并与实务和学术专家讨论过，并且进行了多次预测试，因此本研究调查问卷的效度是值得信赖的，笔者有足够的理由相信本研究调查问卷具有代表性，能测量本研究理论构想中所想表达的意义。

五、相关性分析及研究结论

财务业绩与社会责任、企业文化、企业声誉的相关分析如表 6 – 4、表 6 – 5 所示。

从表 6 – 4、表 6 – 5，可以看出：

（1）代表社会责任维度的环境保护（见表 6 – 4，题项 6）、产品质量（见表 6 – 4，题项 7）、员工责任（见表 6 – 4，题项 8）、安全生产（见表 6 – 4，题项 10）、社会责任评价内部报告的披露（见表 6 – 4，题项 11）均在 0.01 的显著性水平上与财务业绩各项指标高度正相关，这表明履行社会责任越好的公司，其财务业绩也越好。尤其是与代表企业可持续发展能力的财务业绩指标股东权益增长率（见表 6 – 4，题项 1）、收入增长率（见表 6 – 4，题项 2）均达到了 0.80 以上的高度显著相关水平，这表明社会责任具有核心竞争力的特质，是创造可持续利润的核心，是企业基业长青可持续发展的源泉动因。需要指出的是，社会责任的慈善责任维度（见表 6 – 4，题项 9）与财务业绩的净现金流指标（见表 6 – 4，题项 5）表现出了负相关，并且显著水平大于 0.05，即接受了原假设 H1d。可能的原因是企业履行慈善责任（比如慈善捐赠）会耗费公司的资源，导致现金的流出，尤其是按照现行税法的规定，企业捐赠超过当年应纳税所得额 3% 的部分，不允许税前扣除，需要缴纳企业所得税，加重了企业现金的流出。整体而言，社会责任维度与企业财务业绩维度达到了 0.01 显著水平正相关。

（2）代表企业文化维度的共同愿景和使命（见表 6 – 5，题项 12）、员工士气（见表 6 – 5，题项 13）、英雄任务和仪式（见表 6 – 5，题项 14）、核心价值观（见表 6 – 5，题项 15）、管理层基调（见表 6 – 5，题项 16）、企业文化评价内部报告披露（见表 6 – 5，题项 17）均在 0.01 的显著水平上与财务业绩各维度高度正相关，尤其是核心价值观维度（见表 6 – 5，题项 15）与代表企业持续发展能

表6-4 财务业绩与社会责任、企业文化、企业声誉各维度相关关系

		问题1	问题2	问题3	问题4	问题5	问题6	问题7	问题8	问题9	问题10	问题11
问题1	相关系数	1	0.772	0.778	0.781	0.675	0.787	0.705	0.79	0.72	0.642	0.880
	Sig.	0	0	0.001	0.001	0.001	0	0.002	0	0	0.003	0
	N	580	580	580	580	580	580	580	580	580	580	580
问题2	相关系数	0.772	1	0.784	0.69	0.632	0.705	0.637	0.56	0.885	0.697	0.876
	Sig.	0.001	0	0	0	0.001	0.001	0	0	0	0	0
	N	580	580	580	580	580	580	580	580	580	580	580
问题3	相关系数	0.778	0.784	1	0.775	0.645	0.617	0.75	0.704	0.802	0.78	0.862
	Sig.	0.001	0	0	0	0	0	0	0	0	0	0
	N	580	580	580	580	580	580	580	580	580	580	580
问题4	相关系数	0.781	0.69	0.775	1	0.664	0.704	0.744	0.556	0.704	0.853	0.842
	Sig.	0.001	0	0	0	0.002	0	0	0.003	0	0	0
	N	580	580	580	580	580	580	580	580	580	580	580
问题5	相关系数	0.675	0.632	0.645	0.664	1	0.765	0.78	0.787	0.705	0.637	0.856
	Sig.	0.001	0.001	0	0.002	0	0.001	0	0	0	0.002	0
	N	580	580	580	580	580	580	580	580	580	580	580
问题6	相关系数	0.887	0.805	0.617	0.704	0.765	1	0.645	0.798	0.558	0.673	0.679
	Sig.	0	0.001	0	0	0.001	0	0	0	0	0.002	0
	N	580	580	580	580	580	580	580	580	580	580	580
问题7	相关系数	0.805	0.837	0.75	0.744	0.78	0.645	1	0.657	0.662	0.796	0.75
	Sig.	0.002	0	0	0	0	0	—	0	0	0	0
	N	580	580	580	580	580	580	580	580	580	580	580
问题8	相关系数	0.890	0.860	0.704	0.556	0.787	0.798	0.657	1	0.784	0.69	0.632
	Sig.	0	0	0	0.003	0	0	0	0	0	0.002	0.001
	N	580	580	580	580	580	580	580	580	580	580	580

续表

		问题1	问题2	问题3	问题4	问题5	问题6	问题7	问题8	问题9	问题10	问题11
问题9	相关系数	0.820	0.885	0.802	0.704	-0.705	0.558	0.662	0.784	1	0.805	0.795
	Sig.	0	0	0	0	0.072	0	0	0	0	0.001	0.001
	N	580	580	580	580	580	580	580	580	580	580	580
问题10	相关系数	0.842	0.897	0.78	0.853	0.637	0.673	0.796	0.69	0.805	1	0.654
	Sig.	0.003	0	0	0	0.002	0.002	0	0.002	0.001	—	0
	N	580	580	580	580	580	580	580	580	580	580	580
问题11	相关系数	0.880	0.876	0.662	0.642	0.873	0.679	0.75	0.632	0.795	0.654	1
	Sig.	0	0	0	0	0.001	0	0	0.001	0.001	0	—
	N	580	580	580	580	580	580	580	580	580	580	580
问题12	相关系数	0.705	0.613	0.805	0.647	0.775	0.802	0.704	0.709	0.667	0.641	0.72
	Sig.	0	0	0.005	0	0	0	0	0.001	0.001	0	0
	N	580	580	580	580	580	580	580	580	580	580	580
问题13	相关系数	0.637	0.775	0.795	0.705	0.645	0.756	0.658	0.786	0.618	0.73	0.642
	Sig.	0	0	0	0	0.003	0.003	0	0.001	0.001	0.001	0
	N	580	580	580	580	580	580	580	580	580	580	580
问题14	相关系数	0.733	0.645	0.667	0.72	0.617	0.693	0.612	0.786	0.65	0.793	0.569
	Sig.	0	0	0.006	0	0	0	0	0.001	0	0	0.001
	N	580	580	580	580	580	580	580	580	580	580	580
问题15	相关系数	0.799	0.617	0.814	0.66	0.82	0.832	0.69	0.714	0.682	0.617	0.677
	Sig.	0	0	0	0.001	0	0	0	0.001	0	0	0
	N	580	580	580	580	580	580	580	580	580	580	580
问题16	相关系数	0.765	0.778	0.84	0.675	0.87	0.873	0.705	0.664	0.715	0.6	0.785
	Sig.	0	0	0	0	0.001	0.001	0.004	0.001	0	0.001	0
	N	580	580	580	580	580	580	580	580	580	580	580

续表

		问题1	问题2	问题3	问题4	问题5	问题6	问题7	问题8	问题9	问题10	问题11
问题17	相关系数	0.657	0.66	0.682	0.79	0.692	0.662	0.72	0.804	0.747	0.742	0.688
	Sig.	0.001	0	0	0	0.001	0.001	0.005	0.001	0	0	0.001
	N	580	580	580	580	580	580	580	580	580	580	580
问题18	相关系数	0.721	0.622	0.735	0.72	0.862	0.691	0.735	0.622	0.807	0.884	0.591
	Sig.	0.002	0	0	0	0.001	0.001	0	0	0	0	0
	N	580	580	580	580	580	580	580	580	580	580	580
问题19	相关系数	0.664	0.784	0.647	0.642	0.762	0.654	0.772	0.784	0.867	0.682	0.743
	Sig.	0.001	0	0	0	0.001	0.001	0	0	0	0	0
	N	580	580	580	580	580	580	580	580	580	580	580
问题20	相关系数	0.692	0.69	0.781	0.645	0.654	0.817	0.556	0.69	0.799	0.714	0.722
	Sig.	0.001	0	0	0	0.001	0	0	0	0	0	0
	N	580	580	580	580	580	580	580	580	580	580	580
问题21	相关系数	0.811	0.632	0.675	0.617	0.725	0.763	0.664	0.596	0.731	0.746	0.701
	Sig.	0.000	0.000	0.002	0.000	0.001	0.000	0.000	0.000	0.000	0.000	0.000
	N	580	580	580	580	580	580	580	580	580	580	580
问题22	相关系数	0.795	0.692	0.795	0.521	0.801	0.609	0.556	0.502	0.663	0.778	0.68
	Sig.	0.000	0.000	0.000	0.000	0.001	0.000	0.013	0.000	0.000	0.000	0.000
	N	580	580	580	580	580	580	580	580	580	580	580
问题23	相关系数	0.695	0.708	0.813	0.754	0.766	0.627	0.694	0.746	0.739	0.778	0.852
	Sig.	0.000	0.000	0.000	0.000	0.001	0.000	0.013	0.000	0.000	0.000	0.000
	N	580	580	580	580	580	580	580	580	580	580	580

**. Correlation is significant at the 0.01 level (2 - tailed)

*. Correlation is significant at the 0.05 level (2 - tailed).

表6-5 财务业绩与社会责任、企业文化、企业声誉各维度相关系数

		问题12	问题13	问题14	问题15	问题16	问题17	问题18	问题19	问题20	问题21	问题22	问题23
问题1	相关系数	0.705	0.637	0.733	0.894	0.765	0.857	0.721	0.894	0.692	0.811	0.795	0.895
	Sig.	0.000	0.000	0.000	0.000	0.000	0.001	0.002	0.001	0.000	0.000	0.000	0.000
	N	580	580	580	580	580	580	580	580	580	580	580	580
问题2	相关系数	0.613	0.775	0.645	0.897	0.778	0.860	0.622	0.884	0.690	0.632	0.692	0.808
	Sig.	0.000	0.000	0.000	0.000	0.000	0.000	0.000	0.000	0.000	0.000	0.000	0.000
	N	580	580	580	580	580	580	580	580	580	580	580	580
问题3	相关系数	0.805	0.795	0.667	0.815	0.840	0.882	0.735	0.647	0.781	0.675	0.795	0.813
	Sig.	0.005	0.000	0.006	0.000	0.000	0.000	0.000	0.000	0.000	0.002	0.000	0.000
	N	580	580	580	580	580	580	580	580	580	580	580	580
问题4	相关系数	0.647	0.705	0.720	0.860	0.675	0.890	0.720	0.642	0.645	0.617	0.521	0.854
	Sig.	0.000	0.000	0.000	0.001	0.000	0.000	0.000	0.000	0.000	0.000	0.000	0.000
	N	580	580	580	580	580	580	580	580	580	580	580	580
问题5	相关系数	0.775	0.645	0.617	0.820	0.870	0.892	0.862	0.762	0.654	0.725	0.801	0.866
	Sig.	0.000	0.003	0.000	0.000	0.001	0.001	0.001	0.001	0.001	0.001	0.001	0.001
	N	580	580	580	580	580	580	580	580	580	580	580	580
问题6	相关系数	0.802	0.756	0.693	0.832	0.873	0.662	0.691	0.654	0.817	0.763	0.609	0.627
	Sig.	0.000	0.003	0.000	0.000	0.001	0.001	0.001	0.001	0.000	0.000	0.000	0.000
	N	580	580	580	580	580	580	580	580	580	580	580	580
问题7	相关系数	0.704	0.658	0.612	0.690	0.705	0.720	0.735	0.772	0.556	0.664	0.556	0.694
	Sig.	0	0	0	0.001	0.004	0.005	0	0	0	0	0.013	0.013
	N	580	580	580	580	580	580	580	580	580	580	580	580
问题8	相关系数	0.709	0.786	0.786	0.714	0.664	0.804	0.622	0.784	0.690	0.596	0.502	0.746
	Sig.	0.001	0.001	0.001	0.001	0.001	0.001	0.000	0.000	0.000	0.000	0.000	0.000
	N	580	580	580	580	580	580	580	580	580	580	580	580

续表

		问题12	问题13	问题14	问题15	问题16	问题17	问题18	问题19	问题20	问题21	问题22	问题23
问题9	相关系数	0.667	0.618	0.650	0.682	0.715	0.747	0.807	0.867	0.799	0.731	0.663	0.739
	Sig.	0.001	0.001	0.000	0.000	0.000	0.000	0.000	0.000	0.000	0.000	0.000	0.000
	N	580	580	580	580	580	580	580	580	580	580	580	580
问题10	相关系数	0.641	0.730	0.793	0.617	0.600	0.742	0.884	0.682	0.714	0.746	0.778	0.778
	Sig.	0.000	0.001	0.000	0.000	0.001	0.000	0.000	0.000	0.000	0.000	0.000	0.000
	N	580	580	580	580	580	580	580	580	580	580	580	580
问题11	相关系数	0.720	0.642	0.569	0.677	0.785	0.688	0.591	0.743	0.722	0.701	0.680	0.852
	Sig.	0.000	0.000	0.001	0.005	0.000	0.001	0.000	0.000	0.000	0.000	0.000	0.000
	N	580	580	580	580	580	580	580	580	580	580	580	580
问题12	相关系数	1	0.708	0.698	0.644	0.757	0.870	0.647	0.746	0.845	0.760	0.691	0.705
	Sig.	0.000	0.000	0.001	0.000	0.000	0.000	0.000	0.000	0.001	0.001	0.001	0.001
	N	580	580	580	580	580	580	580	580	580	580	580	580
问题13	相关系数	0.708	1	0.639	0.789	0.875	0.763	0.779	0.654	0.623	0.873	0.621	0.632
	Sig.	0.000	0.000	0.001	0.000	0.000	0.000	0.000	0.000	0.000	0.000	0.001	0.001
	N	580	580	580	580	580	580	580	580	580	580	580	580
问题14	相关系数	0.698	0.639	1	0.764	0.727	0.874	0.675	0.753	0.697	0.549	0.764	0.866
	Sig.	0.001	0.001	0.001	0.000	0.000	0.000	0.000	0.000	0.000	0.000	0.000	0.000
	N	580	580	580	580	580	580	580	580	580	580	580	580
问题15	相关系数	0.644	0.789	0.764	1	0.870	0.834	0.785	0.606	0.798	0.753	0.865	0.880
	Sig.	0.000	0.000	0.000	0.000	0.000	0.000	0.000	0.001	0.000	0.000	0.000	0.000
	N	580	580	580	580	580	580	580	580	580	580	580	580
问题16	相关系数	0.757	0.875	0.727	0.870	1	0.876	0.712	0.769	0.809	0.653	0.798	0.653
	Sig.	0.000	0.000	0.000	0.000	0.000	0.000	0.000	0.000	0.000	0.000	0.000	0.000
	N	580	580	580	580	580	580	580	580	580	580	580	580

续表

		问题12	问题13	问题14	问题15	问题16	问题17	问题18	问题19	问题20	问题21	问题22	问题23
问题17	相关系数	0.870	0.763	0.874	0.834	0.876	1	0.780	0.835	0.812	0.765	0.739	0.646
	Sig.	0.000	0.000	0.000	0.000	0.000	0.000	0.000	0.000	0.000	0.000	0.000	0.000
	N	580	580	580	580	580	580	580	580	580	580	580	580
问题18	相关系数	0.647	0.779	0.675	0.785	0.712	0.780	1	0.609	0.621	0.633	0.645	0.765
	Sig.	0.000	0.000	0.000	0.000	0.000	0.000	—	0.000	0.000	0.000	0.000	0.000
	N	580	580	580	580	580	580	580	580	580	580	580	580
问题19	相关系数	0.746	0.654	0.753	0.606	0.769	0.835	0.609	1	0.589	0.769	0.804	0.844
	Sig.	0.000	0.000	0.000	0.001	0.000	0.000	0.000	—	0.000	0.000	0.000	0.000
	N	580	580	580	580	580	580	580	580	580	580	580	580
问题20	相关系数	0.845	0.623	0.697	0.798	0.809	0.812	0.621	0.589	1	0.607	0.851	0.692
	Sig.	0.001	0.000	0.000	0.000	0.000	0.000	0.000	0.000	—	0.000	0.000	0.000
	N	580	580	580	580	580	580	580	580	580	580	580	580
问题21	相关系数	0.760	0.873	0.549	0.753	0.653	0.765	0.633	0.769	0.607	1	0.794	0.687
	Sig.	0.001	0.000	0.000	0.006	0.000	0.000	0.000	0.000	0.000	—	0.000	0.000
	N	580	580	580	580	580	580	580	580	580	580	580	580
问题22	相关系数	0.691	0.621	0.764	0.865	0.798	0.739	0.645	0.804	0.851	0.794	1	0.863
	Sig.	0.001	0.001	0.000	0.000	0.000	0.000	0.000	0.000	0.000	0.000	0.000	0.000
	N	580	580	580	580	580	580	580	580	580	580	580	580
问题23	相关系数	0.705	0.632	0.866	0.880	0.653	0.646	0.765	0.844	0.692	0.687	0.863	1
	Sig.	0.001	0.001	0.000	0.000	0.000	0.000	0.000	0.000	0.000	0.000	0.000	
	N	580	580	580	580	580	580	580	580	580	580	580	580

**. Correlation is significant at the 0.01 level (2 - tailed).

*. Correlation is significant at the 0.05 level (2 - tailed).

力的财务业绩指标股东权益增长率（见表6-4，题项1）、收入增长率（见表6-4，题项2）均达到了接近0.90的高度显著相关水平，这表明企业文化对企业长期经营业绩有着重大的作用，企业文化很可能成为企业永续发展中决定企业兴衰的关键因素。同时，由于企业文化的不可模仿性较高，一旦形成往往就是一股巨大的力量，成为企业的核心竞争力，从而使企业获得持续的竞争优势。本问卷的研究结果与《企业文化与经营业绩》的作者约翰·科特和詹姆斯·赫斯克特（John Kotter and James Heskett，2004）和《基业长青》的作者吉姆·柯林斯和杰里·波拉斯（Jim Collins and Jerry Porras，2009）的研究结论相契合，即"企业文化（特别是当它的力量十分雄厚的时候）会产生极其强有力的经营业绩"，"最持久、最成功的公司的基本特质就是他们保存一种核心价值观"。整体而言，企业文化维度与企业财务业绩维度达到了0.01显著水平正相关。

（3）代表企业声誉各维度的品牌声誉（见表6-5，题项18）、顾客忠诚度（见表6-5，题项19）、管理层职业声誉（见表6-5，题项20）、企业伦理和商业道德（见表6-5，题项21）、企业号召力（见表6-5，题项22）、企业声誉评价内部报告披露（见表6-5，题项23）与企业财务业绩维度表现了0.01显著水平的高度正相关，即企业声誉越好，财务绩效越高，尤其是顾客忠诚度维度（见表6-5，题项19）与代表企业可持续发展能力的财务业绩指标股东权益增长率（见表6-5，题项1）、收入增长率（见表6-5，题项2）均达到了接近0.90的高度显著相关水平，这说明赢得顾客的满意已经成为企业价值创造的源泉动因之一，是企业声誉进而企业核心竞争力的重要组成部分。企业只有先为顾客创造价值，让顾客满意，才能实现为股东创造价值，让股东满意，客户价值与股东价值具有内在一致的逻辑关系。

需要指出的是，代表企业社会责任、企业文化、企业声誉评价内部报告情况的社会责任评价内部报告的披露（见表6-4，题项11）、企业文化评价内部报告披露（见表6-5，题项17）、企业声誉评价内部报告披露（见表6-5，题项23）都与企业财务业绩各维度表现出了0.01显著水平的相关系数在0.8以上的高度正相关，这说明对企业文化、社会责任、企业声誉这些核心竞争力特质的业绩驱动因素的披露，将有助于企业财务业绩的大幅度提升，这在经验数据上验证了本书构建基于核心竞争力的管理层业绩评价内部报告的实践价值。

第七章 结论总结与研究展望

一、研究结论

第一，管理层业绩评价内部报告是对现行公司信息披露体系的补充和完善，可以弥补财务报告价值相关性日渐下降的披露体系缺陷，在监督管理层受托责任履行的同时提高公司报告体系决策价值相关性，最终形成财务报告与内部报告相互补充的公司报告体系。

历史财务报表的价值相关性和信息内容正遭到质疑，因为许多投资者和其他财务报告的使用者在作财务决策时并不使用这些报表。普华永道的主席丹尼斯·纳利（Dennis Nally）说，现行的财务报告制度有几个使机构投资者和散户投资者都感到迷惑的缺点，因此在未来将会限制其有用性和相关性。新经济时代，财务报告价值相关性下降问题已经引起全球关注。最近发表的几篇研究文章指出，在过去的 20 年中出现了会计盈余和其他财务报表项目的价值相关性下降的现象。通过大量不同的研究设计，昌（Chang，1998），列弗和萨罗纹（Lev and Zarowin，1999）和布朗等（Brown *et al.*，1999）发现，美国的股票收益率和会计盈余之间的相关关系随时间呈弱化的趋势。新经济时代，随着技术创新和变革，非财务业绩成为企业核心竞争力的源泉驱动力，但是这些变革的经济影响并没有及时、普遍地反映在财务报表中。随着财务报告价值相关性的逐渐遗失，对评估创新型企业在当期潜在的经营业绩和正在进行的技术创新在未来可能带来的收益感兴趣的投资者只能被迫寻找财务报表以外的信息。昌（1998）和列弗和萨罗纹（1999）发现，财务报表项目价值相关性的降低可以部分地用技术创新的增加来解释。进一步，埃米尔和列弗（Amir and Lev，1996）指出，非财务业绩，如市场总体规模和市场渗透度，和股价的相关性比财务报表信息更显著。鉴于专注于财务业绩披露的财务报告相关性逐渐遗失的披露困境，构建一个与新经济时代经济发展特征相契合的、以披露非财务业绩为主的内部报告体系就成为现实的必然选择。普华永道的主席丹尼斯·纳利建议成立"国家公司报告委员会",以改善公司报告和财务报告的有用性。改善型商业报告(EBR)注重目前和未来业绩的财务和非财务信息,它被建议用来作为改善财务报告质量、透明度和完整性的另一种方法。本研究借鉴丹尼斯·纳利的完善财务报告的改革思想,但走的改革路径不同。本研究是建议构建独立于财务报告的以披露关键业绩指标(KPI)为主体内容的内部报告体系,由于内部报告和财务报告的目标和服务对象不同,笔者不建议把财务报告和内部报告(财务和非财务信息)统一整合于一张公司报告上,更不赞成把非财务信息扩充进财务报告的改革路径,这样会使信息使用者陷入信息的海洋中无所适从,影响决策效率,过量的信息会产生"信息超载"的可能性,使用者无力处理但却需要理性地利用财务报告提供的所有信息(Harry Wolk,James Dodd and Michael Tearney,2004)。本书的结论之一是管理层业绩评价内部报告是对现行公司信息披露体系的补充和完善,可以弥补财务报告价值相关性日渐下降的披露体系缺陷,二者分别披露、各有侧重,在监督管理层受托责任履行的同时提高公司报告体系决策价值相关性,最终形成财务报告与内部报告相互补充的公司报告体系。

第二,基于核心竞争力的非财务业绩评价指标将成为管理层业绩评价的主流,基于会计信息的传统财务业绩评价指标将退居其次,管理层业绩评价内部报告将以披露核心竞争力的非财务业绩信息为主导。

会计信息本身的局限性已经越来越多地引起理论界的关注。传统财务业绩指标往往是重结果而轻过程、重历史而轻未来、重有形(资源)而轻无形(资源)、重短期而轻长期。财务业绩指标不可能全面反映企业的资源与实力。非财务计量手段为改善企业业绩评价提供了良好机会,如果说财务业绩是会计信息系统表现的表象、结果的积累,非财务业绩则可以反映经营系统的内因和过程。财务评价体系的多种局限在非财务评价体系中很多都可以得到弥补。基于核心竞争力的非财务业绩评价是面向企业持续的价值创造,需要持续不断的战略性投入,需要在不能带来当期效益的企业文化、社会责任和企业声誉等核心竞争力潜力领域持续的投入。因此,管理层业绩评价体系必须由"关注现在"转向"平衡现在和未来",相应地,必须使管理层薪酬结构中的一个重要部分来自企业长期价值创造的行为和业绩。南非的《金氏报告》(King Report,2002)指出在 21 世纪,成功的治理要求公司必须更加重视其绩效的可持续性或者非财务性。董事会必须检测所有行动或任务的公平性、问责制、责任和透明度,对公司负责,向公司所涉及的利益相关者进行反馈并承担责任。

二、研究贡献

第一，通过构建核心竞争力导向的管理层业绩评价内部报告体系，弥补了现有财务报告缺乏相关性的缺陷，披露了企业的非财务业绩动因，杜绝数字游戏化的财务业绩，增强了管理层业绩透明度，为董事会监督和激励管理层提供了真正有意义的业绩评价指标。

核心竞争力导向的管理层业绩评价内部报告为公司报告体系提供了一条改进财务报告的途径，一条披露公司核心竞争力业绩动因进而促进企业可持续发展的途径，一条向董事会进行公平和富有意义信息的披露的途径。内部报告体系在不改变财务报告理论框架和外部监管规制格局的前提下，用很小的代价，却可以提供企业业绩驱动力的相关性、逻辑性、结构化的信息，为管理层业绩评价和薪酬以及董事会监督提供理性而充分的透明度支持。

本书构建的内部报告系统不依赖于传统的企业会计对财务细节的计算分析，而是主要报告在公司及其关系网络中至关重要的非财务数据，在新经济时代，公司的环境、社会和治理（ESG）绩效或企业社会责任（CSR）绩效正成为非财务信息①中一个越来越重要的因素。

第二，本书系统阐述了社会责任、企业文化、企业声誉是企业核心竞争力的源泉动因，构建了三者的业绩评价内部报告，并进一步通过实证分析验证了三者与企业财务业绩的正相关关系，进而得出非财务业绩是内在动因，财务业绩是必然的外在表现的结论。

第三，本书以核心竞争力为评判标准构建管理层业绩评价内部报告体系，运用关键成功因素法（CSFs）筛选出企业文化、社会责任和企业声誉作为企业核心竞争力的源泉动因，并以披露核心竞争力动因的非财务信息的叙述式内部报告为主导，为弥补财务报告的缺陷提供了一个更加灵活、更具操作性、成本更低的

---

① "非财务信息"（Nonfinancial Information）这个词正越来越频繁地被使用，但是它仍然没有一个被达成共识或者被普遍接受的定义，实际的用法也不尽相同。对一些组织如国际公司治理网络（International Corporate Governance Network）来说，"非财务的商业报告是一个可以涵盖规定披露信息和主动披露信息的意义广泛的词。从股东和投资人的角度看，对投资决策最相关、最重要的是信息，而不是财务报告"。对其他人来说，非财务信息就意味着可持续性和环境、社会和公司治理信息。这个词还被用于指叙述性的情景信息，比如证交会所要求的管理层讨论与分析，或是指与无形资产和智力资本相关的信息。最终，有的人直接将非财务信息与关键绩效指标画上了等号。本书内部报告披露的非财务信息着重指具有核心竞争力特质的企业业绩动因要素信息，包括企业文化、企业声誉、社会责任。

新路径。

　　构成企业核心竞争力的因素错综复杂，归类核心竞争力的方法可能有上百种之多（Per Jenster，2004）。笔者运用关键成功因素法（CSFs）①，经过细致的文献梳理和理论分析，抽丝剥茧，去粗取精，提炼出企业核心竞争力的源泉动因要素包括企业文化、社会责任和企业声誉。米勒（1984）发现 CSFs 经过正式识别之后，通过潜移默化，会对高层管理的优先顺序产生影响，从而引导公司向其期望的方向前进。关键因素在公司目标与管理战略之间架起了一座桥梁，除此之外，它还提供了一种用来设计有效的绩效评估和控制系统的工具（Per Jenster，2004）。笔者正是期望对管理层文化、责任和声誉受托责任的评价，督促管理层积极培育企业的核心竞争力，从而实现持续的价值创造。

　　由于企业文化、社会责任、企业声誉属于非财务信息，难以量化，因此对这些因素的披露以叙述式内部报告为主导，因此形成了别具特色的对传统财务报告的补充披露形式。针对非财务信息如何才能被用于补充财务报告的问题，目前已经提出了几种框架。2003 年，英格兰及威尔士特许会计师协会（Institute of Chartered Accountants in England and Wales，ICAEW）发布了一份报告，对过去 10 年中所提出的 11 种商业报告模式做了概括，并呼吁就此展开对话。该报告总结说："无论这些模式各自有何优点，至今仍没有一种模式受到普遍的认可。目前，它们呈现出很多有趣且富挑战性的观念，但很多都不太可能被广泛实施。"② 即使到今天我们仍然可以这样说，只不过出现了一些进步，有些不同的想法得到了更多的支持并且正趋于聚合。我们可以看看该报告中评论过的三种模式：由罗伯特·卡普兰和大卫·诺顿开发的平衡计分卡（Balanced Scorecard），由全球报告倡议组织（GRI）制定的可持续发展报告指南，以及由普华永道开发的价值报告框架（Value Reporting Framework）。本研究独辟蹊径，提出了基于核心竞争力的业绩评价内部报告模式，将孕育核心竞争力的关键成功要素企业文化、社会责任和企业声誉以更加灵活的内部报告形式予以呈现，创新了用非财务信息对财务报告缺陷的进行补充披露的模式。以自愿披露的内部报告形式披露非财务信息，改革成本低，更具可操作性，并且可以保护企业的商业机密。

---

　　① CSFs 如果运用得当，是少数几种能够使公司在竞争中取得成功的方法之一（Rockart，1979）。

　　② Institute of Chartered Accountants in England and Wales. Information for Better Markets：New Reporting Models for Business，November 2003，P. 2.

三、实践启示与政策建议

董事会和管理层对财务报告提供的大量数据的依赖越来越少，因为他们知道会计数据无法帮助他们完成其受托责任，对草拟和执行公司的战略、监督管理层的业绩等方面所能提供的帮助微乎其微。业务和财务分析师总是试图在官方的财务报告之外找到有用的信息来源。一些人声称，如果说他们在报告中找到了任何感兴趣的，那就是财务报告的脚注。决策者对财务报告数字的信任越来越少，因此，董事会和管理层必须寻找替代传统会计陈述报告的其他报告体系，本书构建的内部报告体系正是在这种背景下应运而生的，从而也会导致一些情况的变化。

（一）实践启示

（1）董事会应把管理层业绩评价的重点由财务业绩转向核心竞争力动因的非财务业绩，披露表明业绩源泉驱动力的真正有意义的衡量指标，注重企业的可持续发展。现阶段经济条件下的董事会信息需求绝不是财务报告承载的那些经过管理层调整甚至操纵下的会计数据能够满足的，董事会评价管理层需要非财务的价值驱动因素信息，所有公司都必须足够重视这个问题，尤其是那些一贯以财务数据为重点的公司，更是必须学会识别非财务业绩衡量指标，并合理使用之。同时，董事会在引导管理层：

（2）企业应在董事会和管理层之间构建核心竞争力导向的管理层业绩评价内部报告，从而达到激励管理层培育企业核心竞争力的正确行为取向和监督管理层受托责任履行的双重目标。董事会对财务报告提供的大量数据的依赖越来越少，因为他们知道会计数据无法帮助他们完成监督和激励管理层的双重责任，对草拟和执行公司战略、监督管理层的绩效等方面所能提供的帮助微乎其微。新经济时代，财务报告的相关性日渐式微，如果分析财务报告时大多数是不相关信息，那么分析企业绩效时也多是不相关信息。合理的信息披露不应拘泥于形式和时间要求，而是应该关注问题的实质以及位于报告披露方法核心的相关性，传统财务报告因为相关性的遗失而不能为战略和管理层业绩评价工作提供一个相关的、可靠的信息平台。

（二）政策建议

（1）监管部门应择机制定内部报告准则，为非财务业绩信息标准化制定与国际趋同的国家标准。内部报告披露的核心竞争力业绩动因要素主体是非财务信息（如企业文化、社会责任、企业声誉），现行会计准则主要是规制基于财务报告的财务信息，非财务信息并未被会计准则或者基于会计准则的测量计算所定义。因此，监管层有必要适时出台内部报告准则，将无规矩可循的非财务信息标准化，防止非财务业绩报告披露的随意性和无序状态，这必将有利于企业业绩透明度的实质性提高。

（2）监管层应要求企业内部报告适当的外部化。非财务业绩评价内部报告虽然主要是内向为董事会评价和监督管理层服务，但是外部利益相关者的决策同样需要关乎企业可持续发展的非财务业绩信息。因此，在不损害企业核心竞争力和泄露商业秘密的前提下，监管层应要求企业业绩评价内部报告适当外部化，外部化的信息包括战略方面的非财务信息、公司的价值创造活动、商业环境以及关键绩效指标，在报告中应体现一种前瞻性的倾向，以便向外部信息使用者呈现管理层对公司未来前景的看法。

四、研究局限与研究展望

（一）研究局限

受选题和篇幅所限，本研究只探讨了董事会和管理层合谋，未对股权相对集中条件下的控股股东可能主导或控制董事会与管理层合谋盘剥中小股东进行展开阐述。在股权集中度相对较高的情境下，控股股东完全可能利用控股权将管理层变成傀儡，操纵管理层对外部投资者进行剥夺。控股股东因其较大数量的股权而取得公司的部分控制权，从而可能胁迫管理层与其合谋侵吞中小股东的利益，而此时董事会可能对大股东难以形成监督（因为大股东可以影响、主导甚至操纵董事会与管理层合谋），所以此时就需要一个独立的监督机构（监事会）来监督大股东与管理层的合谋。在东亚国家，控股股东控制管理层合谋掏空企业的案例比比皆是。笔者以伯利和米恩斯（Berle and Means, 1932）所谓的"所有权分散在小股东手中，控制权集中在管理者手中"的治理逻辑为出发点，考量当今资本市场全球化的背景，认为股权分散化将是未来的主流趋势，因此，本书构建的管理层业绩评价内部报告是在股权分散情境下，董事会监督、评价、激励管理层的透明度工具，遏制管理层的短期行为，塑造企业的核心竞争力进而形成持续竞争优势。因此，对股权集中情境下，控股股东控制董事会与管理层合谋掏空公司受本研究主题和篇幅所限，不作为本书阐述的重点，将是后续研究的目标和领域。

（二）研究展望

回顾全书，意犹未尽，展望未来，尚有以下领域亟待深入研究，也是相关领域的研究机会所在：

1. 非财务业绩评价的主流地位的确定和财务业绩评价的边缘化的趋势探讨

笔者相信，在未来的管理层业绩评价理论和实践中，具有核心竞争力特质的"非理性"业绩动因要素前置指标将成为关注的重点，滞后的财务业绩指标将被边缘化。越来越多的人认识到，经济和商务并不是人们原来所认为的基于数字的科学。行为经济学家和经济心理学家研究显示，业绩评价行为更多地被"非理性"的人为因素所控制，而不是为经济法则所控制。财务因素不再是重要的决定性因素，非财务力量决定着经济和企业的发展，并成为企业业绩的源泉驱动力，非财务业绩驱动因素不仅仅指知识、信息或者"智力资本"，而且包括一些基本的概念和情感因素，如文化、直觉、责任、态度和观点等。只从财务角度审视和披露一个公司，就像看车时只关注里程计和油量表，而不关注发动机和轮胎是否完好，以及该车能够用来做什么。

2. 非财务业绩内部报告标准化

目前还缺乏一套被广泛接受的强制性标准，这是非财务绩效报告体系面临的一大挑战。社会责任、企业文化、企业声誉内部报告虽然属于自愿报告性质，且以叙述式报告为主，但是也需要一套统一的标准予以规制，以利于该报告的完整性、明晰性、可理解性和可比性，这也是业绩透明度实质提高的内在要求。当前，一些国际组织已开始着手制定非财务信息的披露标准。作为一个得到全世界广泛认可的品牌，全球报告倡议组织（Global Reporting Initiative，GRI）事实上已经为环境、社会和公司治理报告制定了标准。该标准的制定者艾伦·怀特（Allen White，2009）在与爱博思、迈克尔·克鲁斯的讨论中说道：我们之所以创建全球报告倡议组织，是因为我们相信一个全球化的世界需要有一套针对非财务报告的通用全球标准，以便履行全体利益相关者都需要且应当得到的那份责任和透明度。在这一概念出现十年后的今天，在经历了一场很大程度上是因责任和透明度的崩塌而引起的经济危机之后，这一核心理念从未像今天这样引人注目。我国目前无论是学术界，还是监管层对非财务业绩报告的研究凤毛麟角，因此非财务业绩内部报告的标准将是未来的研究机会和创新领域。

3. 非财务业绩内部报告的鉴证

正如非财务信息可以像财务信息一样通过可扩展商业报告语言来表达，非财务信息同样也要经过诸多被称为"认证"（Assurance）或"证明"（Attestation）的环节。如今在大多数国家，对非财务信息的认证都是自愿的，然而，毕马威公司于 2008 年进行的一项研究发现越来越多的公司倾向于为其企业社会责任报告提供认证意见。是否应当对非财务信息进行强制性的披露和认证是一个重要的公共政策问题，它将不可避免地涉及认证机构的责任问题。如果投资者和整个社会都认为环境、社会和公司治理绩效与财务绩效同等重要，那么他们就必须决定是否应当为这种能提高信息可靠性和质量的认证支付费用。如果这样做就需要公司信息和控制系统具备更好的标准以及改善措施。如今，几乎没有哪家公司针对非财务信息拥有像针对财务信息那样严格和复杂的内部计量和控制系统，这也不足为奇。我们相信股东和其他利益相关者将越来越需要可以决定未来财务业绩的高质量非财务信息。因此，对非财务业绩内部报告的鉴证将是未来一个充满生机和活力的研究机会领域。

参 考 文 献

中文文献：

[1] 张先治：《内部管理控制论》，中国财政经济出版社 2004 年版。

[2] 张先治、袁克利：《公司治理、财务契约与财务控制》，载《会计研究》2005 年第 11 期。

[3] 张先治：《基于价值的管理与公司理财创新》，载《会计研究》2008 年第 8 期。

[4] 张先治：《财务信息在契约中的作用》，载《会计研究》2000 年第 9 期。

[5] 张先治：《财务信息在国有资本管理与监督中的作用》，载《中国财经报》，2001 年 2 月 8 日。

[6] 张先治：《建立企业内部管理控制系统框架的探讨》，载《财经问题研究》2003 年第 11 期。

[7] 池国华：《我国上市公司经营业绩评价系统研究》，载《会计研究》2003 年第 8 期。

[8] 池国华：《EVA 管理业绩评价系统模式》，科学出版社 2008 年版。

[9] 姜英兵：《财务学的基本理论框架》，载《会计研究》2007 年第 8 期。

[10] 刘淑莲：《企业价值评估与价值创造战略研究——两边价值模式与六大驱动因素》，载《会计研究》2004 年第 9 期。

[11] 刘媛媛、池国华：《公司财务理论发展及未来展望》，载《财会通讯》2008 年第 6 期。

[12] 任翠玉：《关于国有企业经营者业绩评价的思考》，载《国有资产管理》2006 年第 9 期。

[13] 余绪缨：《管理会计学》，中国人民大学出版社 2006 年版。

[14] 王满、于悦：《财务战略管理学科体系的构建》，载《会计研究》2008 年第 1 期。

[15] 王玉红：《内部管理业绩评价系统构成及要素选择》，载《财经问题研究》2004 年第 6 期。

[16] 黄再胜：《西方企业激励理论的最新进展》，载《外国经济与管理》2004 年第 1 期。

[17] 孙世敏、赵希男、朱久霞：《国有企业 CEO 声誉评价体系构建》，载《会计研究》2006 年第 3 期。

[18] 徐金发、王乐、殷盛：《CEO 声誉评价综述》，载《经济论坛》2005 年第 2 期。

[19] 赵锡锋：《对企业声誉评价研究的综述》，载《价值工程》2007 年第 9 期。

[20] 阿德里安·J. 斯莱沃茨基：《价值转移》，中国对外翻译出版公司1999 年版。

[21] 陈国钢：《以预算管理为手段控制企业经营风险》，载《新理财》2006 年第 4 期。

[22] 杜杰：《创造价值的会计与财务》，机械工业出版社 2006 年版。

[23] 杜胜利：《企业经营业绩评价》（1 版），经济科学出版社 1999 年版。

[24] 方红星：《公众公司财务报告架构研究》（1 版），中国财政经济出版社 2004 年版。

[25] 冯巧根：《超越预算的实务发展动向与评价》，载《会计研究》，2005 年 12 月 2 日。

[26] 冯雪莲：《传统的预算、改善的预算与超预算的协调功能》，载《管理世界》2006 年第 8 期。

[27] 葛家澍、杜兴强：《财务会计的基本概念、基本特征与基本程序（九)》，载《财会通讯·综合版》2004 年第 4 期。

[28] 龚凯颂：《试论未来财务报告》，载《财会通讯》2001 年第 3 期。

[29] 顾银宽、陈纪南：《企业内部控制的 10 种方法》，载《经济管理》2002 年第 10 期。

[30] 郭道扬：《二十世纪管理会计的产生与演进》，载《理论探讨》1999 年第 3 期。

[31] 郭荣：《报表管理之一：业务年度重界定》，载《新理财》2008 年第 8 期。

[32] 郭荣：《报表管理之一：跳出财务报表》，载《新理财》2008 年第 9 期。

[33] 郭荣：《报表管理之三：用指标全息导航》，载《新理财》2008 年第 10 期。

[34] 郭晓梅、苏月娥：《管理会计应用的瓶颈及其突破》，载《经济问题》2006 年第 1 期。

[35] 华实：《关于管理会计的几个基本理论问题》，载《会计研究》1997 年第 10 期。

[36] 黄曼行：《管理会计"价值观"的创新与发展》，载《会计研究》2000 年第 9 期。

[37] 何建平：《管理会计在企业中的运用透视》，载《会计研究》1997 年第 6 期。

[38] 胡玉明：《21 世纪管理会计主题的转变——从企业价值增值到企业核心能力培植》，载《外国经济与管理》2001 年第 1 期。

[39] 胡玉明：《管理会计研究》，机械工业出版社 2008 年版。

[40] 暨南大学会计系管理会计课题组：《中国管理会计——透视与展望》，载《会计研究》1995 年第 11 期。

[41] 蒋伟：《战略计分卡平衡记分卡和 6S 管理》，载《新理财》2005 年第 12 期。

[42] 杰罗尔德·L. 齐默尔曼著，邱寒等译：《决策与控制会计》，东北财经大学出版社 2000 年版。

[43] 会计信息质量特征研究课题组：《对建立我国会计信息质量特征体系的认识》，载《会计研究》2006 年第 1 期。

[44] 拉利著，王斌等译：《预算管理手册》，人民邮电出版社 2007 年版。

[45] 李宗福：《编制企业内部会计报告的重要性》，载《会计之友》1998 年第 6 期。

[46] 刘永泽、孙光国：《从资本经营目标看我国财务报告改进》，载《财务与会计》2002 年第 9 期。

[47] 刘福满：《跨国公司内部报告与企业经营管理》，载《税务与经济》2006 年第 5 期。

[48] 陆正飞、朱凯：《每日财务报告：有益的尝试》，载《会计研究》2000 年第 1 期。

[49] 陆正飞、施瑜：《从财务评价体系看上市公司价值决定——"双高"企业与传统企业的比较》，载《会计研究》2002 年第 5 期。

[50] 罗纳德 W. 希尔顿著，阎达五、李勇等译：《管理会计学——在动态商业环境中创造价值》（原书第 5 版），机械工业出版社 2003 年版。

[51] 罗伯特 N. 安东尼等：《管理控制系统》，机械工业出版社 1999 年版。

［52］罗伯特·S.卡普兰：《高级管理会计》，东北财经大学出版社1999年版。

［53］罗伯特·S.卡普兰、戴维·P.诺顿：《综合记分卡》，新华出版社1998年版。

［54］吕雪峰：《刍议管理会计报告体系及特征》，载《财会通讯综合版》2006年第9期。

［55］南京大学会计学系课题组：《中国企业会计管理行为探测》，载《会计研究》2003年第12期。

［56］毛洪涛、王新：《代理理论、经理层行为与管理会计研究——基于代理理论的管理会计研究综述》，载《会计研究》2008年第9期。

［57］孟焰：《面向21世纪的中国管理会计》，载《会计研究》1999年第10期。

［58］奥利弗·威廉姆森：《企业制度与市场组织》，上海三联书店、上海人民出版社1988年版，中文1995年版。

［59］潘飞、文东华：《实证管理会计研究现状及中国未来的研究方向》，载《会计研究》2006年第2期。

［60］祁均业：《构建现代管理会计报告体系》，载《经济论坛》2002年第5期。

［61］邱芳：《基于管理会计的内部报告体系研究》，硕士论文打印稿，2007年。

［62］任晨煜：《论内部管理报告体系的构建》，载《商业会计》2007年第8期。

［63］阮文娟、黄国良：《略论相关性原则》，载《中国管理信息化》2007年第6期。

［64］孙建强、朱妍：《基于平衡计分卡和作业管理思想的管理会计报告模式》，载《财会通讯理财》2006年第2期。

［65］孙铮、王鸿祥：《财务报告分析》（1版），企业管理出版社1997年版。

［66］陶娅：《论构建管理会计报告体系的必要性及相关建议》，载《北方经济》2008年第2期。

［67］汤谷良、董苏：《CFO应如何规划公司内部财务管理报告》，载《财务与会计》2004年第8期。

［68］田志刚、刘秋生：《现代管理型会计信息系统的内部控制研究》，载

《会计研究》2003 年第 4 期。

[69] 童仰峰：《现代企业内部财务会计报告体系的设计与应用》，载《工业会计》2001 年第 7 期。

[70] 托马斯·约翰逊和罗伯特·卡普兰著，金马工作室译：《管理会计兴衰史－相关性的遗失》，清华大学出版社 2004 年版。

[71] 王斌、高晨：《论管理会计工具整合系统》，载《会计研究》2004 年第 4 期。

[72] 王斌：《股权结构论》，中国财政经济出版社 2001 年版。

[73] 王斌、张延：《企业集团财务》，高等教育出版社和上海社会科学出版社 2004 年第 7 期。

[74] 王光远、贺颖奇：《当代管理会计研究方法的新发展》，载《会计研究》1997 年第 1 期。

[75] 王化成、杨景岩：《试论战略管理会计》，载《会计研究》1997 年第 10 期。

[76] 王化成、刘俊勇：《企业业绩评价模式研究——兼论中国企业业绩评价模式选择》，载《管理世界》2004 年第 4 期。

[77] 王立彦、张莹：《关注会计信息的管理价值——管理会计的过去、现在和未来》，载《财务与会计》2000 年第 2 期。

[78] 威廉·H. 比弗著，薛云奎译：《财务报告：会计革命》，东北财经大学出版社 1999 年版。

[79] 吴沁红、刘林：《财务管理报告相关问题研究》，载《保险研究》2005 年第 5 期。

[80] 吴水澎、陈汉文、邵贤弟：《企业内部控制理论的发展与展示》，载《会计研究》2000 年第 5 期。

[81] 谢志华：《财务会计报表的历史演变与未来发展——兼论会计因量》，载《会计研究》1996 年第 9 期。

[82] 熊楚熊：《财务报表分析原论》（1 版），立信会计出版社 2000 年版。

[83] 阎达五、杨有红：《内部控制框架的构建》，载《会计研究》2001 年第 2 期。

[84] 杨继良、徐佩玲：《议管理会计的应用》，载《会计研究》1997 年第 12 期。

[85] 杨惠敏：《公司治理、企业管理与会计信息系统》，载《会计研究》2000 年第 6 期。

[86] 杨雄胜：《内部控制理论研究新视野》，载《会计研究》2005 年第 7 期。

[87] 杨纪琬、夏冬林：《怎样阅读会计报表》，经济科学出版社 1999 年版。

[88] 杨晓雄：《技术、市场与企业所有权安排》，载《经济研究》2000 年第 2 期。

[89] 余绪缨：《展望 21 世纪管理会计的新发展》，载《财会月刊》1999 年第 1 期。

[90] 余绪缨主编：《管理会计》，首都经济贸易大学出版社 2006 年版。

[91] 于增彪：《关于集团公司预算管理框架系统的研究》，载《会计研究》2004 年第 8 期。

[92] 于增彪：《现代企业内部控制制度：概念界定与设计思路》，载《会计研究》2001 年第 11 期。

[93] 张先治：《会计相关性与会计报告变革》，载《会计研究》2003 年第 12 期。

[94] 张先治：《企业内部报告及其应用领域》，载《财务与会计》2008 年第 2 期。

[95] 张先治：《论管理会计报告系统构建》，载《财务与会计》2005 年第 12 期。

[96] 张先治：《基于管理控制程序的管理控制系统》，载《财务与会计》2003 年第 11 期。

[97] 张金昌：《现代企业财务分析》（1 版），经济管理出版社 1997 年版。

[98] 张新民：《企业财务分析》（1 版），浙江人民出版社 2000 年版。

[99] 周长辉：《中国企业战略变革过程研究》，载《管理世界》2005 年第 12 期。

[100] 朱开悉：《企业财务核心能力及其报告》，载《会计研究》2002 年第 2 期。

[101] 朱荣恩：《建立和完善内部控制的思考》，载《会计研究》2001 年第 1 期。

[102] 朱元午：《会计信息质量：相关性和可靠性的两难选择——兼论我国现行财务报告的改进》，载《会计研究》1999 年第 7 期。

英文文献：

[1] Alderfer, C. P. Existence, relatedness, and growth. New York：Free Press，1972.

［2］Allport，G. W. The historical background of modern psychology. In G. Lindzey（Ed.），Handbook of social psychology. Cambridge，Mass.：Addison – Wesley，1954.

［3］Atkinson，J. W. An introduction to motivation. Princeton，N. J.：Van Nostrand，1964.

［4］Bendix R. Work and authority in industry. New York：Wiley，1956.

［5］Birch D.，& Veroff，J. Motivation：A study of action. Monterey，Calif.：Brooks/Cole，1966.

［6］Bockman，V. M. The Herzberg controversy. Personnel Psychology，1971，24.

［7］Campbell，J. P.，& Pritchard，R. D. Motivation theory in industrial and organizational psychology. In M. D. Dunnette（Ed.），Handbook of industrial and organizational psychology. Chicago：Rand McNally，1976.

［8］Cannon，W. B. The wisdom of the body. New York：Norton，1939.

［9］Cherrington，D. J. Organizational behavior. Needham Heights，Mass.：Allyn & Bacon，1989.

［10］Chung，K. H. Motivation theories and practices. Columbus，Ohio：Grid，1977.

［11］French，E. Effects of the interaction of motivation and feedback on task performance. In J. Atkinson（Ed.），Motives in fantasy，action and society，Princeton，N. J.：Van Nostrand，1958.

［12］Freud，S. The unconscious. In Collected papers of Sigmund Freud，Vol. IV（J. Riviere，Trans.）. London：Hogarth，1949.（First published in 1915.）

［13］Gibson，J. L.，Ivancevich，J. M.，& Donnelly，J. H.，Jr. Organizations：Behavior，structure，processes. Boston：Irwin，1994.

［14］Harrell，A.，& Stahl，M. J. Additive information processing and the relationship between expectancy of success and motivationalforce. Academy of Management Journal，1986，29.

［15］Herzberg，F. Work and the nature of man. Cleveland：World Publishing，1966.

［16］Herzberg，F.，Mausner，B. and Snyderman，B. B. The motivation to work. New York：Wiley，1959.

［17］Abernethy M. A. and Brownell P.，1997，Management control systems in research and development organizations：the role of accounting，behavior and personnel controls，Accounting，Organizations and Society 22（3/4）.

［18］ Anthony, A. etc, 1997, "New Directions in Management Accounting Research", *Journal of Management Accounting Research.*

［19］ Arya, A., J. C. Glover, and K. Sivaramakrishnan. 1997. The interaction between decision and control problems and the value of information. The Accounting Review 72 (4).

［20］ Baiman, S. 1982. Agency research in management accounting: A survey. Journal of Accounting Literature 1 (Spring).

［21］ Burns, S., 2000, "Conceptualizing Management Accounting Change: an Institutional framework", *Management Accounting Research.*

［22］ Bromwich, M. and Scaens, R., 2001, "Management Accounting Research: the First Decade", *Management Accounting Research.*

［23］ Calvasina, Richard, V., Gray, O. Richard, 1995, "Internal Reporting—Hel or Frustration?", *CA Journal*, Vol. 65.

［24］ Cassar Gavin, and Gibson Brian, 2008. Budgets, Internal Reports, and Manager Forecast Accuracy Contemporary Accounting Research. Toronto: Fall 2008. Vol. 25, Iss. 3.

［25］ Chenhall, R. H. 2003. Management control systems design within its rganizational context: Findings from contingency-based research and directions for the future. Accounting, Organizations and Society 28 (2 - 3).

［26］ Collier, P. M. 2005. Entrepreneurial control and the construction of a relevant accounting. Management Accounting Research 16 (3).

［27］ CIMA, 2004, Better Budgeting, A report on the better budgeting forum from CIMA and ICAEU.

［28］ Davila, A., and G. Foster. 2005. Management accounting systems adoption decisions: Evidence and performance implications from early-stage/startup companies. The Accounting Review 80 (4).

［29］ Dent, F., 1990, "Strategy, Organization and Control: Some possibilities for Accounting Research", *Accounting, Organizations and Society.*

［30］ Eisenhardt, M., 1989, "Building Theories from Case Study Research", *The Academy of Management Review.*

［31］ Emmanuel, C., D. Otley, and K. Merchant. 1990. Accounting for management control, 2nd ed. London: Chapman & Hall.

［32］ E. Michael Bamber, Linda Smith Bamber, 2006, Using 10 - K Reports

Brings Management Accounting to Life, Issues in Accounting Education, Sarasota, Aug, Vol. 21.

［33］ Fisher, J. G. , J. R. Frederickson, and S. A. Peffer. 2000. Budgeting: An experimental investigation of the effects of negotiation. The Accounting Review 75 (1).

［34］ Hector, R. A. , 1955, "The Funds Statement as an Internal Report to Management", *The Accounting Review*, Vol. 30.

［35］ Hector, R. A. , 1954, "Funds Statement practices in the United States and Canada", *The Accounting Review*, Vol. 29, No. 4.

［36］ Ittner and Larcker, 2001 C. Ittner and D. Larcker, Assessing empirical research in managerial accounting: a value-based management perspective, Journal of Accounting and Economics 32 (2001).

［37］ IOMA, 2001, How Microsoft Uses Fin Web for Lightning – Fast Internal Reporting planning & Reporting Financial Analysis.

［38］ IOMA, 2005, Internal Reporting is Best Way to Boost Corporate Value planning & Reporting Financial Analysis.

［39］ Johnson, H. and Kaplan, R. , 1987, "Relevance Lost: The Rise and Fall of Management Accounting", Boston, MA: Harvard Business School press.

［40］ John, W. H. , E. Dee Hubbard, 1976, "Internal Reporting Guidelines: Their Coverage in Cost Accounting Texts", *The Accounting Review*, Vol. 51, No. 4.

［41］ Kaplan, R. and Norton, D. , 1996, "Using The Scorecard as a Strategic Management System", *Harvard Business Review*.

［42］ Kaplan, R. and Atkinson, A. , 1990, Advanced Management Accounting, Second Edition, Upper Saddle River, NJ: prentice Hall. Inc.

［43］ Orla Feeney, Bernard pierce, 2007, "Today's Management Accountant: Honest Bean Counter and Savvy Business Advisor?", *Accountancy Ireland*, Dublin: Oct Vol. 39.

［44］ Otley, D. , 1994 , "Management Control in Contemporary Organization: Towards A Wider Framework", *Management Accounting Research*.

［45］ Otley, D. , 1999, "Performance Management: a Framework for Management Control Research", *Management Accounting Research*.

［46］ Otley, D. , 2003, "Management Control and performance Management", *The British Accounting Review*.

［47］ Shields, M. , 1997, "Research in Management Accounting by North Americans in the 1990s", *Journal of Management Accounting Research*.

[48] Simons, R., 1995, Levers of Control: How Managers Use Innovative Control Systems to Drive Strategic Renewal, Boston, MA: Harvard Business School press.

[49] Simons, R., 2000, performance Measurement and Control Systems for Implementing Strategies, Upper Saddle River, NJ: prentice Hall.

[50] Sri, S., 1994, "Managerial Reputation and Internal Reporting", *The Accounting Review*, Vol. 69.

[51] Sridhar, Sri S, 1994, "Managerial Reputation and Internal Reporting", *Accounting Review*, 00014826, Vol. 69.

[52] Vollmers, Gloria Lucey, 1996, "Academic Cost Accounting from 1920 – 1950: Alive and Well", *Journal of Management Accounting Research*, Vol. 8.

[53] Anderson, A., P. Herring, and A. Pawlicki. 2005. EBR: The next step. Journal of Accountancy.

[54] Bovee, M., A. Kogan, K. Nelson, R. P. Srivastava, and M. A. Versarhelyi. 2005. Financial Reporting and Auditing Agent with Net Knowledge (FRAANK) and XBRL. Journal of Information Systems 19 (1) (Spring).

[55] Boatright, J. R. (2004). Employee governance and the ownership of the firm. Business Ethics Quarterly 14 (1).

[56] Corporate Counsel. 2005. The new standards for compensation committees. (September – October). Executive Press. Available at: www. compensationstandards. com.

[57] Corporate Counsel. 2005. The new standards for compensation committees. (September – October). Executive Press. Available at: www. compensationstandards. com.

[58] Clapman, P. 2005. Commentary: The 2005 survey of the Spencer Stuart Board Index (SSBI). (December 5). Available at: www. spencerstuart. com.

[59] Committee for Economic Development. 2006. Private enterprise, public trust: The state of corporate America after Sarbanes – Oxley. (March 21). Available at: www. ced. org/docs/summary/summary_2006corpgov. pdf.

[60] Global Reporting Initiative (GRI). 2006. G3 Guidelines. Available at: www. grig3. org/ guidelines. html.

[61] Hanford, D. J. 2006. Pricewaterhouse Coopers chair reporting needs improvement. Dow Jones News Service (June 6). Available at: http://cfodirecto. pwc. com/CFO Direct Web/cfo-content/content Co.

[62] Institute of Internal Auditors. 2004. Internal auditing's role in Section 302 and 404 of the U. S. Sarbanes – Oxley Act of 2002. Position Paper. (May 26). Altamonte Springs, FL: IIA.

[63] McKinsey Quarterly. 2006. What directors know about their companies: A McKinsey survey. (March). Available at: www. mckinsey-quarterly. com/article_page. aspx? ar = 1769&L2 = 39.

[64] Peter Drucker, 1981, "The Bored Board, "in Toward the Next Economics and Other Essays, Harper & Row, New York.

[65] PricewaterhouseCoopers. 2006. World Watch: Governance and Corporate Reporting (Issue 1). Available at: www. cfodirect. pwc. com/CFO – Directweb/cfocontent/content6.

[66] Peter Berck, Jonathan Lipow. Managerial reputation and the "endgame" [J]. Journal of economic & organization, 2000, 42.

[67] Sarbanes – Oxley Act. 2002. Section 302: Corporate responsibility for financial reports. Available at: www. sec. gov/about/laws/soa2002. pdf.

[68] Sheikh, Saleem, 1996, Corporate Social Responsibilities: Law Practice, London: Cavendish Publishing Limited.

[69] Steven Tadelis, The market for Reputation as an incentive mechanism [J]. Journal of Political Economy, 2002, 110 (4).

[70] Shuichi Senbongi, Joseph E. Harrington, Jr. Managerial reputation and the competitiveness of an industry [J]. International journal of industrial organization, 1995, 13.

[71] The Conference Board. 2006. The evolving relationship between compensation committees and consultants (September). Available at: www. conference-board. org.

[72] Trueman, B. , 1986. Why do managers voluntarily release earnings forecasts? Journal of Accounting and Economics 8.

[73] Todd T. Milbourn. CEO reputation and stock-based compensation [J]. Journal of financial economics, 2003, 68.

[74] U. S. Securities and Exchange Commission (SEC). 2006. SEC to rebuild public disclosure system to make it interactive (September 25). Available at www. sec. gov/news/press/2006/2006 – 158. htm.

[75] United Nations Environment Programme Finance Initiative and the UN Global Compact. 2006. Principles for responsible investment. (April 27).

[76] Alderfer, C. P. Existence, relatedness, and growth. New York: Free Press, 1972.

[77] Allport, G. W. The historical background of modern psychology. In G. Lindzey (Ed.), Handbook of social psychology. Cambridge, Mass.: Addison – Wesley, 1954.

[78] Atkinson, J. W. An introduction to motivation. Princeton, N. J.: Van Nostrand, 1964.

[79] Bendix R. Work and authority in industry. New York: Wiley, 1956.

[80] Birch D., & Veroff, J. Motivation: A study of action. Monterey, Calif.: Brooks/Cole, 1966.

[81] Bockman, V. M. The Herzberg controversy. Personnel Psychology, 1971 (24).

[82] Campbell, J. P., & Pritchard, R. D. Motivation theory in industrial and organizational psychology. In M. D. Dunnette (Ed.), Handbook of industrial and organizational psychology. Chicago: Rand McNally, 1976.

[83] Cannon, W. B. The wisdom of the body. New York: Norton, 1939.

[84] Cherrington, D. J. Organizational behavior. Needham Heights, Mass.: Allyn & Bacon, 1989.

[85] Chung, K. H. Motivation theories and practices. Columbus, Ohio: Grid, 1977.

[86] French, E. Effects of the interaction of motivation and feedback on task performance. In J. Atkinson (Ed.), Motives in fantasy, action and society, Princeton, N. J.: Van Nostrand, 1958.

[87] Freud, S. The unconscious. In Collected papers of Sigmund Freud, Vol. IV (J. Riviere, Trans.). London: Hogarth, 1949. (First published in 1915.)

[88] Gibson, J. L., Ivancevich, J. M., & Donnelly, J. H., Jr. Organizations: Behavior, structure, processes. Boston: Irwin, 1994.

[89] Harrell, A., & Stahl, M. J. Additive information processing and the relationship between expectancy of success and motivationalforce. Academy of Management Journal, 1986, 29.

[90] Herzberg, F. Work and the nature of man. Cleveland: World Publishing, 1966.

[91] Herzberg, F., Mausner, B., & Snyderman, B. B. The motivation to work. New York: Wiley, 1959.

后　记

本书得以出版，首先感谢山东财经大学会计学院汪平院长的倾力支持与殷切鞭策，刘惠萍教授对本书的结构和版式提出了诸多意见和建议，一并表示真挚谢意。

本书是在我博士论文的基础上修改完成，回首上学的这些年，我心中不禁涌起阵阵的感谢、感动、温暖和留恋之情。语言已经不能表达我对恩师张先治教授的感谢之情。刚入学时，虽然我已经在高校当了七年老师，但是科研上仍然是一张白纸，是张老师循循善诱为我打开了学术殿堂的大门。老师学术上精深的造诣、高屋建瓴的格局和气度、在细节上精益求精的要求都如春风化雨般蔓延于我从选题到成文的全过程。

我深知，在学术上我仅是入门级而已，本书的出版将是新的起点，路漫漫其修远兮，吾将上下而求索，学术的海洋漫漫无际，我将继续孜孜以求。同时，感谢杨蕙馨教授、胡元木教授、张志元教授、张涛教授、朱德胜教授、李孟顺教授、曲吉林教授、孙文刚副教授、戴文涛副教授，在科研创新的征途上，他们与我亦师亦友，给了我诸多帮助和启发。

最后，我还要感谢我的岳父母和妻子张元雯，在我上学时，女儿刚两岁，是他们无私的付出，才让我得以安心求学。

滕晓东

2016 年 3 月